섬마을소년 김대중 전 대통령

| 손숙의 아주 특별한 인터뷰 |

섬마을소년 김대중 전 대통령

|손숙의 아주 특별한 인터뷰|

초판 1쇄 발행 | 2007년 11월 15일
초판 2쇄 인쇄 | 2012년 11월 20일
편 자 | 손숙, 오준석, 한주희
발행인 | 황세연
상 무 | 이미숙
디자인 | 피앤피디자인(www.ibook4u.co.kr)
인 쇄 | 예일정판
제 본 | 대명제책
발행처 | 도서출판 중원문화(등록 제10-2444)
http://www.jungwonm.com

주 소 | 서울특별시 마포구 창전동 2-33
전 화 | 02-325-5534
팩 스 | 02-324-6799

섬마을소년 김대중 전 대통령

손숙의 아주 특별한 인터뷰

김대중 외 12인

도서출판 중원문화

추천의 말

아주 어렸을 때부터 나는 연극 구경가기를 좋아했습니다. 극장 객석에 앉아 막이 오르기를 기다릴 때의 그 짜릿한 느낌은 늘 나를 흥분시켰습니다.

두런두런 들리는 관객들의 말소리, 약간 들려진 막 사이로 살짝 보이는 무대 안의 움직임 등에 나는 가슴이 두근거렸습니다. 그리고 막이 오르면 펼쳐지는 풍경들은 나를 현실에서 먼 동화 속으로 데려가곤 했습니다. 아마도 그런 느낌들이 나를 배우로서 살게 했을 것입니다.

그런데 이상하게 어느 날부터인가 무대 위 풍경들에서 하나 둘씩 자꾸만 못마땅한 모습이 보이기 시작했습니다. 어느 날은 배우의 연기가 눈에 거슬렸고 어느 날은 무대가 마음에 안 들고, 또 어떤 날은 조명이 불만스러웠습니다. 왜 연출은 저렇게밖에 못하지? 저 배우는 연기가 왜 저래…….

그러면서 나는 차츰 극장가는 것이 즐겁지 않았습니다. 아니

오히려 극장에 갔다 온 날은 마음이 더 편치 않았습니다. 그럴수록 속이 상하고 불평이 많아졌습니다.

그래서 나는 오랫동안 공연장을 찾지 않게 되었고, 점점 행복을 느낄 수 없었습니다.

그건 순전히 내 탓입니다. 그저 뭘 조금 알게 되니 순수한 마음으로 극장에 앉아있지 못하고 자꾸 비판하고 결점을 찾으려고 애를 쓰게 되었습니다.

인터뷰도 마찬가지라고 생각합니다. 힘을 빼고 가슴에 사랑을 담고 사람을 만나면 그 사람도 일찍 마음을 엽니다. 그런데 목에 힘을 주고 청문회하듯 물고 늘어져서 뭔가 특종 한 가지라도 얻어야지 하면 그 인터뷰는 실패하고 맙니다.

그동안 나도 잡지, 텔레비전, 라디오 등에서 여러 분들과 인터뷰를 하면서 시행착오를 많이 겪었습니다. 그래서 이번 기독교방송(CBS)에서는 사랑만 가지고 사람들을 만나야겠다고 단단히 결심했습니다. 그리고 그 작전(?)은 성공이었던 것 같습니다. 물론 우리 오준석 부장의 적극적인 지원이 있어서 가능한 일이었지만…….

2007년 1월부터 8월까지 200여 분을 내 프로에 모셨고, 그분들은 모두 마음을 활짝 열고 당신들이 살아 온 얘기를 진솔하게 해주셨습니다.

상상할 수 없이 힘들었던 가난과 실패, 기나긴 외로움과 좌절을 담은 여러분들의 인생 얘기는 감동이었고 눈물이었고 교훈이었습니다. 이 자리를 빌려 다시 한 번 감사를 드립니다. 특히 김대중 전 대통령께서 인터뷰에 응해주시고 출판과정 중 틀린 부분을 직접

수정해 주신 것에 너무 감사드립니다.

아울러 저희의 인터뷰를 책으로 엮어 주신 도서출판 중원문화의 황세연 선생님에게도 감사를 드립니다.

이제 인터뷰는 끝났지만 그분들이 들려주셨던 소중한 삶의 애기는 인생에 큰 교훈이 될 것입니다. 앞으로도 나는 사랑을 가지고 늘 낮은 곳으로 향하면서 살 것입니다. 그리고 나를 행복하게 하는 공연도 열심히 보러 다니고 관객과도 열심히 만날 것입니다.

2차 남북정상회담 성공을 기뻐하며

손 숙

차례

"영원한 꿈은 정치가"

전 대통령 **김대중**_

김대중 전 대통령은 긴 설명이 필요 없는 분이지요. 파란만장한 삶을 살아오신 분입니다. 일생동안 다섯 번의 죽을 고비를 넘겼습니다. 10년 동안의 망명과 연금생활, 6년의 옥살이, 사형선고도 받았습니다. 하지만 그는 시련의 시간을 인내하고 대통령 자리까지 올랐습니다.

재임기간 동안 김정일 북한 국방위원장의 초대로 평양을 방문해서 6·15 공동선언을 이끌어냈습니다. 그리고 50여 년 동안 지속된 한반도의 냉전을 남북화해와 평화의 기틀로 바꾸는 데 온 힘을 다한 공로로 '노벨평화상'을 수상했습니다.

비록 2007년 남북정상회담이 10월로 연기됐지만 이를 바라보는 전직 대통령으로서의 감회는 남달랐을 것입니다. 개인적으로 자식을 키우면서 아파했던 순간들, 고향과 부모님에 대한 추억 등 인간적인 모습의 김대중 전 대통령을 『손숙의 아주 특별한 인터뷰』에서 만나보았습니다. (이 인터뷰는 전 대통령의 동교동 사저에서 이루어졌습니다.)

"노무현 대통령 임기 중에 남북정상회담이 이루어져 다행이라 생각합니다. 나 때문에 내 자식들은 취직도, 장사도, 결혼조차 못했습니다. 그것이 가장 마음이 아파요."

유쾌하게 사는 것, 웃음이 건강에 제일 좋아

"건강은 어떠세요?"

"신장이 좋지 않아서 투석치료를 받고 있는데, 그걸 빼면 의사들이 다 좋다고 합니다."

"특별히 하시는 운동이 있으신가요?"

"다리도 불편하고 해서 운동은 별로 못하고 집에서 맨손체조를 합니다. 건강에 제일 좋은 것은 유쾌하게 사는 것, 웃고 사는 것이라네요. 그런 생활을 하려고 노력하고 있습니다."

"아침에 보통 몇 시에 일어나세요?"

"아침 7시에 일어나서 제일 먼저 신문을 봅니다. 그리고 라디오도 듣는데, 텔레비전 옆에 갖다 놓고 듣고 있어요. CBS 라디오를 자주 들어요. 내가 볼 때는 우리나라 방송은 텔레비전이든 라디오든 뉴스가 부족해요. 그리고 세계화 시대에 아프리카나 중남미, 유럽의 뉴스가 부족한데 그것도 문제입니다. 세계화 시대에 세계인을 만들어가야 하는데, 그런 점에서 방송이 좀더 적극적으로 세계 소식을 들려줬으면 좋겠습니다."

"하루 일과는 어떻게 되세요?"

"사람도 만나고 신문도 읽어요. 외국 신문을 번역한 것도 읽고 원문도 읽고, 텔레비전이나 라디오 방송도 자주 듣습니다. 책도 읽기는 하는데, 요새는 책 읽기가 어려워요."

(제작진이 최근 출간한 《손숙의 아주 특별한 인터뷰》를 선물하자 김 전 대통령께서 훑어보시면서 인터뷰를 하셨다.)

섬마을 소년, 눈 감으면 고향 생각 선명해

"고향이 전남 신안군 하의도인데, 근래에 다녀오신 적 있으세요?"

"고향에 다녀온 지 10년 됐어요. 고향에 가도 옛날 사람들은 대부분 세상을 떠났고, 많은 사람들이 도시로 나와서 섬이 비어 있다시피 합니다."

"그곳에서 몇 살까지 사셨어요?"

"13살까지 살았습니다."

"초등학교를 하의도에서 다니셨나요?"

"하의도에 있는 초등학교가 4년제라서 그곳에서 4학년까지 다녔어요. 그리고 목포로 전학을 갔죠. 내가 어렸을 때는 초등학교가 없었기 때문에 서당에 다녔어요. 유명한 한문 선생님한테 한문을 배웠는데 내가 공부를 잘 했어요. 서당에서 장원을 했는데 장원서를 써줘서 그걸 가지고 집에 왔더니 부모님이 굉장히 좋아하셨죠. 어머니께서 떡, 술, 과일 같은 것들을 머슴한테 지우고 당신도 이고 서당에 가서 거나하게 잔치를 벌인 적도 있어요.

그러던 어느 날 아버지가 동생을 초등학교에 입학시키려고 하는데 저보고도 구경삼아 가자고 하셨어요. 학교 밖에서 놀고 있는데 안에 들어가셨던 아버지가 나오시더니, 여기서 2학년이 된다고 하니 너는 2학년으로 들어가라고 하셔서 학교에 들어갔어요. 그때 학교에 안 갔다면 오늘날의 내가 없었을 겁니다. 아마도 시골에서 군의원쯤 하면서 군수를 혼내고 있을 거예요. 그래서 사람의 운명에는 우연이라는 것이 참 많아요.

그러던 어느 날 어머니께서 애가 공부를 잘 하는데 이대로 썩히기에는 아까우니 목포로 나가서 밥장사라도 해서 공부를 가르치자고 제안을 하셨어요. 그때 아버지는 농사를 지으셨는데 선뜻 좋다고 그렇게 하자고 하셨어요. 당시로서는 굉장히 많은 재산을 팔고 목포로 가서 '영신여관' 이라는 여관을 운영하셨어요. 그래서 목포 북교초등학교에 4학년으로 편입해서 졸업하고 목포상업학교를 갔어요."

"부모님께서 교육열이 대단하셨던 것 같아요."

"그때가 1937년 무렵인데 벽촌에서 그런 생각을 가진다는 것은 기가 막힌 일이었지요. 또 그런 부모를 안 만났으면 오늘의 나도 없는 거죠."

"하의도에서 초등학교를 다니실 때 어떤 학생이셨어요?"

"모범생이었어요. 공부도 잘했고, 선생님들이 아주 좋아했어요. 일본인 선생 한 분, 한국인 선생 한 분이 있었는데 일본인 선생이 교장이었어요."

"형제는 어떻게 되세요?"

"6남매인데 내가 둘째예요. 목포에 갈 때는 밑에 동생들은 놔두고 갔죠."

"가끔 하의도의 고향 풍경이 눈에 그려지시나요?"

"훤히 그려지죠. 희한하게 사람의 기억이 중년 이후는 사라지는데 어렸을 때 기억은 선명하게 되살아나요. 논에서 뛰어놀던 것, 갯가에서 낙지 잡아서 먹던 것까지요. 낙지를 잡아서 먹을 때는 기술이 필요해요. 알다시피 산 낙지가 들러붙잖아요. 그게 콧구멍으로 잘못 들어가면 죽을 수도 있거든요.

그래서 낙지를 잡으면 머리를 꽉 쥐고 다리를 훑어서 힘을 빼야 해요. 다리를 꽉 쥔 채로 머리부터 씹어야 돼요. 갯벌에 가서 낙지 구멍에 손을 넣고 잡아내서 먹곤 했어요."

"지금도 산 낙지를 가끔 드세요?"

"지난번에 목포에 갔을 때 먹었어요. 요새는 기술이 발달해서 꼬챙이에 끼워서 주대요."

어머니께 고생한 모습만 보여드려…… 가슴이 아파

"부모님은 어떤 분이셨어요?"

"아버지는 요즘 태어나셨으면 굉장한 예술인이 되셨을 거예요. 국악을 잘하셨고 춤도 잘 추셨어요. 말하자면 한량이죠. 우리 집이 마을에서 처음으로 축음기를 사왔어요. 임방울의 노래를 축음기로 돌리면 동네 사람들이 와서 듣는 거예요. 다른 집에는 없으니까. 당시에 동네 사람들은 어떻게 사람이 저 조그만 통 안에 들어가서 노래를 부르느냐고 아주 신기해 했어요.

어머니는 현실적이고 경제에 대해서 아주 관심이 많았어요. 특히 자식들에 대한 사랑과 교육열이 강했어요. 집안 살림을 어머니가 꾸려가다시피 했어요."

"어머님을 생각하면 마음이 아프거나 죄송했던 일이 있으신가요?"

"죄송했다기보다 어머님께 존경심을 갖게 된 것이 아마 4, 5살 때였을 거예요. 마을 논밭에 놀러나갔는데 엿장수 아저씨가 엿통을 땅에 놓고 술에 취해서 잠을 자더라고요. 그때는 엿장수들이 엿만 파는 것이 아니라, 여러 가지 물건들을 가지고 방물장수처럼 팔러 다녔어요. 그런데 엿장수가 잠을 자니까 동네 아이들이 물건을 하나씩 집어 왔어요. 훔친 거죠. 나도 담뱃대 하나를 가지고 집에 왔는데, 그때는 그게 나쁜 건지도 몰랐어요.

그걸 가지고 어머니한테 드리면서 큰 효도나 하는 것처럼 우쭐해서는 아버지께 드리라고 했어요. 그런데 어머니께서 대뜸 어디서 생겼냐고 하시길래, 저기 엿장수가 있는데 애들 모두 하나씩 가져간다고 그랬어요. 어머니가 이리 가까이 오래요. 그리고는 목덜미를 잡으시더니 어린놈의 새끼가, 뒤통수에 피도 안 마른 놈이 도둑질부터 배운다고 막 때리시더라고요.

그리고 엿장수 있는 곳으로 끌려갔어요. 어머니가 엿장수를 깨우더니 당신이 돈이 얼마나 많아서 이따위로 장사를 하느냐고 담뱃대를 던져주면서 야단을 치세요. 그때 비로소 나쁜 짓인 줄 알았어요. 그런 모습들이 잊혀지지 않죠. 그리고 아까 말한 것처럼 어머니가 그렇게 나서지 않으셨으면 목포로 나올 수 없었을 것이고 오늘의 나도 없었을 거예요."

"어머님께서는 언제 돌아가셨어요?"

"1971년도에 대통령 선거를 하고 돌아가셨어요."

"낙선하신 것을 보고 돌아가셨어요?"

"네, 보고 돌아가셨어요. 부모님에게 좋은 모습을 보여드리지 못했죠. 감옥에 끌려다니고 고생하는 모습만 보여드려서 지금도 마음이 아픕니다."

"혹시 낙선하시고 나서 어머님이 뭐라고 말씀하시던가요?"

"아무 말씀도 안 하시대요. 대통령 선거할 때 굉장히 관심을 갖고 보셨는데 떨어지고 나니까 너무 낙심해서 아무 말씀도 안 하세요. 그런데 그때 엄청난 국민 지지가 일어났었어요. 그래서 모두 되는 줄 알았어요. 내가 전체 46%를 얻었거든요."

"초등학교 때 꿈이 뭐였어요?"

"어렸을 때부터 정치가가 되고 싶었어요. 그래서 신문도 일제강점기 신문이었지만 1면의 정치면을 많이 읽었어요. 초등학교 때부터 그런 거니까 좀 특별했죠."

"나중에 사업도 하셨어요?"

"사업을 하기는 했지만 거기에 마음을 못 붙였어요."

"돈도 좀 버셨다고 들었어요."

"많이 벌었어요. 나중에 정치를 시작해 국회의원을 세 번 떨어지면서 완전히 알거지가 됐어요. 옛날 국회의원 선거는 지금과는 달라서, 몇 백 명씩 밥을 먹이고 돈도 주고 해야 했기 때문에 돈 없이는 못 견뎌요."

"돈도 잃고 낙선하고, 그 순간 정치를 그만두어야겠다는 생각은 안 하셨어요?"

"절대 안 했어요. 대신 굉장히 고통스러운 생활을 얼마 동안 해야 했어요. 그래서 전처도 고생을 많이 했고 지금의 집사람도 시집와서 정말 고생 많이 했어요. 내 뒷바라지 하느라고……."

"생활비를 다달이 갖다주거나 하는 일도 안 해보셨어요?"

"어쩌다 생기면 주지만 누가 주는 사람이 있어야지요. 그때 얼마나 야당을 압박하던지 어디 가서 손도 못 벌리고, 장사 하나 할 수 없었어요. 그러면서 유혹이 많이 있었지만 그걸 뿌리치고 하지 않았어요.

아내가 뒷받침해주지 않았다면 어려웠을 거예요. 집사람이 이화여대 나가서 강의하거나 YWCA 전국연합회 총무하면서 받은 월급으로 먹고 살 때도 있었어요."

평생을 손에서 놓지 않은 책, 정신적 자양이 돼

"평생에 걸쳐서 가장 열심히 하신 취미생활 중 하나가 독서인데, 1993년도에 『한국애서가클럽』에서 주는 '제3회 애서가상' 을 받으셨어요. 지금까지 책을 몇 권이나 읽으셨어요?"

"나는 책을 빨리 못 읽어서 생각보다 많이 못 읽었어요. 그러나 손에서 책을 놓지 않고 산 것은 사실이에요. 나는 책을 읽을 때 정독을 해요. 줄도 긋고……."

"어느 인터뷰에서 '책을 읽고 싶어서 다시 감옥에 갈 생각을 할 정도' 라고 하셨어요."

"감옥에서 책을 읽을 때 뭔가 다른 진리를 배울 때가 있어요. 무릎을 치면서 내가 여기를 오지 않았다면 진리를 모르고 죽었을 텐데 하고요. 지금 지식의 상당 부분은 감옥에서 배운 거예요.

그런데 감옥에서는 내가 읽고 싶은 책을 마음대로 못 읽어요. 책 권수도 제한이 있고, 조금이라도 정치색이 나오면 안 돼요. 감옥에서 나와서 보니 좋은 책이 많이 나와 있더군요.

사람들을 자꾸 만나면 제대로 책을 못 읽고 하니까 차라리 감옥에 다시 들어갔으면 하는 생각이 들더라고요. 바깥 생활에 익숙해지니까 그런 생각도 자연히 없어졌지만 한때는 그랬어요."

"최근에 읽은 책 가운데 기억에 남는 책이 있으신가요?"

"요즘에는 책을 많이 못 읽었어요. 앨빈 토플러의 《부의 미래》를 읽고 있고, 최근에 조정래 씨가 쓴 소설 《오 하느님》을 아주 감동적으로 읽었어요."

"지금까지 읽으셨던 책 중에서 추천하고 싶은 책이 있다면요?"

"A.J.토인비의 《역사의 연구》라고 12권짜리가 있어요. 아주 방대한데 감옥에서 다 읽었어요. 역사철학이라서 상당히 어려워요. 어떤 대목은 읽어도 너무 어려워서 넘어간 부분도 있거든요. 그 책을 통해서 나의 세계관과 역사에 대한 철학이 형성되었어요. 그리고 박경리 씨의 《토지》를 읽었는데 그걸 통해서 우리 민족을 느끼고 배우게 되었지요."

"예전에 제가 했던 〈카뮈〉의 공연에도 오셔서 공연 후에 카뮈와 사르트르에 대해서 애기하시던 기억이 있어요. 문학 서적도 많이 읽으세요?"

"문학 서적을 굉장히 많이 읽었어요. 러시아 문학은 푸슈킨이나 도스토예프스키, 톨스토이 등 거의 다 읽었어요. 그리고 미국 문학 중에는 헤밍웨이의 《노인과 바다》, 《무기여 잘 있거라》를 읽었어요. 영국, 프랑스 소설도 많이 읽었죠. 이것들이 내 정신적 자양에 크게 도움이 된 것 같아요."

"초등학교 때부터 책을 읽으셨어요?"

"그때는 지금 초등학생들처럼 읽을 만한 만화라든지 그런 것이 별로 없었어요. 대개가 일본 책이었고요. 아무튼 초등학교 때부터 읽는 것을 좋아했어요. 특히 신문 읽는 걸 좋아했죠."

사랑이라는 말보다, 농담 주고받으며 많이 웃어

"취미생활로 북도 좀 치시고 소리도 하시나요?"

"소리는 그저 흥얼거리는 정도예요. 그리고 북, 장구는 흉내만 내요. 정식으로 배운 것은 아닌데 사업할 때 밑에 있는 직원에게 북을 배운 적이 있어요. 젊었을 때는 예술 분야에 관심이 많았고 흥미도 있었어요."

"영화도 많이 보셨어요?"

"그렇게 많이 본 것은 아니지만 조금씩 봤어요."

"좋아하는 배우가 있으신가요?"

"잉그리드 버그만을 좋아했어요. 남자 배우로는 험프리 보가트를 좋아했고요."

"첫사랑 이야기 좀 들려주세요."

"초등학교 체육대회 때 교단에 나가 교장선생님한테 상품을 전달한 적이 있는데 그때 본 여학생이었죠. 아주 예쁘장하더라고요. 말하자면 첫눈에 반했어요.

그리고 나는 목포상업학교에 가고, 이듬해 그 친구는 목포여자고등학교에 들어갔어요. 그런데 상업학교하고 여학교는 방향이 정반대여서, 그 친구 얼굴 한번 보려고 한참을 돌아가길 4, 5년 동안을 했어요. 나 혼자 그렇게 좋아한 거니까 말 한 마디 걸어보지도 못하고 짝사랑만 했는데 졸업 후에 만났어요. 그런데 두세 번 만나고 나서는 자연스럽게 멀어졌어요.

나중에 학교 왕래하고 부딪치면서 좋아한다는 걸 알게 되었어요. 나도 여학생들에게 꽤나 인기 있었어요. 하하하. 그 후에도 소식은 계속 들어 알고 있는데, 잘 살고 있다고 들었습니다."

"이희호 여사님과는 어떻게 만나게 되셨어요?"

"6·25 때 부산에 가서 사업을 하는데 집사람이 '면학회' 회원으로 있었어요. 강영훈 전 국무총리 등이 그 모임에 있었고요. 나는 가입은 안 했지만 그분들과 가까이 지냈어요. 그러면서 집사람을 알게 됐고 서로 친구로 지내다가 집사람이 미국에서 유학할 때 전처가 죽었어요. 집사람이 미국에서 공부 끝나고 돌아와서 만나게 되었는데 서로 가까워져 결혼까지 하게 된 거죠."

"당시에 두 아드님과 함께 사셨을 때인데 주변에서 반대는 없었나요?"

"집사람 집안 쪽에서는 반대한 것으로 알고 있어요. 그런데 이희호 여사가 관대하게 나를 거둬준 거죠. 하하하!"

"두 분은 서로에게 애정 표현을 자주 하시나요?"

"둘 다 인색해요. 사랑한다는 말은 하지만 자주 하는 편은 아니고, 그 대신 농담을 많이 해요. 그래서 많이 웃어요. 그러면서 하루를 보내죠."

"최근 영화 '화려한 휴가'를 관람하실 때 김대중 전 대통령께서 손수건으로 눈물을 닦으시더라는 기사가 나왔어요."

"눈물을 흘린 건 맞아요. 그런데 진짜로 운 것은 미국에서 '5 · 18 광주 민주화운동' 기록 테이프를 봤을 때예요. 독일에서 온 테이프를 내가 받았는데 얼마나 가슴이 떨리던지 가지고 있으면서 석 달을 못 봤어요. 그러다가 미국에 있는 동포들과 함께 관람을 했는데 그때 참 많이 울었어요. 이번에는 그때처럼 울지는 않고 몇 장면에서 눈물이 났어요."

신군부 협력은 영원히 죽는 것, 끝내 타협 안 해

"인생에서 가장 많이 울었던 게 언제셨어요?"

"난 눈물이 많아요. 그리고 슬픈 일도 많았죠. 사형 선고를 받아서 죽게 생겼는데, 미국에서 레이건과 카터의 대통령 선거가 있었어요. 카터가 나를 살리려고 애를 썼는데 신군부가 말을 안 들었어요. 카터가 대통령으로 당선이 되면 내가 살고, 레이건이 당선이 되면 공화당은 민주주의에 대해서 관심이 적으니까 나는 죽는다고 생각을 했었어요.

그런데 선거 날짜는 지났는데 누가 됐는지 알 수가 있어야지요. 하루는 밖에 소장 당번이 지나가면서 레이건이 됐다고 말을 하더라고요. 그래서 발 뻗고 울었어요. 하나님이 나를 버리셨다고, 이제는 죽었다고…….

실제로 나중에 주한미국대사였던 글라이스틴 대사의 이야기를 들어보니까, 레이건이 당선 되니까 신군부, 특히 허씨들, 대령급들이 손뼉을 치면서 이제는 김대중을 죽여도 누구 하나 시비 걸 사람이 없다고 했다는 거예요.

그래서 글라이스틴 대사가 미국으로 뛰어가서 레이건을 만나 당신이 당선되어 저쪽에서 이제는 김대중을 죽여도 좋다고 하니 어떻게 하면 좋겠느냐고 했대요. 레이건이 버럭 화를 내면서 '정권이 바뀐다고 김대중을 살려야 한다는 원칙까지 바뀐 것은 아니다. 절대 못 죽인다.' 고 말했대요. 그래서 구명에 나선 거예요.

그래서 사실 전두환 씨를 미국에 국빈으로 초대한 것은 내 구명하고 교환한 거죠. 이 내용은 대사를 비롯해서 당시에 구명에 나섰던 분들이 직접 이야기해준 거니까 틀림없는 사실입니다."

"발 뻗고 우실 때 무슨 생각을 하셨어요?"

"죽는구나 했죠. 그런데 나는 죽는 문제에 대해서는 항상 각오를 하고 있었으니까 죽는 것 자체는 크게 두렵지 않았어요. 그런데 사형수니까 언제 불려갈지 모르잖아요. 물을 가지고 온 사람 발소리만 들어도 깜짝 놀라고, 밥 가지고 온 사람 발소리만 들어도 가슴이 철렁했지요. 그렇게 가슴이 죄여올 때마다 스스로를 타일렀어요. '사람이 죽으려면 길거리 가다가 자동차에 치여서 죽고 전염병에 걸려서도 죽는 거다. 그래도 나는 민주주의를 위해서 싸우다 죽는 것이니 보람있지 않냐' 고 하면서요.

그런데 하루는 신군부 사람이 왔어요. 나하고 면회하면서 우리하고 협력하자고 하더라고요. 자기네하고 협력하면 살려주고 아니면 반드시 죽이겠다, 사흘 후에 올테니 답변을 하라고 했어요. 그리고 사흘 후에 왔더라고요. 많은 고민 끝에 답변을 했지요.

'나도 죽는 것은 두렵고, 죽고 싶지 않고 살고 싶다. 하지만 내가 지금 당신들과 협력하면 일시적으로는 살지만 영원히 죽고, 내가 당신과 협력하지 않으면 일시적으로는 죽지만 영원히 산다고 생각한다. 그러니 날 죽이시오.'

그때는 대의적인 명분도 있었지만 타협을 못한 가장 큰 이유 중의 하나가 가족이었어요. 가족들은 나 때문에 모진 고생을 하면서도 불평 한 마디 없이 나를 존경하고 자랑으로 생각했어요.

그런데 사회야 내가 안 나가면 얼굴 안 보면 그만이지만, 내가 그 사람들과 타협해서 집에 돌아가면 식구들 얼굴을 어떻게 보나 두려웠어요. 가족이니까 나를 받아주겠지만 나를 옛날처럼 존경하겠는가, 나를 어떤 사람으로 취급하겠는가 생각하니까 가족의 명예를 위해서도 내가 죽어야겠다는 생각이 들더라고요."

"나중에 부인께 그 말씀을 하셨어요?"

"집사람은 말을 안 하는 것이 장기니까 듣기만 했어요. 하하하.

집사람은 교도소 면회를 와서 교도관들이 있으니까 제대로 할 말도 못하고 기도만 했는데 '하나님, 내 남편 살려주세요!' 하고 기도하는 게 아니고 '하나님, 뜻대로 하십시오!' 하고 기도하더군요. 살려 달라고 하면 살려줄 수도 있을 텐데 왜 저런 식으로 기도를 하나, 밖에 나가면 단단히 한번 해주리라 마음을 먹었던 적도 있었죠."

인간을 용서한 '빛나는 노벨평화상'

"감옥살이, 사형 선고 등 온갖 고생을 겪으면서 가슴치게 억울한 일들을 당하셨잖아요. 그렇게 힘들게 했던 사람들이 진심으로 용서가 되세요?"

"용서했다고 봐야죠. 나는 죄는 용서하지 않지만 사람은 용서한다는 원칙이 있어요. 당선이 되고 범죄적인 인권 유린이라든지 잘못된 것은 반드시 바로 잡겠다고 결심했어요. 그래서 취임도 하기 전에 김영삼 대통령과 이야기를 해서 전두환, 노태우 씨를 석방시켜 주었어요. 그리고 사면복권시키고 그 사람들한테 보복하지 않았어요.

저를 억울하게 한 사람이 많아서 보복을 하려면 시간이 너무 오래 걸릴 거예요. 그거 하다 보면 아무 것도 못 하겠더라고요. (이름을 대도 괜찮겠다고 생각하는데) 강삼재 의원 같은 사람은 나한테 참 야멸치게 했어요. 대통령 선거하고 있는데 선거 도중에 내가 일가친척들을 동원해서 각 은행 계좌에 수백억 원의 돈을 넣었다며 일일이 계좌 이름과 액수까지 말했어요. 사람들은 여당의 사무총장이 근거 없이 말하겠느냐고 말했고, 그 거짓말 때문에 잘못하면 떨어질 뻔 했어요.

그때는 당선만 되면 가만 안 두겠다고 생각했는데, 지금까지 한마디 안 했어요. 내가 노벨평화상을 받은 이유 중의 하나가 정치적 반대파에 보복하지 않았다는 게 들어있더군요."

"진정한 화해와 용서는 어떤 거라고 생각하세요?"

"사람은 누구나 마음속에 선과 악이 있어요. 악마와 천사가 다 있어서 천사가 많이 나타날 때는 선한 사람이고 악마가 많이 나타날 때는 악한 사람이에요. 악마였다가 천사가 이기면 좋은 사람이 되는 거고 좋은 사람이었다가도 악마가 이기면 나쁜 사람이 되는 거죠. 그래서 사람은 좋은 사람이 되기 위해서 계속 노력해야 해요.

그런 의미에서는 나도 똑같아요. 나도 행동으로는 하지 않았지만 속으로 사람을 미워한 적도 있고 어떤 때는 죽어버렸으면 좋겠다고 생각한 적도 있어요. 또 남이 알지만 않는다면 나쁜 일도 할 수 있다고 생각했어요.

그렇기 때문에 사람은 원죄를 떠나 좋은 사람도 자기 노력과 환경에 따라서 나쁜 사람이 될 수도 있어요. 그런 의미에서 우리는 남을 용서할 의무가 있고, 사랑은 못하더라도 용서는 할 수 있어야 해요.

그런데 나쁜 사람을 사랑한다는 것은 불가능하더라고요. 백성을 탄압하고 죽이고 부정을 저지른 사람들을 어떻게 사랑하겠어요? 나는 못하겠더라고요. 그러나 용서는 할 수 있겠더라고요. 그런 생각으로 나한테 가혹하게 한 사람들을 용서했어요."

"대통령 임기 중에도 많은 오해를 받으며 어려운 일들을 겪으셨는데 그때마다 대통령으로서 어떤 마음가짐을 가지셨는지 궁금합니다."

"정치를 하다가 보면 반대파가 있기 마련이잖아요. 또 반대파는 비판하기 마련이고요. 그 중에는 정당한 비판도 있고 억울한 비판도 있죠. 그걸 당연한 일로 각오해야 해요. 그리고 내가 옳은 일을 하고 있으면 억울한 비판을 받더라도 언젠가 해결이 될 거라고 생각하면 되는 거예요.

내가 야당에 있을 때는 나를 빨갱이로 아는 사람이 참 많았어요. 나는 민주주의를 위해 싸우는데 나를 오해하는 국민들을 볼 때 피를 토할 정도로 괴로운 심정이었죠. 그러나 그 문제는 시간이 가면 반드시 해결된다고 믿었어요. 과거의 역사를 보더라도 많은 사람들이 억울한 일을 당하며 살았죠. 그것이 인간의 숙명이라고 생각하면서 끝까지 항거하고 극복하면 죽어서라도 해결된다고 생각했기 때문에 좌절은 없었어요."

"음식 드시는 거 좋아하시죠?"

"그렇게 많이 먹지도 않는데 대식가라고 소문이 나서 돌이킬 수가 없어요."

고난 속에 쌓인 우정, 애장품을 주고받기도

"어떤 음식을 좋아하세요?"

"중국 요리를 좋아해요. 육류든 생선이든 가리는 거 없이 다 잘 먹어요."

"세계 각국에 친구가 많으신데 친한 친구분을 소개해 주세요."

"미국의 클린턴 대통령과 친한데, 그는 한 마디로 말하면 사랑스러운 사람이에요. 클린턴이 재임 중 APEC(아시아태평양 경제협력체)에 마지막으로 출석했을 때 종이하고 볼펜을 준비해 왔더라고요. 그러더니 정상들 한 사람, 한 사람에게 사인해 달라고 하더군요. 아이들이 연예인에게 사인해 달라고 하는 것처럼 사인을 해 달래요. 정말 순수한 사람이라는 생각이 들었어요.

그 사람은 자기가 도덕적으로, 인격적으로 훌륭한 사람이라고 생각하면 아낌없이 존경의 뜻을 표해요. 미국에 국빈으로 방문했을 때도 부끄럽게도 이렇게 말했어요.

'우리 시대에는 우리가 존경하는 영웅들이 있다. 남아공의 넬슨 만델라, 체코의 하벨, 한국의 김대중, 이런 사람들이 우리 시대의 영웅이다.'

강대국인 미국 대통령이라는 자부심을 제쳐놓고, 인간적으로 사람을 존경한다는 거죠. 그런 면을 볼 때 참 훌륭하다는 생각을 해요."

"필리핀의 아키노 전 대통령과도 친하시죠?"

"그의 남편하고 친했어요. 그래서 아키노 전 대통령과도 친했는데, 내가 미국에 망명했을 때 일이에요. 1983년도에 미국의 하버드대학 국제문제연구소에 공부하러 갔는데 그때 아키노는 공부를 끝내고 돌아갈 때였고 나는 막 들어갔을 때였어요. 우리 내외를 자기네 집에 초대해 부인을 만나게 되었는데 사람이 아주 명랑하고 잘 생겼어요. 그래서 둘이 힘을 합쳐서 필리핀의 마르코스 독재, 한국의 신군부 독재를 민주화로 이끌자고 했어요.

그런데 이분이 한참 일하다가 마닐라 공항에서 저격당해서 죽었어요. 그 후 부인이 대통령이 되었는데, 그때 필리핀에 가서 만나고 대통령을 그만두고 한국에 와서 또 한 번 만났어요.

그 남편인 아키노 상원의원이 필리핀에 돌아가면서 자기가 쓰던 타이프를 비서에게 주면서 만일 자기 신상에 문제가 생기면 한국의 김대중 씨에게 주라고 해서 그 물건이 지금 김대중도서관에 전시되어 있어요. 전시물 중에 또 하나 보물로 생각하는 것은 넬슨 만델라 대통령이 옥중에서 차고 있던 시계예요. 만델라 대통령과 딸이 한국에 왔을 때 주었는데 나보고도 애장하는 물건이 있으면 달라고 해서 내가 들고 다니던 낡은 가방을 주었어요.

행동하는 양심 앞에 부끄러움 없어, 영원한 꿈은 정치가

"인생에서 정치가의 꿈은 다 이루셨지만 가족에게는 미안한 점이 있으실 것 같아요. 지금 이 순간 어떤 점이 가장 미안하세요?"

"아내에게는 미안하다기보다는 감사하고 존경하는 마음입니다. 또 자식들은 나 때문에 젊은 시절을 완전히 봉쇄당했죠. 취직도 못하고 장사도 못하고, 결혼조차 못했어요. 둘째는 두 번 약혼했다가 상대방 부모가 반대를 해서 모두 '파혼'을 했죠. 현재 며느리도 부모가 반대해서 못하고, 아들도 단념하고 미국으로 왔던 적이 있어요. 1983년 당시 나는 미국에 있었는데, 집사람이 도저히 둘째가 안쓰러워 못 보겠다고 해요. 밤마다 한국에 있는 아가씨(현재 둘째 며느리)하고 전화를 하는데 저걸 어떻게 하면 좋으냐고 하는데, 두 번 파혼당하고 세 번째까지 그러니까 말로 표현할 수 없게 가슴이 아프더군요.

그래서 주한미국대사로 있던 글라이스틴 대사를 만나 내 사정이 이렇고 인간적인 문제인데 당신이 도와줄 수 없느냐고 했더니 알았대요. 얼마 후에 며느리가 한국에서 미국으로 단독으로 건너왔더라고요. 글라이스틴 대사가 도와준 거죠.

결혼식을 올리는데 부모가 없으니까 문동환 목사가 신부 아버지 역할을 해줘서 성당에서 결혼을 시켰어요. 나중에 사돈 분들이 내 아들을 사위로 인정했고, 지금은 관계가 아주 좋아요.

세상의 상식적인 생각으로 호의호식시켜주는 아버지는 못 되었지만 목숨을 내놓고 민족과 국민을 위해서 혹은 세계의 평화를 위해서, 행동하는 양심을 위해서 자기의 목숨까지 걸었다는 것이 자식들에게는 천금과도 바꿀 수 없는 교훈이 되지 않았을까 생각합니다. 세상을 바르게 살아간다는 것, 한 번 결심하면 끝까지 한다는 것이 교훈이 되었다고 생각합니다."

"나중에 다시 태어난다면 어떤 일을 하고 싶으세요?"

"정치가 아니면 역사학자를 하고 싶습니다. 역사를 좋아하거든요."

"가보고 싶으신 곳이 있으세요?"

"아프리카에 가보고 싶어요. 한 번도 못 가봤거든요. 에티오피아는 대통령 재임 때 국빈 방문에 합의했다가 미국 9·11 테러 때문에 못 가고 말았어요."

"대통령으로서 가시면 굉장히 제약이 많으시죠?"

"대통령으로 간다는 것은 사실 간 것이 아니에요. 스케줄에 따라서 차타고 왔다갔다만 하니까 어디 박물관에 갈 수도 없고 어딜 구경할 수도 없어요. 하지만 한 번 다녀오는 것이 중요하죠."

"청와대에 계실 때 훨훨 자유롭게 다니고 싶다는 생각도 하셨을 것 같아요."

"집사람한테 국내도 제대로 못 돌아봤으니까 임기 끝나면 둘이서 여행을 많이 하자고 했어요. 그런데 막상 할 일도 많고 다리가 불편해서 보행이 어려워요. 그래서 많이 못하고 있었는데 9월에는 미국에 다녀왔어요. 10월에는 일본에도 가려고 해요."

남북정상회담, 한반도의 서광을 알리는 신호탄

"6·15 공동성명을 창출하신 전직 대통령으로서 이번 남북정상회담에 대해 감회가 새로우실 것 같아요."

"내가 걱정한 것은 노무현 대통령 재임 중에 남북정상회담이 안 되면 다음 정부가 맥을 이어갈 수가 없다는 점이었는데 그게 해결되어 다행으로 생각하고 있습니다. 나는 앞으로 남북 간에는 매년 정상회담이 있어야 한다고 생각합니다. 정상회담을 하면 총리와 장관들 회담을 하고 국회회담도 하고, 이렇게 계속 서로 오고가고 협력하는 거죠.

우리가 6 · 15 남북정상회담 이후로 얼마나 세상이 변했습니까? 중요한 것은 북한 사람들의 마음이 바뀌었다는 겁니다. 그렇게 우리를 원수로 생각하고 미워하던 사람들이 우리에게 고맙다, 남한이 잘 사니까 부럽다, 평화적으로 살고 싶다고 했어요. 그리고 문화적 변화도 생기고 있지 않습니까.

알다시피 북한에서는 남쪽의 대중가요가 유행하고 있고 드라마나 영화 등 다양한 문화 교류가 이뤄지고 있어요. 이러니까 문화의 변화가 오는 거예요. 마음이 바뀌었단 얘기입니다. 이것만 봐도 남북정상회담을 하는 게 성공한 것이라고 보는데, 아무래도 이산가족이 가장 절실한 문제예요.

내가 대통령이 되기 전까지 50년 동안 총 200명이 서로 만났는데. 대통령이 된 이후로 1만 5천 명이 만났어요. 앞으로 계속 만날겁니다. 이것만 해도 어딥니까. 50~60년 동안 생사도 확인하지 못하고 만나지 못하던 사람들이 만난다는 것이 얼마나 중요합니까.

그리고 중소기업들이 한국에서 사업을 하기에 환경이 안좋다 보니 중국, 베트남으로 가는데 앞으로 북한으로 가야 합니다. 북한으로 옮기면 거리도 짧고 말도 통하고, 우수한 노동력에 비해 임금이 싸니 얼마나 좋습니까. 여기 있는 중소기업들 대부분이 살아날 겁니다.

또한 지하자원이 세계적으로 부족한 시대인데 북한에는 우수한 지하자원이 많아요. 북한의 지하자원을 캐면 북한의 경제 발전에도 도움이 되고 우리 경제에도 도움이 되는 거죠. 북한의 도처에 개성공단처럼 공단을 만들어서 북한이 어떤 경우에도 남쪽으로 내려오지 않고 거기서 벌어먹고 살도록 만들어야 해요.

중요한 것은 철도를 연결시켜서 시베리아 대륙을 관통해서 유라시아 대륙, 유럽, 파리, 런던까지 가야 합니다. 그럼으로써 한국은 태평양 쪽의 물류 거점이 되고 대서양과 마주 보는 거죠. 그 중간에 위치한 중앙아시아는 석유, 가스, 광물 등이 노다지판인데 우리도 거기에 들어가서 그 판에 끼어야 합니다.

이런 점에 있어서 우리는 북한과 관계를 잘 맺어서 유라시아 대륙을 연결해가는 진출이 장차 21세기 발전에 아주 중요하다고 생각합니다. 그러기 위해서는 남북 관계가 좋아져야 하고 남북 관계가 좋아지기 위해서는 정상이 만나서 서로 믿음을 주어야 합니다. 내가 6 · 15 회담 때 김정일 위원장의 마음을 사로잡는 결정적인 말이 있었어요.

'세상에 영원히 사는 사람은 없다. 또 높은 자리에 간다고 해서 영원히 가는 사람도 없다. 당신과 나는 남북을 대표하는 입장인데 우리가 마음 한번 잘못 먹으면 우리 민족이 공멸한다. 그러나 우리가 마음을 잘 먹고 평화를 유지하고 잘 협력하면 우리 민족이 다 같이 축복을 받을 것이다. 역사에서 높이 평가받을 것이다.

우리는 지금 기로에 서 있는 것이다. 독일의 예를 들어서 우리가 당신들을 흡수 통일할 거라고 생각하는데 우린 그럴 생각이 없다. 아니, 그럴 생각이 없는 게 아니라 능력이 없다. 우리는 북한이 독자적으로 경제 발전을 하는데 도와주고 남북이 그렇게 왕래하면서 교류 협력하고 장차 평화적으로 통일하는 것을 바라지 흡수 통일 같은 거 안 한다.

마찬가지로 당신들 일부에서 생각하는 공산당 통일은 우리도 죽어도 용납 안 한다. 만일 그렇게 하려고 하면 전쟁밖에 없다. 그런 건 당신들도 꿈에라도 버려야 한다. 그러니 같이 살면서 같이 협력하고 같이 발전하다가 이만하면 됐다 할 때 그때 통일하자!'

이 말이 김정일 위원장에게 천 마디 말보다도 더 영향을 주었다고 생각해요. 이번에 2차 정상회담을 하게 되었는데 한 마디로 말해서 안도의 한숨을 쉬었어요.

그리고 이번 정상회담도 성공할 겁니다. 6자회담도 성공할 거예요. 이제는 미국과 북한이 이해가 맞아떨어졌어요. 지금까지 남과 북이 안 좋았던 건 미국과 북한과의 관계가 나빴기 때문이에요. 내년부터는 한반도 동북아시아에 서광이 비치는 시대가 올 거라고 생각합니다."

"인터뷰에 응해주셔서 감사드리고 통일될 때까지 건강하시기 바랍니다."

인터뷰를 마친 후 기념 촬영을 하고 있는 방송 스텝진과 비서진

"나는 아직도 무섭다, 도청 앞에 가고 싶지 않아"

가수 **김원중** _

27년 전, 1980년 5월 17일…….

정부는 계엄령을 전국적으로 확대한다고 발표했고 민주세력을 대대적으로 탄압하기 시작했다.

다음날, 전남대 학생들은 휴교령이 내려진 학교에 들어가려다 계엄군과 투석전을 벌였고, 5 · 18 광주 민주화운동은 그렇게 시작되었다.

당시 전남대학교 2학년이었던 김원중 씨, 그는 사실 그다지 전투적인 사람이 아니었다. 하지만 1980년의 광주는, 책상 앞에 가만히 앉아있는 것을 허락하지 않았다. 시위에 참여했고 불의에 항의했지만, 결국 삶이 더 귀했기에 외가댁으로 도망을 쳐야 했다.

그 후, 김원중 씨는 살아남은 자가 가진 '빚진 마음', 죽음의 현장에 있던 '증언의 마음', 노래로 세상을 변화시켜 보고자 하는 '예술가의 열정'으로 "바위섬"을 불렀고 민중가요를 불렀다.

이제는 시를 쓰는 마음으로 평화를 노래하고 싶다는 바위섬의 가수, 김원중 씨를 『손숙의 아주 특별한 인터뷰』에서 만났습니다.

머리카락이 자라듯 솟아나는 자유와 열정

"김원중 씨의 노래는 많이 아시지만 방송 활동을 잘 안 하시기 때문에 얼굴이 어떻게 생겼나 궁금해 하는 분들이 있을 것 같아요. 머리를 기르셨네요. 늘 그렇게 기르고 다니시나요?"

"1990년대 후반부터 머리를 기르고 다녔어요. 처음에는 멋있어 보여서 길렀는데 생각이 자유로워지는 부분이 있더라고요. 전에는 생각의 틀에서 벗어나는 게 힘들었는데 머리를 기르고 나니까 행동도 자유로워지고 방종과는 다른 의미에서 마음도 열리고 여유도 생기네요."

"27년 전만 해도 머리를 기른 남자는 굉장히 이상하게 봤는데 지금은 개성이다 해서 아무렇지도 않아요. 개성도 개성이지만 내면적으로 기대되는 변화들이 있어요."

"저는 반대로 머리를 빡빡 깎아볼까 하는 마음이 있어요. 임수경 씨가 언제 한번 머리를 빡빡 깎고 왔는데 굉장히 신선해 보이더라고요!

사실 저는 더워서 머리를 묶었어요, 머리가 목을 덮으면 목도리를 두르고 있는 것 같아서요. 하하하!"

"그동안 공연은 꾸준히 하셨지요?"

"공연도 하고 여기 저기 다니면서 거의 쉬지 않고 노래를 해왔는데 방송과의 접촉이 없으니까 사람들이 요즘 뭐하느냐고 물으시더라고요."

"방송을 일부러 피하시는 거예요, 아니면 인연이 안 닿는 건가요?"

"그런 건 아니고요, 제 노래가 어울리는 자리에 서고 싶은 욕심이 있어요. 그렇게 고르다 보니까 제 생각과 맞지 않는 프로그램에 가 있으면 꿔다 놓은 보릿자루처럼 되고 자신이 없더라고요. 그래서 고르다보니 저와 맞는 프로그램이 그다지 많지 않았나 봐요."

나의 노래가 어울리는 자리에 서고 싶은 버릴 수 없는 욕심

"가수가 그렇게 자리를 가리시면 안 되는데……, 호호호."

"그런 면에서는 프로 정신이 부족한 것 같기도 하고 그렇습니다. 하하하!"

"5 · 18 기념 공연을 하고 계신가요?"

"그것은 매년 항상 해왔고 저의 이름을 걸고 있는 공연은 에너지가 모아지면 몇 년 단위로 한 번씩 돌아가면서 하고 있습니다. 올해는 음반 작업에 에너지를 집중하는 중이고 10여 년 전부터 일본과 교류를 하면서 공연을 하고 있는데 연말에 공연 계획이 있습니다."

"1980년에 전남대학교 2학년에 재학 중이셨죠?"

"수업도 잘 빠지고 공부도 잘 안하고 노래만 좋아했던 학생이었죠. 기타치고 노래하고 인기도 좋아서 공부는 맨날 뒷전이었어요.

"5 · 18과 전남대는 뗄 수 없는 관계인데 2학년이었으면 현장에 있었겠네요? 17일, 18일의 상황을 듣고 싶습니다."

"군인들이 정치를 하러 나온다는 불안감이 전국적으로 돌고 있어서 학생들의 반대 시위가 심했고 그 선봉에 대학생이 있었어요. 광주도 예외는 아니어서 대학생들이 연일 도청 앞에 모여서 시민들과 함께 시국토론회 형식으로 현 상황을 자각시켜주는 시국강연회 형식의 집회를 하고 있었어요."

"과격한 집회는 아니었군요?"

"평화적인 시위였습니다. 경찰들과 폭력으로 대치하는 상황도 아니었고요. 그런데 16일에 횃불 시위를 마치고 돌아오면서 시위를 주도했던 지도부 측에서 곧 끔찍한 일이 일어날 것 같다고 이야기를 했어요. 만약 다음날 학교에 휴교령이 내려지거나 학교에 들어가지 못하게 하면 도청 앞으로 모이자고 약속을 했었죠."

제정신으로는 할 수도, 볼 수도 없는 5월의 참상

"직접 참여를 하셨어요?"

"그때는 광주시의 학생, 시민들이 거의 다 참여했습니다. 특별하게 사회의식이 있거나 그런 것이 아니었어요. 운동권이든 아니든 오랜 군사독재 시절을 마감하고 다시는 그런 일이 있어서는 안 된다는 공통된 의식이 있었다고 생각합니다. 저도 특별하게 의식이 있었던 학생이 아니었거든요.

17일에 학교에 갔더니 총을 맨 군인들이 정문에 서서 학교에 못 들어가게 했어요. 그때부터 소위 피를 보게 되는 투석전이 시작됐는데, 굉장히 겁이 나고 무서웠죠."

"그때는 군인들이 발포를 하거나 그러지는 않았나요?"

"학생들은 학교에 들어가려 하고 군인들은 막으면서 투석전이 벌어졌는데 그때는 발포하지 않았어요. 그런데 이미 밖에서는 다른 상황들이 벌어지고 있었고 흉흉한 얘기들이 돌고 있었죠.

다음날인 18일에 본격적으로 친구들과 만나서 시내에 나갔더니 그날은 아수라장이 되어 있었어요."

"그 광장이 금남로인가요?"

"도청 앞에 분수대가 있고 광장이 있는데, 원래는 차도이고 차가 안 다니면 광장으로 썼죠. 실제로 광주 시민들이 많이 모이는 곳은 한 블록 옆의 충장로라는 거리입니다. 그 거리로 나가봤더니 계엄군들이 닥치는 대로 사람을 무자비하게 두들겨 팼어요. 몽둥이도 엄청 컸어요. 타격의 힘이 강해서 때리면 그냥 그 자리에 주저앉아서 피를 쏟았어요."

"다친 사람들은 어떻게 됐죠?"

"사람들이 병원으로 끌고 갔는데 의사인 선배들 얘기가 환자가 너무 많아서 매직으로 얼굴에 번호를 썼다고 하더라고요."

"김원중 씨는 어떠셨어요?"

"겁이 났습니다. 럭비 선수들처럼 얼굴에 망을 썼는데 착검을 한 총 자체의 느낌이 다르더라고요. 몽둥이 길이가 길고 제가 보기에는 얼굴들이 붉었어요."

"술을 마시게 했다는 이야기도 있었어요."

"가까이에 가서 확인은 못했지만 흥분해서 그런지 제정신은 아닌 것 같았습니다. 저희 집은 광주 서구였는데 도저히 겁이 나서 동구에서 서구로 넘어 갈 수가 없었어요. 그래서 동구에 있는 외가댁으로 가서 외할머니의 보호 아래 부끄럽게도 집 밖을 나갈 수가 없었죠.”

최루탄, 몽둥이, 총소리……, 그리고 붉은 죄책감

“언제까지 집에 계셨나요?”

“끝날 때까지 집에도 가지 못하고 5월 27일 이후에야 움직일 수 있었죠.

어머니가 저를 찾겠다고 그 난장판에 광주 시내로 나오셨는데 어머니의 모정은 참 대단한 것 같아요. 차들이 갑자기 멈춰 서면 군인들이 내려서 최루탄을 쏘고, 쫓아다니면서 사람들을 닥치는 대로 때리던 곳이 금남로였거든요. 도망가는 등 뒤를 몽둥이로 내려치면 사람들이 푹! 쓰러지고 하는 그 자리가 금남로였죠. 다행히 어머니는 맞지는 않았지만 무릎을 꿇려서 계속 꿇고 계셨다고 하더라고요.”

“외가댁에 계시면서 상황에 대한 소식은 들으셨나요?”

“들려오는 소리가 있었죠. 물론 시민군들이 무기를 탈취해서 하늘에 쏘는 총소리도 있었을 것이고 계엄군의 총소리도 있었을 것인데 여하튼 총소리가 끊이지 않고 계속 들렸어요. 연달아 나가는 총소리는 계엄군들의 총소리였는데 화력이 워낙 셌습니다.”

“친구들과는 연락이 안 되셨어요?”

“전혀 안 됐죠. 친구들도 부모님 보호 아래서 못 나오는 경우가 많았으니까요. 이게 도대체 뭔가? 이럴 수가 있는가……? 그런 것들은 나중에 깨달았어요.”

"그 순간은 겁만 나지 어떤 것도 생각할 여력이 없었을 것 같아요. 저는 그때 런던에 있었는데 뉴스로 그 현장을 다 봤습니다. 트럭에서 군인들이 뛰어내려 사람들을 패고, 사람들을 발가벗겨서 뒷짐 지게 하고 개 끌듯이 끌고 가는 것을 다 봤거든요. 전쟁이 났나 해서 서울에 전화를 했는데 아이들은 아무 일도 없다는 거예요. 그 당시 광주는 정말 섬처럼 고립되어 있지 않았나 싶어요."

"전혀 외부와 연락이 안 되고 차도 끊기고 저희 외할머니 이야기가 과일 구하기가 어렵다고 하셨어요. 시 외곽을 드나드는 것이 자유롭지 못하니까요."

"27일 이후에 나오셔서 어디를 가셨어요?"

"아버지가 저를 데리러 오셔서 아버지와 같이 걸어서 집에 갔어요. 광주 방림동에서 화정동까지 차로도 30분 정도 걸리는 거리죠. 기억에 남는 것이 실종된 아들 사진을 가지고 우는 어르신이 계셨는데 제복 입은 것을 봐서는 무슨 해양대학교인가, 그런 것 같았는데 아주 잘 생겼더라고요. 저희들을 붙잡고 울면서 찾을 수가 없다고 하소연하시는 거예요."

"거리 풍경은 어땠어요?"

"제가 지나가는 길은 그렇게 난장판은 아니었던 것 같아요. 마지막 날은 도청을 중심으로 상황이 집중적으로 벌어졌기 때문에 화정동 외곽 지역에 바리케이드를 쳤던 것이 그대로 있었고 타이어 같은 것들이 타는 잔해들을 봤어요."

똑바로 쳐다볼 수 없는 살아남은 자의 하루 하루

"도청까지 가보셨어요?"

"나중에 가봤는데 지금도 가기가 싫어요. 정확하게 보는 것이 아직도 힘들고 겁이 납니다."

"나중에 친구들 소식을 듣다보면 다치거나 죽은 친구들도 있었겠어요."

"많았죠. 연락이 끊긴 친구들도 있고 수배로 피신 중인 경우도 많았어요. 사실 5월 이야기를 하면 현장에서 피를 쏟고 돌아가신 분들도 마음이 아프지만, 정신적 후유증으로 살아있어도 산 것이 아닌 삶을 사는 분들도 마음이 아픕니다. 그런 분들의 고통에 대해서는 조명이 좀 덜 되는 것 같은데 지금 현재도 계속되고 있는 부분들이거든요. 정신착란과 고문 등의 후유증으로 정상적인 생활을 하시는 분들이 거의 없을 겁니다.

이후로도 많이 끌려갔고 한동안 사람들이 돌아오지 못했어요. 고등학교 때 한 여선생님이 계셨는데 그 무서운 상황 속에서도 끝까지 남아서 대자보를 만들고 그러셨어요. 제게는 정말 여신처럼 아름답게 보였던 선생님인데 수배로 피해 다니시다가 결국 정신착란으로 가족에게도 버림받고 노숙자처럼 지내신다고 들었는데 차마 찾아뵙지를 못하겠더라고요. 그분을 위한 공연을 해야겠다는 생각을 가슴속에 품고 있습니다."

"27년이면 강산이 세 번째 바뀔 시기인데 아직도 무서워하는 것을 보면서 그때의 상황이 얼마나 기가 막혔을까 하는 생각이 들어요. 사실 겪지 않은 사람들은 잘 모르잖아요. 제 가슴도 이렇게 아픈데 김원중 씨의 삶도 많이 바뀌었을 것 같아요."

"제가 특별하게 사회과학적인 인식이 있던 학생이 아니었거든요. 누가 하라는 것도 아닌데, 노래로 이야기하지 않으면 안 될 것 같았어요. 그 후로 노래가 가지고 있는 힘이 상황의 진실들을 얘기할 수 있는 좋은 수단이 될 수 있다는 것을 알게 되었어요. 그리고 서로 위로하고 위로받는 공연장에서의 커뮤니케이션을 통해서 노래를 불러야 할 상황이 온다면 피하지 않겠다는 생각을 가지게 되었죠.

저는 한 번도 제 입으로 민중가수라고 이야기해본 적이 없습니다. 힘이 되는 노래를 할 수 있는 기회가 생겼을 때 노래를 부른 것뿐인데, 그런 것들을 다른 가수들과 구별해서 좋게 이야기해주시는 것 같아요."

"제가 정리를 좀 하자면 가수 김원중 씨는 특별히 민주화운동을 하고 그래서 민중가수로서 부르짖는 것이 아니라, 그때 그 상황에 있었고 하지 않을 수 없는 상황 때문에 여기까지 왔다는 이야기인데 지금도 그때 현장에 있었던 분들이 모이면 그때 이야기를 하는 것을 어려워하세요?"

"의도적으로 피하는 것 같아요. 무서워한다기보다는 학술 포럼이나 자기 의견 발표하는 자리가 아닌 이상은 특별히 그렇게 하고 싶어하지 않는 것 같아요."

'국난극복기장' 속에 묻힌 부끄러운 자화상

"'바위섬'이 광주를 형상화한 노래라고 알려졌는데 어떻게 만드셨죠?"

"저는 1980년 5월 이후로 다음 해에 군대에 가서 고초를 좀 당했어요. 군사 기밀일 텐데……, 하하. 그 당시의 광주 시민들은 모두 빨갱이가 되어 있었으니까요.

그 당시 제대하는 모든 병사들은 '국난극복기장' 이라는 훈장을 하나씩 다 받고 나갔어요. 역사의 아이러니라고 할까요. 그때 저는 처음 들었어요. 이야기들을 안 하는 것으로 보아선 별로 자랑스럽게 생각하지는 않는 것 같아요. 군사 기밀이라 이야기를 안 하는지 저도 잘 모르겠습니다."

"그때 군대 분위기는 어땠어요?"

"우리들 때문에 고생을 많이 했다고 시선이 곱지는 않았죠. 연일 계속되는 비상근무를 해야 했으니 실제로도 그랬을 거예요. 진실을 모르고 있었으니까요. 특히 전남대 학생은 더 했지요. 하하!

그분들이 사회에 나가서 다른 상황들을 접하면서 알았을 수는 있지만 군 제대 전까지는 광주 사람은 빨갱이라고 철석같이 믿고 있었을 겁니다."

"그게 더 심각하네요."

"현역을 마치고 제대해서 5월은 제게 잊고 싶은 시간이었어요. 그래서 고시 공부를 했는데 일주일의 6일은 열심히 공부를 하고 주말은 기타치고 노래하면서 놀았어요. 어떤 가게에 노래를 좋아하는 사람들끼리 모여서 노래를 부르다가 광주의 색깔이 담겨 있는 음반을 만들자는 이야기가 나왔고 '애향의 젊은 선율' 이라는 타이틀로 옴니버스 앨범을 하나 만들었죠. 그 안에 광주를 형상화했던 외로운 섬 같았던 '바위섬' 이라는 곡을 제가 불렀지요.

그 음반을 만들어서 발표할 때만 해도 가수의 길을 가려고 발표했던 것은 아닙니다. 그런데 1984년 1월 7일에 방송이 되더니 갑자기 많이 알려지면서 인생이 바뀌게 되었죠."

"내용을 알면서 방송을 했던 건가요?"

"전혀 몰랐죠. 저도 의도적으로 이야기하지는 않았어요. 사석이나 공연장에서는 했지만 나중에는 노래를 노래로 듣게 하는 것이 좋지 않겠나 싶어서 얘기를 안 했는데 오히려 듣는 분들이 해석을 그렇게 하시더라고요."

칼날보다 날카로운 노래의 진정성

"노래 때문에 고초를 당하거나 하지는 않으셨나요?"

"특별히 그런 것은 없었어요."

"노래가 사회를 바꿀 수도 있다고 생각하세요?"

"어렸을 때부터 가수의 꿈을 가지고 그 꿈을 키워왔던 사람이 아니라서 '바위섬'을 발표하고 '직녀에게'라는 노래를 발표한 이후에 한동안 힘들었습니다. 가수가 된 상태에서 어떻게 가수를 해야 하는지 고민을 했으니까요.

이전까지는 노래를 유희의 대상 이상으로 생각해보지 않았기 때문에 제 인생을 던져서 해볼 만한 가치가 있는 것인지 확신이 서지를 않았어요. 가수는 노래에 대한 확신이 있어야 하는데 다른 것을 하면 더 잘할 것 같고 그랬어요. 그런 생각들 때문에 상당히 오랫동안 음반을 만들지 못하고 그랬죠."

"나는 가수라는 자각은 좀 나중에 하시게 되었군요. 고시 공부는 왜 접으셨어요?"

"3년간 방송을 하면서 소위 방방 뜨는 가수가 되었잖아요. 하하하. 사람들도 많이 알아보고요, 그런 것은 재미있더라고요. 인생이 달라지는 느낌도 들고 그런 단맛들에 정신없이 바빠서 스케줄 소화하기에 급급했죠. 그 이후에 고민을 하게 된 거예요.

5월이 되면 광주에는 오동나무 꽃이 피기 시작하면서 화염병들이 날아다닙니다. 5월의 진실을 이야기하고자 하는 살아남은 사람들의 자각들이 생기는 것이죠. 시민들의 옹호 아래 그런 시위들이 계속 일어나면서 전투경찰들이던 백골단과 운동권 학생들 사이에 격한 대립이 일어납니다. 참 비극적 상황이에요. 어제까지 대학에서 친구로 지내다가 군대에서 백골단으로 차출되어 친구들과 적이 되는 상황이 되니까요. 부지기수로 죽고 다치고 분신도 하고 그랬죠. 사람들은 왜 죽느냐고 이야기하지만 죽지 않으면 안 되는 그분의 절박함도 있었을 거예요. 연일 최루탄 날리고 피 흘리고 일방적으로 학생들이 무자비하게 다치는 것을 보면서 잊고 싶었던 1980년이 생각나고 뭔가 하지 않으면 안 될 것 같고 미안했어요.

그래서 1980년대 말에 기타 하나 들고 거리에 나가서 노래를 시작했어요. 노래를 어떻게 해야 하나 고민하던 시기였기도 했고요. 살벌한 상황이었기 때문에 용기가 필요했는데 사람들이 구름처럼 몰려와서 노래를 듣고 가슴속의 응어리들을 같이 풀어냈어요.

그것을 수년 간 매년 5월이면 노래를 했어요. 처음에는 거리 공연이라고 해서 혼자 시작했다가 노래하는 선배들과 같이하게 되었고, 나중에는 전국적으로 광주를 위로하고 광주의 정신을 이야기하려는 노래하는 친구들과 함께하게 됐어요. 더 나아가 세계화도 되어서 필리핀에서 저항적인 노래를 하는 분들을 모셔다가 같이하고 있죠.

사람들에게 힘과 위로를 주면서 노래에 힘이 있다는 것을 깨닫기 시작했어요. 내가 노래 속에 진실과 진정성만 담을 수 있다면 노래가 사람을 변화시킬 수 있고, 그것이 모아지면 사회도 바꿀 수 있지 않겠느냐는 생각을 갖게 되었죠. 그 이야기는 바꿔 말하면 노래라는 것이 그렇게 간단치 않다는 겁니다. 그만큼 힘이 있는 것이죠.

인생을 노래에 던질 것인가 말 것인가 했던 고민이 한 번에 해결이 됐어요. 던질 것인가 말 것인가 고민하는 것 자체가 우스워졌죠. 다 던져도 부족한 순간이 와서 노래를 더 무겁고 조심스럽게 하게 되었어요.

오동잎 꽃잎처럼 흩어지는 5월의 애달픈 함성

"수많은 거리 공연으로 응어리를 덜어내면서 사연도 많았을 텐데 특별히 기억에 남는 공연이 있을 것 같아요."

"주변에서 저에게 무모하다는 이야기를 종종 하는데 49일 동안 밤에 망월동 묘지에 가서 나름대로 혼자 진혼제를 드렸습니다. 묘역이 막 조성됐을 때 진혼의 노래를 49일 동안 불렀는데 그 소식을 듣고 매일 저녁 100여 명이 찾아왔어요.

민중가요도 했지만 망자들이 살아있을 때 많이 불렀을 법한 노래들을 했는데 사람들이 지독하다고 했었어요. 그것을 하려면 다른 곳에 갈 수도 없고 다른 공연도 할 수가 없으니까요. 사실 힘들어서 비라도 오면 안 하려고 했는데 비가 한 번도 안 오더라고요. 하하하."

"응어리가 좀 풀리셨어요?"

"응어리가 풀리고 하는 그런 문제가 아니고 인간의 존엄성에 대한 사회적인 동의의 개념에서 선진국과 선진국이 아닌 것으로 비교를 하고 싶은 생각이 들어요.

사람들이 제 노래를 듣고 인간이 귀하고 중요하다는 사실을 나누면 좋겠다는 생각이 들었어요."

"금강산에서도 공연을 하셨어요?"

"2001년 금강산 대토론회를 통해 공연을 했고 그 후에도 북쪽에 가서 노래를 했습니다."

"북쪽에서도 '바위섬'을 알고 있어요?"

"어떤 시사주간지에서 김일성대학의 학생들과 인터뷰를 했는데 남쪽 노래 중에서 제일 좋아하는 노래를 묻자 '바위섬'이라고 했대요. 하하하. 한번은 평양에 있는 호텔에 가서 혹시나 해서 종업원에게 '바위섬'을 아냐고 물어봤더니 안다면서 앞 소절을 따라 불러서 깜짝 놀랐어요. 이런 걸 보면 남과 북이 이념적인 것을 떠나서 같이 부를 수 있는 노래가 많아지면 통일도 빨라지겠다 싶었어요."

같이 부를 수 있는 노래에 통일의 염원을 담아

"혹시 독신주의자세요?"

"아닙니다. 4년 전에 어머님이 돌아가셨는데 많이 서운해 하셨어요. 나중에 화해를 했는데 돌아가시기 전에 하기 싫은 것은 하지 말라고 하셨어요. 일부러 결혼을 위한 결혼은 하지 말라고 하시더라고요.

독신주의는 아닌데 결혼을 생각할 시기에 아빠가 되고 남편이 되는 것이 겁이 나더라고요. 안 한다고 한 번도 얘기한 적은 없습니다. 하하하, 할 수도 있고 안 할 수도 있는데 결혼이 목적이 되는 부분에 대해서는 회의적입니다."

"새 음반도 나올 예정이죠?"

"그동안 하고 싶은 이야기도 생기고 해서 준비 중입니다."

"그 이야기도 5월과 관련이 있나요?"

"별개로 생각합니다. 5월과 관련된 음반은 제 정규 앨범과는 다릅니다."

"시인들과 굉장히 친하다고 들었어요?"

"1999년에 3집 앨범을 만들면서 시인들과 작업을 많이 했어요. 그때 작업했던 시인들과 '나팔꽃' 이라고 하는 '시를 노래로 만드는 동인 활동' 을 만들어서 지금도 활동을 하고 있습니다. 그렇게 정기적인 공연들을 병행하면서 작업을 하려고 합니다."

"평생 제주 4·3항쟁을 붙들다"

소설가 **현기영** _

제주 4·3항쟁은 국가에 의한 기억의 타살 사건이다. 그 끔찍한 장면을 목격하고 오랫동안 실어증을 앓았던 제주 4·3항쟁의 소설가 현기영!

우리들 마음속에 '신혼여행'과 '낭만'의 장소로 자리한 섬, 제주도……. 그러나 그 아름다운 섬을 '집단 학살'과 '극악한 가난'의 장소로 기억하는 사람이 있다.

소설가 현기영…….

스스로 모더니스트였다고, 순수 문학을 하고 싶었다고, 도시적 삶을 형상화하고 싶었다고 고백하는 현기영!

그러나 제주 4·3항쟁에 대한 글을 쓰지 않으면 어떤 글도 쓸 수 없을 것 같은 강박 관념에 《순이 삼촌》부터 《지상에 숟가락 하나》를 내기까지 자그마치 20년 동안 제주와 4·3항쟁을 얘기해왔다.

소설 때문에 보안사에 끌려가 끔찍한 고문을 당하고, 책도 발매 금지되는 고초를 겪었던 제주도 작가, 다사다난한 한국 현대사를 살아내며 이제는 세계 속에 한국문학의 위상을 높이 세운 소설가 현기영 씨를 『손숙의 아주 특별한 인터뷰』에서 만났습니다.

마포경찰서 앞에서 부르는 자유

"지난 2월에 스페인에 다녀오셨다고 들었습니다."

"'아르코 아트페어'라는 국제적인 행사인데 미술품 판매 시장입니다. 굉장히 유명한 행사인데 한국의 미술가들이 초청을 받았어요. 주빈국의 많은 미술 작품들이 전시된 가운데 한국 문화의 한 부분인 문학도 참가를 하게 되었습니다. 시인인 고은 선생님, 최동호 선생과 제가 참가를 했죠.

우리 미술 작품도 굉장히 뛰어났지만 한국 문학 역시 뛰어납니다. 그럼에도 불구하고 언어의 장벽 때문에 번역이 제대로 되지 않아서 알려지지 못했어요. 그래서 이번에 스페인어로 번역된 저서들을 가지고 가서 작품의 일부를 스페인 관객들 앞에서 낭송하고 대화하는 행사를 3군데에서 했어요. 워낙 국제적인 미술 행사이고 수십만 명이 오고 가는 가운데 하게 된 문학 행사라서 성대하게 잘 치렀습니다."

"현기영 선생님 작품은 스페인어로 어떤 작품이 번역되었나요?"

"《지상에 숟가락 하나》입니다. 독일어로도 번역이 되어서 작년에 프랑크푸르트에도 다녀왔어요."

"선생님께서 쓰신 산문집 《바다와 술잔》에서 보면 '술만 마시면 정치적 금기들을 논했다.' 는 말이 나옵니다."

"그 당시가 1980년대 상황이었는데, 기본적인 인권이 제약되어 있던 시대였죠. 특히 자유에 목말라있었어요. 그때는 독재정권 하에서 시민들이 자유를 억압받는 상황이었고 그래서 술을 마시면 저항가도 부르고 과감하게 말도 했어요. 그래서 술자리에서 잡혀간 적도 많았어요."

"요즘은 모이시면 무슨 이야기들을 하세요?"

"예전에는 젊은 친구들과 자주 어울렸었는데 나이가 들다 보니까 저 자신을 되돌아보게 되더라고요. 그래서 요즘은 동창들을 주로 만나요. 그리고 요즘 정치가 마음에 안 들어서 이야기하는 것조차도 싫어서 안 하게 되니까 심신이 편해요."

"현재 민족문학작가회의의 고문이신데 어떤 일을 하는 곳인가요?"

"예전에 군부 독재 시절에 자유를 찾기 위해서 작가들이 단합을 한 것이 자유실천 문인협의회입니다. 그것을 모태로 해서 1991년에 『민족문학작가회의』가 탄생을 하게 된 거죠. 작가회의 모임 중에서 전국 최대 조직이죠.

요즘은 민주화운동이나 자유의 의미가 없기 때문에 그것보다는 남 · 북 간의 문제, 통일의 문제를 문인들과 더불어 의논합니다."

피로 물든 역사의 수레바퀴

"'소설가 현기영 선생님' 하면 제주 4·3항쟁을 빼놓고 이야기할 수 없는데요, 본인이 제주도 출신이신데 직접 목격하셨나요?"

"제주 4·3항쟁이 1948년에 일어났는데, 그때 제가 7살이었어요. 고향이 제주시 외곽에 위치한 농촌인데 마을이 굉장히 많았어요. 그런데 130여 개의 마을 전체가 군 토벌대의 초토화 작전으로 전부 소각되어 버렸어요. 제가 태어난 농현리라는 마을도 포함되어서 제주시에 있는 성 안으로 피난을 갔어요. 그런 것들을 비롯해서 '빨치산'이 붙잡혀서 성 안에서 처형되는 장면, 마당에 피의자들을 세워 놓고 한 사람씩 즉결 재판을 하는 장면들을 어린 나이에 겪게 됐어요."

"130개의 마을이면 주민은 몇 명이나 되는 건가요?"

"마을뿐만 아니라 해변에서도 죽었기 때문에 28만 명 중에서 도민만 3만 명 정도가 학살되었어요. 결국 집집마다 한 사람씩은 있는 셈이죠. 친가 쪽은 다행히 화를 면했지만 외가 쪽은 많이 희생되었어요. 아버지는 좌우파 어디에도 속하지 않으려고 미친 척을 하셔서 목숨을 건지셨어요. 어렸을 때는 그런 아버지가 창피했는데 나중에 이유를 알게 됐죠.

그러다가 4·3항쟁 와중에 아버지가 국군에 입대하시고 6·25전쟁이 끝나고 고향에 돌아오셨으니까 초등학교 1학년 때부터 중학교 2학년 때까지 아버지가 안 계셨어요. 그동안 어머니가 저희 4남매를 키우신 거죠."

"옛날에는 제주도가 굉장히 가난했었다는데 생활은 어떻게 하셨어요?"

"제주도는 가뭄이 많아서 흉년이 자주 들었어요. 그래서 아무리 애를 써도 보릿고개 때마다 굶을 수밖에 없었어요. 해방 이후 돈 전염병, 4 · 3항쟁 속에서 저희들을 키우느라고 어머니가 고생을 많이 하셨습니다.

어머니 혼자서 농사를 지으셨기 때문에 학교가 쉬는 날이면 밭에 나가서 김을 맸어요. 밭 농사라는 게 1년 중 절반은 보리 농사, 나머지는 조 농사예요. 제가 장남이었기 때문에 농사일을 열심히 도와드렸죠."

"《지상에 숟가락 하나》에 '아버지는 병들어 밖으로만 돌고 어머니는 아기를 데리고 외가에 가 버리고 할아버지와 할머니는 불화로 싸움이 잦은 그 집에서 자란 어린아이의 몸속에는 외로움도 함께 자라고 있었다.'는 문장이 있어요."

"친조부모가 계셨는데 성격이 안 맞아서 많이 다투셨어요. 문장 그대로 부모님이 안 계시고 저만 혼자 남겨진 상황에서 비가 오면 부엌에서 엉엉 우는 거예요. 빗소리에 묻혀서 우는 소리가 할아버지, 할머니 귀에는 안 들리니까 서러움을 토해내는 거죠.

또 기억나는 게 여름 장독대는 해가 져도 장독이 익어서 따뜻해요. 그러면 아무도 없는 고독 속에서 장독대의 온기를 느꼈던 적도 있습니다. 어린 시절엔 늘 외로웠어요."

"언제부터 문학에 관심을 갖게 되셨나요?"

"어릴 때 겪은 참혹했던 4 · 3항쟁이 큰 충격이었던 데다가 외로움과 우울증이 겹쳐서 실어증을 꽤 오랫동안 앓았어요. 제가 술을 배우게 된 계기도 술을 마시면 혀가 부드러워지고 폐활량이 커져서 말을 제대로 할 수 있었어요. 공부만 잘한다고 되는 게 아니라 말을 잘해야 세상을 사는 데 도움이 되는데 그게 안 되는 거예요. 그래서 초등학교 6학년 때 책을 가까이하게 되었고 거기서 문학을 발견하게 된 거죠. '나는 말이 아니라 글로 살아가야겠구나, 글이 무기가 되겠구나.' 하는 생각을 했어요."

활자로 풀어내는 트라우마, 기억의 타살

"제주도에 사는 분들은 4·3항쟁의 사건이 '한(恨)'처럼 남아 있는 것 같아요. 비록 자신은 아니더라도 가족이나 친지들과 다 관련이 있는 거잖아요.

제주 4·3항쟁으로 인한 피해 의식과 후유증이 마치 제2의 천성처럼, 한숨 쉬는 것이 버릇처럼 되어 있어서 기쁜 일이 있어도 한숨부터 쉬고 이야기를 할 정도예요. 특히 육지 사람들을 안 믿는 경향이 있는데, 이것은 육지 토벌대에게 학살당했기 때문에 육지 사람에 대해 두려워하는 마음 때문입니다."

"어떻게 해야 없어질까요? 그리고 언제쯤 없어질까요?"

"지금 국회에서 4·3항쟁 특별법이 통과돼서 국회 차원에서 진상규명에 대한 논의가 있습니다만 상당히 소극적이에요. 그렇지만 시작했다는 것 자체가 굉장히 민주화된 상황이고 제주도민들도 억울함에서 조금 자유로워진 것 같지만 빙산의 일각만 드러내는 정도이기 때문에 시간이 좀 더 걸리겠죠."

"대학은 문학 쪽으로 안 가시고 영어 교육을 전공하셨네요?"

"초등학교 6학년 때부터 문학에 취미가 있어서 책을 읽었는데 한국 문학을 살찌우기 위해서도 외국 문학이 필요하다고 생각했어요."

"집안 형편도 어려우셨을 텐데 서울로 유학 오시게 된 계기가 있으셨나요?"

"예전에는 공부를 제법 하면 서울로 올라올 수 있는 여건이 되었어요. 입주 가정교사를 하면 숙식이 해결되니까 올라올 수 있었죠. 전공이 영어 교육이니까 중 · 고등학교 아이들을 가르칠 수 있었지만 왠지 머슴 같다는 생각에 그만두고 다시 하기를 몇 번 반복했어요.

그렇게 고학으로 4년을 생활했는데 처음 1년은 적응이 안 돼서 굉장히 힘들었어요. 음식도 입에 안 맞고 표준어 쓰는 것도 마음에 안 들더라고요. 하하하. 그 후에 군대를 갔다가 제대를 했는데 그곳에서 고생을 하니까 사람이 달라져서 그 다음부터는 잘 견딜 수 있었습니다. 하하하."

"등단이 조금 늦으셨는데 언제 등단하신 건가요?"

"35살에 데뷔했습니다. 대학 졸업 무렵에 신춘문예에 응모해서 최종 심사까지 갔었는데 떨어져서 영어 교사를 했어요. 그 당시 영어 교사가 학교에 부과되는 업무량이 많아서 굉장히 힘들었어요. 피곤하니까 술을 마시게 되고 그러던 어느 날, 내가 이래서는 안 되겠다 생각하고 문학으로 복귀를 하게 된 거죠.

〈아버지〉라는 단편으로 데뷔를 했는데 제주도 사람인 내가 제주도의 한을 이야기하지 않는 것은 직무유기라는 생각을 자연스럽게 하게 됐어요. 사실주의 문학, 리얼리즘 문학으로 돌아오게 된 거죠."

"어렸을 때 경험도 하셨지만 그런 작품을 쓰시려면 많은 자료 조사를 위해서 인터뷰도 하셔야 하잖아요. 만난 사람 중에서 기억에 남는 에피소드가 있으세요?"

"제주 4·3항쟁을 다룬 최초의 작품이 《순이 삼촌》인데 그 작품의 취재를 위해 무대가 되는 북촌 마을을 찾아갔더니 제가 어렸을 때 자랐던 마을과 비슷했어요. 그분들의 생생한 증언을 담아야 하는데 처음에는 인터뷰에 응하지 않으려고 해서 달래보기도 하고 울기도 하면서 자료를 취재했죠. 일가족이 모두 몰살당한 집들이 많은데 그런 집들은 친척들이 밭을 대신 경작하면서 명절 때마다 제사를 지내주는 겁니다."

"그분들이 이야기하기 꺼리는 것은 겁도 나지만 그 사건 자체를 떠올리기 싫으셨을 것 같아요."

"천재지변도 아닌 이해 불능의 사건이거든요. 누군가를 미워한다는 것 자체도 어려운데 더욱이 막대한 철권을 가진 국가를 미워한다는 게 쉬운 일은 아니잖아요. 그러니까 잊으려고 노력을 많이 하게 되죠. 그것을 '기억의 자살' 이라고 말합니다.

국가의 공권력은 주민들이 갖고 있는 사상을 말살시키기 위해서 타살을 한 거고 거기에 굴복한 주민들은 기억을 지우기 위해서 애를 쓴 겁니다."

끝나지 않은 '여명의 눈동자'

"학살을 당한 사람들도 그렇지만 살아남은 사람들의 고통은 누가, 어떻게 보상을 해야 하는 건가요? 그게 더 끔찍할 것 같아요."

"물질적인 보상은 국가 재정에 어려움이 있다 하더라도 정신적인 보상은 정부 차원에서 노력이 필요합니다. 그리고 온 국민이 제주도를 바라보는 연민이나 공감의 정, 사상에 대한 이해의 정이 있으면 제주도민들은 마음이 편안해질 거라고 생각합니다."

"《순이 삼촌》을 쓰고 끌려가셔서 많은 고초를 당하셨는데, 그때 상황을 말씀해주실 수 있을까요?"

"보안사에 끌려가서 고문을 당했는데, 고문당한 사실을 발설하지 말라는 경고가 무서워서 이야기하지 않은 게 아닙니다. 처음에는 사람들과 어울려서 술자리에서 이야기를 했어요. 그런데 나이가 젊은 친구들이 이야기를 들을 때 반짝거렸던 눈이 고문당한 이야기를 하면 눈이 흐려지면서 맥 빠지는 모습이 보이더라고요. 그래서 그들이 용기를 잃어버릴까봐 일부러 이야기를 안 했어요. 대신 작품으로 고스란히 담게 된 거죠.

《순이 삼촌》이 초판이 한 달 만에 다 나가고 재판이 나와 있는 상황에서 끌려가 고문을 당하고 판매금지 조치를 당했어요."

"캠퍼스에서 지금의 부인을 만나 결혼을 하셨죠?"

"군대를 다녀와서 만났는데 아내는 시인입니다. 막내 아이를 낳고 나서 제가 끌려가 고문당하고 있으니까 어떻게 살아야 할지 막막해 우울증이 생긴 적이 있는데 지금은 건강합니다."

"1999년에 《지상에 숟가락 하나》를 발표하시면서 제주 4 · 3항쟁과 결별을 선언하셨죠."

"작품 속에 더 이상 4 · 3항쟁 이야기는 쓰지 않겠다고 했어요. 살아온 제 인생 이야기가 자연스럽게 작품에 묻어나오는 것은 어쩔 수 없지만, 제주도의 아름다움은 이야기하지 않고 4 · 3항쟁의 어두운 배경으로만 쓰인다는 게 마음이 안 좋더라고요. 그 아름다운 자연 속에서 성장하는 인간의 이야기를 그려보자고 해서《지상에 숟가락 하나》를 썼던 것이고 사상 문제는 제주의 지자체 주민들이 알아서 해결할 것이라고 생각합니다."

"《순이 삼촌》이 영화화된다는 이야기를 들었는데요. 지금 준비과정에 있는 것으로 알고 있습니다. 곧 영화가 되리라고 봅니다."

"영화 '이재수의 난'을 보신 소감이 어떠셨어요?"

"영상은 좋았는데 스토리가 어려웠기 때문에 대중적으로 실패한 것 같아요."

"선생님의 다음 작품은 언제쯤 볼 수 있을까요?"

"이제 준비도 끝났고 아픈 것도 나았으니까 곧 쓰기 시작할 겁니다."

"소설은 내가 살아가는 이유"

소설가 **황석영** _

장편 《바리데기》의 소설가 황석영!

그는 중국 만주 땅에서 태어났습니다. 해방 후 외가가 있는 평양으로 들어갔지만 좌우로 생각이 달랐던 가족은 북으로 남으로 헤어지게 되었지요.

6 · 25전쟁, 4 · 19혁명, 5 · 16군사정변 등의 현대사의 격랑 속에서 한 소년은 숱한 방황을 하게 됩니다.

자퇴, 퇴학, 가출……. 그 속에서 만난 숱한 밑바닥 민중의 삶들은 글재주 있는 한 소년을 튼튼한 소설가로 성장시킵니다.

베트남 전쟁에 해병대 대원으로 참전한 이후 본격적으로 《삼포가는 길》, 《객지》, 《장길산》, 《장산곶매》 등의 대작을 만들어냈습니다. 그는 노동과 빈곤, 부와 분배, 분단의 문제를 깊이 파고들었습니다. 그리고 해남과 광주에 살면서 민족문화 운동을 전개했습니다.

작가에게 현실은 늘 극복의 대상입니다. 그는 반쪽의 조국을 바로 알기 위해 1989년 북한으로 갔습니다. 그리고 유럽에서의 망명 생활, 5년여의 감옥 생활, 끊임없는 그 고민들은 작품으로 세상에 나왔습니다.

굶주린 자의 허기는 굶주려 쓰러져 본 자가 가장 잘 알고, 사랑하는 이를 잃은 자의 슬픔은 사랑하는 이를 떠나보내고 가슴속까지 쩍쩍 갈라터진 자가 가장 잘 안다고 합니다. 리얼리즘 문학의 소설가 황석영의 신작 소설 《바리데기》의 여주인공 '바리'가 바로 그런 여자입니다.

북한 청진에서 온 가족이 뿔뿔이 흩어져 중국으로, 중국에서 영국 런던으로 부초처럼 떠밀려 다녔습니다. 1990년대 중반 북한의 대식량기근 사태로 하루도 밥걱정 없이 살지 못했고, 부모는 생사조차 몰랐습니다. 할머니와 언니 현이는 얼어 죽었고, 중국으로 도망간 언니 미이는 인신매매범에게 팔려 중국 시골 어느 사내에게 팔려갔습니다.

탈북 소녀 바리의 인생 유전을 통해 세계사적 사건과 무관하지 않게 전개된 우리네 운명과 삶을 보여준 소설 《바리데기》를 최근 출간한 소설가 황석영 씨를 『손숙의 아주 특별한 인터뷰』에서 만났습니다.

작품 끝나고 나면 산후 조리원 같은 데가 있었으면……

"소설 《바리데기》의 출간을 축하합니다. 굉장히 반응이 좋다는 소리를 들었어요. 얼마 전에 김훈 씨도 나오셨는데 《남한산성》을 앞질렀다고 하던데요. 호호호."

"4년여 만에 책을 냈는데 독자들이 많이 찾아주시네요. 베스트셀러 줄 세우기가 문제인데, 김훈 씨의 《남한산성》이 두 달 간 선두를 지켰으니 이제는 이 형님한테 양보를 해도 되지 않을까요? 하하하. 그러면서 멤버 교체하는 거죠, 뭐. 하하하!"

"두 작가를 좋아하는 독자로서 굉장히 반가운 소식이라고 생각해요. 오히려 시너지 효과도 있을 수 있고 장편 소설이 인기 있다는 것은 좋은 일이잖아요."

"지난 2년여 동안 각 미디어들이 '한국 문학의 위기다, 한국 장편 소설의 위기다.' 라며 우려를 표시했는데 주위를 둘러보니 저만 쓰고 있었던 것이 아니라 모든 작가들이 장편 소설을 쓰고 있었던 것 같아요.

앞으로도 계속 계획되어 나올 책들을 제가 좀 알고 있는데, 원로부터 젊은이들에 이르기까지 거의 한 달에 두세 편씩 장편이 발표되고 있어요. 그래서 저는 한국 문학의 중흥기로 접어드는 것이 아닌가 하는 격려의 말도 합니다."

"어느 글에선가 '임산부는 출산을 하면 산후 조리원에서 쉰다는데 작가는 작품을 마치면 어디서 쉬어야 하느냐?' 고 하셨는데 좀 쉬셨나요? 호호호."

"쉬고 말고 하는 것이 아니라 자료 조사하고 생각도 하고 구성도 하고 그러다가 책을 다 쓰고 나면, (연극도 마찬가지겠지만) 허탈함이 한 일주일 정도 가거든요. 그렇다고 젊을 때처럼 친구들과 만취해서 돌아칠 수도 없는 것이고 그냥 허전한 채로 있으니까 제가 농담 삼아 '작가나 예술가들도 작품 끝나고 나면 어디 조리원 같은 데 갔으면 좋겠다.' 그랬어요. 하하."

"바리데기는 설화 속의 인물인데, 소설 《바리데기》의 내용을 간략하게 소개해 주시겠어요?"

"무속설화라는 것은 다 알고 있고, 전국에 마흔네 가지 정도 이야기가 있는데 줄거리가 약간씩 다르죠. 크게 보면 '바리는 어느 나라에 일곱 번째 공주로 태어나요. 아들을 바라던 아버지는 분노해서 갖다버리라고 했는데, 버리니까 짐승들이 보호하고 산속에 사는 공덕 할미, 할아비가 나타나서 아이를 키웠어요. 그런데 수십년 후 온 세상에 병이 돌고 부모님도 병이 들어 죽게 생겼는데 점을 치니까 옛날에 갖다버린 바리가 생명수를 찾아오면 산다는 겁니다.

바리가 그 얘기를 듣고 돌아와 생명수를 찾아 세상 끝까지 가서 생명수를 구하고 돌아와서 부모와 세상을 다 살린다.'는 얘기입니다. 이 줄거리는 전국이 거의 비슷해요.

저는 이 줄거리를 현재에 맞추어 전 세계적인 현상인 이주(Migration)에 초점을 두었어요. 전 세계에서 못사는 나라나 소외된 나라들이 서구나 잘사는 나라에 몰려들어서 런던, 뉴욕, LA 등 굉장하잖아요.

지금 우리나라도 이주 노동자가 어림잡아 백만 명이고, 농촌으로 결혼을 하러 많은 나라에서 오지 않습니까? 그러니까 이미 우리 안에도 들어와 있는 문제죠.

우리가 20세기를 끝내면서 '21세기에는 정말 정화되고 상생하고 평화로운 세기를 만들 것이다.' 하면서 여러 가지 행사도 하고 그랬던 것이 바로 엊그제 같은데 지옥 같은 현실이 계속되고 있지요.

이런 모습들을 옛날 '바리설화'에 담아서 말하자면 평화, 상생할 수 있는 생명의 물이란 과연 무엇인가 생각해보는 그런 작품입니다."

"소설의 주인공인 바리라는 북한 소녀가 결국 기근에 못 이겨서 탈주하고 중국을 거쳐서 런던에까지 가지 않습니까? 그러다 마지막에 파키스탄인하고 결혼을 하지요. 그런데 파키스탄인 남편이 동생을 찾아서 자기 나라로 가고, 동생은 결국 죽게 되고…….

저는 《바리데기》를 읽으면서 요즘 일어나는 일련의 사태를 어쩌면 이런 식으로 예언을 하셨을까 하면서 깜짝 놀랐어요. 사실 이런 상황은 우리에게 뒤늦게 온 것인데, 저는 유럽에 있는 동안 유럽 전체가 몸살을 앓고 있는 것을 직접 보았거든요. 거의 일상적인 사건이죠."

"제가 영국을 무대로 삼은 것도 옛날에 제국이었고, 대개 중동과 아프리카, 동남아 등 영국의 구식민지였던 나라들이었기 때문에 그쪽 사람들이 많이 살고 있거든요.

마침 제가 영국에 있을 때 문화적으로 단절돼 있었던 파키스탄인 청년들이 테러에 가담해서 런던 철도와 버스를 폭파시켰어요. 그뿐만 아니라 9 · 11테러 이후부터 백인 사회와 모슬렘 사회 간의 갈등이 거의 눈에 보일 정도로 두드러졌어요."

"영국에서 나고 자란 사람들도 어려웠죠?"

"네, 심지어는 학교에서 '부르카(burka), 히잡(hijab) 이런 것을 벗어라!' 그러면 '안 벗겠다!' 하고……. 직장에서도 굉장히 어려웠을 거예요. 이런 것을 보면서 종교, 문화, 먹는 것, 의상들이 다른 사람들이 어떻게 하면 서로가 받아들이고, 이해하고, 조화를 이루면서 살 수 있을까 생각했어요.

그래서 저는 21세기 화두를 크게 두 가지로 봤습니다.

이행기인데 이동과 조화를 이 소설의 주제로 삼아서 했던 것입니다. 요즘 아프가니스탄 사태를 보면서 갖는 느낌도 소설에서 지적했습니다.

폭탄 테러한 친구도 지옥에 갇혀 있고 거기서 죽은 병사들도 갇혀 있는데 이승에서 전쟁했던 전사가 지옥으로 떠가는 배를 타고 가면서 어떻게 내가 적과 같이 있느냐고 물어봐요. '강한 자, 악한 자가 이기는데 내가 왜 적과 같이 이 배를 타고 있냐?'

그러니까 '이승에서의 승리는 절반이다.' 라는 공수가 들려와요. 이승에서의 승리는 다 절반이죠. 승자도 패자이고, 패자도 패자이고……. 하하!

한편으론 유럽에서 아프가니스탄이나 파키스탄 쪽에 있는 고향에 갔던 많은 친구들이 전선 지역에서 오해를 받아 죽거나 잡혀요. 잡힌 사람들은 엉뚱하게 행방불명됐다 몇 년 만에 나타나기도 하죠. 독일, 프랑스에서도 그런 사건이 있었고, 런던에는 여러 명 있었어요.

그런 것들을 작품에 반영해야겠다고 생각했는데 소설에서도 보면 동생이 모슬렘들 모여서 전선에 나가라고 하니까 격해져서 아프가니스탄을 가고 형이 찾아옵니다. 그런데 못 만나고, 동생은 이미 죽었고, 형은 거기서 오해받고 잡혀서 쿠바의 관타나모로 가는 이런 일이 벌어졌죠.

관타나모에서 살아 돌아왔을 때 아들이 그 아버지에게 동생 우스만이 이러이러해서 죽었다고 하니까 아버지가 '이 철없는 것' 이라고 해요.

그러니까 그 할아버지가 '야, 우리가 다 철없는 것들이다.' 라고 얘기를 하면서 '현재 지상에서 이루어지고 있는 지옥은 힘 있는 자의 교만과 약한 자의 절망이 합쳐져서 이루어 놓은 지옥이다. 우리가 힘이 없지만 힘을 합쳐서 쌍방을 도와야 한다.' 돕는다는 것은 이런 상황을 그치게 해야 한다는 것 아니겠습니까?

그러면서 알라의 말을 인용하면서 분노하는 자의 절망, 그것은 불과 같아서 스스로를 파멸시킨다고 하죠."

"너무 예언적인 결말인 것 같아요."

"맨 마지막에 보면 모슬렘인 남편과 북한 소녀인 바리가 자그마한 샌드위치 가게를 하면서 먹고사는데 어느 날 길을 가다가 런던 폭탄테러로 무고한 시민들이 희생되는 모습을 보고 바리가 자기의 부른 배를 쓰다듬으면서 '아기야 미안하다.' 라고 말해요.

미래에도 이 아이들에게 이런 지옥을 물려줘야 되니까요. 그러면서 두 부부가 울고 가는 것으로 끝이 나는데, 이 소설은 열린 결말이자 지금도 계속되고 있는 지옥에 대한 이야기입니다."

"이 작품을 집필하기 위해 파리와 런던에 체류하시면서 보셨던 세상, 그리고 지금 우리가 겪고 있는 일련의 사태를 보시면서 우리는 너무 모르고 있는 것은 아닌가 하는 생각이 많이 드셨을 것 같아요."

"우리는 세상에서 벌어지고 있는 일들을 항상 미국 중심으로 생각하는 버릇이 있는데, 천진하다고 그럴까, 그런 점이 있는 것 같아요.

제가 미국에 가서 보면 미국 사람들은 늘 미국이 세계거든요. 세계는 없고 미국이 세계예요. '굉장히 천진하고 무지몽매한 사람들이다.' 하는 느낌을 받거든요. 물론 대도시는 다르겠습니다만 중·서부 지역을 가면 이 사람들이 과연 현 세계 사람들인가 할 정도로 선량하고, 착하고, 그러면서 세상모르고 그래요.

우리도 분단을 겪고 바로 지척에서 수백만 명이 굶주려서 죽고 하는 그런 시대를 넘어오면서도 바깥세상에 대해서는 너무 모르는 것 같아요. 이제는 한반도 밖에서 한반도를 바라보고, 세계를 미국 중심으로 보지 않는 것들을 좀 배워야 하지 않나 생각해요."

"언제나 소설을 쓰기 전에 현장에 가시고, 자료 조사도 굉장히 철저히 하시는 것으로 알고 있거든요. 이번 작품에도 1990년대 중반의 북한의 식량난, 대기근, 이런 것이 진짜 실감나게 묘사되어 있더라고요. 직접 보시지는 않으셨죠?"

"사실 저는 그때 징역을 살고 있었는데……, 하하.

제가 1989년, 1990년에 방북할 때는 동유럽이 붕괴하기 전이어서 그래도 비동맹 국가들과 서로 물물 교환하면서 교역이 있었어요.

동구가 무너지면서 말하자면 세계화 체제가 재편성되잖아요. 그러면서 상징적인 사회주의 국가는 쿠바와 북한만 남았잖아요.

쿠바는 따뜻한 지방이니까 티셔츠 한두 장이면 살아요. 그리고 사철 농사를 지으니까 빵도 먹고, 사탕수수를 팔아서 먹을 것도 사먹어요. 그런데 북한은 혹독한 겨울에 에너지 사용도 많고 국토의 대부분이 산악 지대라 옛날부터 지하자원 개발이나 공업을 하면서 남쪽의 식량을 갖다 먹었거든요. 식민지 때 이미 남과 북이 그렇게 편성이 됐어요.

분단이 되면서 처음부터 고질적인 식량난이었을 텐데 동구가 무너지고 사회주의 국가와 두절된 상태에서 기둥처럼 여기던 지도자 김일성 주석까지 죽고, 당내에서도 재편 과정이 있지 않았겠어요. 세대교체라든가……. 그리고 거기다 자연재해까지…….

1990년대 중반이 전 세계적으로 엘니뇨 현상이 나타나 불이 많이 났는데 북한도 불이 많이 났다고 그래요. 나중에 보니까 화전을 하려고 불을 많이 질렀다고 그러는데 굉장히 특이하게 봤습니다.

시카고대학의 브루스 커밍스 부부가, 특히 부인이 다이아스포라 코리아(Diaspora Korea)라고 한국의 근대화 속에서 다른 나라로 흩어지고 이런 과정들을 연구 과제로 삼아서 북한도 그 중의 하나라고 해서 인터뷰한 게 있어요. 그런 자료들을 보니까 산불 이야기가 많이 나오더라고요. 그래서 제가 위성 자료들을 찾아보니까 한때는 저녁에 찍은 사진이었는데 함경남북도 이쪽이 봉화불처럼 점점이 불이더라고요."

"산불이 나면 산불을 끌만 한 장비도 사실 없겠어요."

"그냥 내버려두는 것이고, 그러니까 계속 타는 거죠. 그뿐만이 아니라 우리가 중국 국경에 가서 두만강 건너를 보면 무인지경, 허허벌판처럼 산과 들이 다 민둥산이에요. 개간한다는 핑계도 있고 나무를 땔감으로 사용도 했겠지만, 정말 나무 한 그루 없죠. 소설에서 사실주의처럼 묘사를 한 것이 아니라 생략하고, 상징적으로 건너뛰면서 했는데도 보는 사람들이 '아유, 이랬구나…….' 그러세요.

제가 취재를 하느라고 중국과 조선 국경을 갔더니 그쪽 안전부 담당자라는 사람들은 내가 남쪽에서 유명한 사람이니까 '야, 우리는 인권 문제가 전혀 없는데 저쪽이 저렇다.' 하느라고 여러 가지 자료를 우리에게 제시해 보여주기도 하고, 그래서 들어가지 못하는 군사 지역도 샅샅이 들어가 보고 그랬어요."

평화와 상생, 문명적인 자생이 흐르는 21세기를 꿈꾸다

"북한 쪽도 들어가 보셨어요?"

"아니오. 옛날에 방북했을 때는 무산이니 백두산 기슭 쪽을 다 봤는데 지금도 별로 변화가 없으니까요. 거기서 나온 사람들 인터뷰도 많이 하고 사진 자료도 많이 봤는데 사실 이 소설은 실상의 십분의 일이나 될까 말까 해요. 실상은 우리의 상상을 초월하는 처참한 그런 상황이죠."

"두만강에서 계속 시체가 둥둥 떠내려 오고 그랬나요?"

"그랬다고 그래요. 사진도 나오고 뭐 동영상도 많이 나와 있죠. 이미 방송에서도 방영을 한 것으로 알고 있고 옛날 필름을 런던에 있을 때 BBC에서 한번 보여주더라고요. 1990년대부터 2000년 초까지 계속……. UN에서는 대개 300만 명 정도로 보고 있는데 굶어 죽은 사람과 영양실조 후유증으로 어린 아이들, 노약자가 제일 많이 죽었다고 해요."

"들으셨던 이야기 중에 구체적인 예를 들어주실 수 있나요? 팔리기도 하고 그런가요?"

"마을은 다 비고, 아이들은 거지가 돼서 흘러 다니다가 죽고, 중국에 팔려 다니는 것은 일상적인 일이었죠."

"무슨 나라가 300만 명을 굶어 죽입니까?"

"북한의 통치 시스템도 문제는 있지만 상대방에게 변화의 시간을 주면서 차츰차츰 평화 쪽으로 정착시켜 가려던 차에 부시 정권이 들어오면서 완전히 정책을 바꾸고 일시에 막아버렸죠. 외국과 교역을 할 수 있는 창구까지 다 막아버렸잖아요.

저는 강대국의 그런 논리를 위선적인 논리라고 생각을 하는데, 다행히 요새 풀려서 관계 개선도 하고 평화 체제로 가겠다고 했으니까 지켜봐야지요.

당시에 섣부르게 생각한 것이 저렇게 목조르기를 하면 일시에 붕괴될 것이라고 봤던 모양인데……. 그러니까 죄 없는 백성들만 죽어간 거죠.

저는 특정한 종교를 가진 사람은 아니지만 우리가 지난 20세기를 극단적인 분열과 분쟁과 갈등의 세기라고 이야기하지 않습니까? 20세기 내내 전쟁을 했는데 이제는 좀 평화적으로 서로 살아갈 길을 찾고, 사는 방식이나 방향에 대해서도 반성하고 좀 이렇게 문명적인 자성들을 하는 그런 사상적인 흐름이 생겼으면 좋겠다는 생각입니다.

엄마와 새언니, 가족들을 데리러 떠난 아버지가 돌아오지 않자 바리가 다시 부령으로 가죠. 가서 죽음을 맞이한 길거리의 시체들을 보며 이런 말을 해요. '다른 세상으로 가서 수많은 도시들과 찬

란한 불빛들과 넘쳐나는 사람들의 활기를 보면서 이들 모두가 우리를 버렸고 모른 척했다는 섭섭하고 괘씸한 생각이 들었다.'

어느 탈북자 소녀의 그 비슷한 말을 듣고 가슴이 찡했어요."

"실제로 탈북자 분들을 만나셨나요?"

"중국에서 소개로 탈북자 서너 사람을 만났는데, 그런 이야기를 하더라고요. 심양이니 대련 같은 곳에 가면 대도시가 대단하잖아요. 자기 식구들은 저쪽에서 굶어 죽고 있는데, 아무것도 모른 채 거리에 음식은 넘쳐나고 불빛은 휘황찬란하고 가족들이 손잡고 왔다 갔다 하고……. 그러니 '세상이 이렇구나! 이러면서 우리를 내버려두다니…….' 이렇게 말하는 거죠."

바리는 성공이라기보다는 살아남은 삶

"그러다 바리가 자기가 일하는 집 사채 때문에 떠밀려서 배를 타고 런던까지 가게 되는데 배 안의 풍경이 너무 끔찍했어요. 폭행, 감금……."

"자료에 다 나오는 이야기들인데, 그 일화는 북한 사람들뿐만 아니라 중국 사람들, 남쪽 지방 사람들에게도 많이 옮겨갔어요. 파리에도 중국인만 20만 명이 있고 런던에도 25만 명이 된다고 하는데 '뱀단' 이라고 밀항 조직원들이 있어요.

불법 입국자들이니까 노임이 싸서 거의 노예 노동이에요. 제가 런던에 도착한 지 두 달 정도 됐을 때 아일랜드가 마주 보이는 영국 해안에서 새조개 잡는 일을 시키려고 배가 썰물 때에 인부들을 내려놓고 적당한 시간에 가서 인부들을 데려와야 되는데 늦게 가서 인부들이 다 빠져 죽었다는 이야기를 들었어요. 이런 일이 비일비재하더라고요.

가령 네덜란드 국경에서 냉동선을 열었더니 한 50여 명이 얼어 죽었다든가 뉴욕 항이나 LA항구에서도 컨테이너 안에서 무리죽음이 나오는 일들이 많이 있거든요.

중국인들만 그러는 것이 아니라 지브랄 타르나 마다가스카르 해협 같은 데를 가면 유럽대륙으로 건너오려는 무수한 밀항자들이 있어요. 걸어서 지브랄 타르까지 와서 건너가려고 3년을 일하면서 기다린다고 합니다."

"다 성공하는 것은 아니잖아요. 붙잡혀가는 사람도 있을 테고요."

"그렇죠. 제가 런던에서 들은 얘기로는 유로스타 지붕에서도 그런 일이 많다고 해요. 프랑스 쪽을 보면 포도밭을 보호하려고 쌓은 둑이 U자형인데, 지붕 높이와 비슷하니까 엎드려 있다가 터널이 가까워 와 기차가 속도를 늦추면 지붕으로 뛰어내리고 매달려서 20분을 가는데 터널 속의 바람이 굉장하잖아요. 떨어져 죽기도 해서 선로관리인들이 시체를 가끔 수거한다고 그래요.

그런 이동이 엄청나게 진행되고 있는데 브라질의 사진작가인 세바스티앙 살가도(Sebastião Salgdo)의 사진집 'Migration' 시리즈를 런던에서 봤는데, 아프리카, 동남아, 라틴아메리카의 실상들과 동유럽의 유랑 노동자들의 사진……. 그 장면, 장면들이 얼마나 생생한지 몰라요."

"그렇게 목숨을 걸고 와서 바리는 열심히 발마사지를 해서 어느 정도 성공을 하는데……."

"성공이라기보다는 살아남은 거죠."

"황 선생님을 이야기하자면 1989년 방북이야기를 빼놓을 수가 없는데, 보안법이 시퍼렇게 살아있던 그 시절에 어떻게 가실 생각을 하셨어요?"

"소련에 냉전이 와해되는 분위기가 왔고 당시에 노태우 정권이 7·7선언이라고 해서 전향적인 자세를 취하고 그러니까……. 그동안 우리가 시민 단체들, 민주화운동 단체들의 민주화 요구가 거세지면 그것을 핑계 삼아서 반공 사건이라든가 간첩 사건 같은 것으로 늘 북을 핑계 대고 압제를 심하게 했거든요.

그때 당시에 종교계, 지식인들, 학생들이 '우리가 먼저 민간자주교류를 해버리면 다음부터는 우리 보고 감히 간첩단 사건 못 만들 것 아니냐?' 하는 것도 있었고, 또 하나는 문 목사님을 모시고 제가 대변인으로 갔으면 좋겠다는 내부의 결정이 내려져서 그때는 가볍게 갔다가 와서 귀싸대기나 몇 대 맞으면 되겠지 했어요. 하하하!

그렇게 쉽게 생각했고 한편으로는 제가 작가니까 양쪽의 이념적인 굴레나 이런 것에서 자유스럽게 훌훌 벗어던지고 뛰어넘으면 작품 세계가 훨씬 더 열릴 것 같더라고요.

그래서 갔는데 그렇게 오래 걸릴 줄은 몰랐죠. 하하하."

"제가 생각할 때는 황석영 선생님의 그 '못 말리는 호기심' 이……. 호호호!"

"하하하, 지금도 굉장합니다."

"얼마나 갔다 오신 거죠?"

"한 번 갔다 온 뒤에 들어오지 못하고 독일 베를린에 있었고 '범

민족 대회니까 이왕 밖에 있으니 참가해라. 한 번 갔다 오나 두 번 갔다 오나 마찬가지니까 네가 가라!' 그렇게 길이 생겨서 몇 차례 베를린에서 평양을 오갔죠."

이념적 굴레를 벗어난 자유함의 세계

"그래서 많은 고초도 겪으셨고 여러 가지 일들이 있었는데 지금 생각해보면 작품 생활에 엄청난 도움이 되신 건가요?"

"양측으로부터 자유스러워졌다고 할까요? 국가 논리랄까 그런 중압감으로부터 벗어나 있다고 생각하고 있습니다. 어떻게 보면 지난번 《손님》도 그랬고 《바리데기》 같은 소설은 남측의 어떤 일부 쪽이나 북측의 통치 핵심에 있는 분들이나 기분이 많이 나쁘겠죠. 하하."

"솔직히 겁나지는 않으셨어요? 호호."

"목사님도 그렇겠지만 작가들도 인생을 던져서 하는 일이 무섭지는 않거든요. 재미있는 일화가 있는데, 옛날에 조사를 받을 때 사람이 긴장이 풀어지면 나중에 인간적으로 되니까 넘기기 전에 서로 속을 풀어야 하잖아요. 그래서 제가 우스갯말로 '얼마나 살겠소? 한 십 년 살겠소?' 그랬더니 '많이 살 걸. 허허.' 그러면서 '황석영 씨야 다 살고 나면 피가 되고 살이 되는 소재가 될 텐데 뭐.' 하며 병 주고 약 주고 하더라고요. 하하하!"

"매 맞고 그러지는 않으셨어요?"

"워낙 유명한 사람이라 때리면 같이 때리고 욕하면 같이 욕하고 그랬어요. 하하하!"

"정말 많은 분들을 북에서 만나셨는데 가장 기억에 남는 분이 있다면 한두 분만 말씀해 주세요."

"남쪽에서도 일부러 북한 문학을 우리 안에 끌어들이려고 '만해 문학상' 도 주고 그렇지 않습니까? 저야 문인이니까 특히, 벽초 홍명희 선생님의 손자인 작가 홍석중 씨가 저와 비슷한 연배인데 지난번 드라마나 영화화됐던 《황진이》도 있는데 그런 것이 북한에 문화적으로 좋은 영향을 미친다고 생각을 합니다.

《황진이》가 비록 우리가 보는 시각하고 조금 다르긴 하지만 북한 사회에서는 절대 나올 수 없는 시각이거든요. 그래서 저는 굉장히 고무적으로 생각을 하고 늘 헤어져있지만 애틋한 친구라고 생각을 합니다.

또, 후배 남대현이라고 《청춘송가》도 쓰고 그랬는데, 안 보면 생각이 나고 걱정도 되고 그럽니다."

"가장 최근에 북한을 다녀온 때가 언제인가요?"

"2005년에 '남북작가회담'을 해서 100명의 작가들과 함께 갔었어요. 낭송회도 하고 여러 가지 행사를 했는데 이분들이 고생을 많이 겪어서 그런지 너그러움을 잊어버린 것 같아요. 그전에는 해외동포들이나 여행자들이 가서 비아냥거리는 얘기들도 하고 정치적인 민감한 얘기를 해도 웃어넘기고 그랬는데, 지금은 일일이 다 싸우고 지적하고 문인들과도 많이 싸웠습니다.

굉장히 예민해져 있고 삼엄해져 있고 자리마다 이른바 기관원들이 동석을 해서 앉아있는데 부담스럽잖아요. 가슴을 열고 더 좋은 얘기들 많이 나누면 효과적이었을 텐데 하는 안타까움도 있었고 무엇보다도 동료 문인들이 가서 인간적인 실망을 한 것이 커서 참 답답했어요. 지혜롭게 서로 풀어나가야 할 텐데……. 문인들 하나하나가 엄청난 입이고 손이고 그럴 텐데, 이렇게밖에 전달을 못 하나 굉장히 섭섭했습니다."

어머니, 자수성가한 아버지와 떠밀리듯 결혼해

"고향이 만주 장춘이라고 하셨는데, 어린 시절 이야기 좀 해 주세요."

"제가 1943년생이니까 곧 해방이 되잖아요. 그때 기억은 별로 없어요. 외가 쪽이 평양에서 근대화된 집안이에요. 외할아버지가 전홍걸 목사라고 감리교 목사이면서 평양의학전문학교도 만드셨어요. 계몽주의자셨죠.

그래서 어머니뿐만 아니라 외삼촌과 이모가 다 일본 유학을 다녀오셨는데 그중에서 일부는 사회주의 운동에 빠지셔서 북에 남은 분들도 있었어요. 가족이 좌우로 갈렸다고 하셨는데 그런 식이죠.

어머니가 결혼하실 때 외할아버지가 신사 참배를 반대해서 감옥에 계셨어요. 아버지는 부모가 돌아가시고 누나 밑에서 혼자 중농 정도로 자라셨는데 매형이 땅도 다 팔아먹고 하니까 집을 나와서 상업전수학교를 졸업하고 서비스 공장 같은 걸 하셨는데 돈을 많이 버신 모양이에요.

일제 때 남양에서 고무가 나오니까 타이어를 찍어내는 공장을 하셔서 돈을 크게 벌어가지고, 나이가 들어서 고국의 규수를 맞이하겠다고 매파를 앞세우고 평양에 나왔는데 외가가 기울어지니까 어머니가 성큼 결혼하신 거예요."

"형제가 어떻게 되셨어요?"

"4남매입니다. 위로 누나가 둘, 밑으로는 동생 하나가 있어요. 맨 밑의 누이동생이 죽었으니까 따지고 보면 5남매죠. 그래서 평양으로 나왔는데 그때부터는 기억이 납니다. 모란봉 밑에 살았는데 아침마다 을밀대에 올라가던 거며, 모란봉 밑이 바로 전철 종점이었는데 종점에서 어머니를 기다리던 생각도 나요. 나중에 북한에 갔을 때 찾아갔었는데 그 부근에 큰 경기장이 생겼더라고요. 전쟁 전에 일본식 적산가옥들이 모여 있었는데, 전쟁 때 동네 자체가 없어지고 모란봉 기슭에 한옥들이 빼곡히 들어차 있었어요.

그러다가 1948년에 아버지가 남쪽에 직장을 얻어서 가족이 남으로 내려오게 됐죠. 전쟁 전에 38선을 넘어서 영등포에 정착을 했습니다. 지금은 한국전력이지만 옛날에는 경성전기라고 했는데 아버지가 그곳에 들어가시고 어머니는 또 어머니대로 직장을 잡아서 다니셨어요. 어머니는 중학교 가사 선생을 하시다가 그만두셨어요. 그래서 영등포에서 성장을 했죠."

일찌감치 틔운 꽃망울, 숱한 방황으로 퇴학까지

"황석영 선생님은 어떤 학생이셨어요?"

"어렸을 때는 혼자 놀기를 좋아해서 책을 주로 많이 봤어요. 그때는 야시장에 가면 개인 서가에서 나온 책들을 책꽂이에 꽂아서 팔기도 하고 빌려주기도 했잖아요. 누나들이 이용하기 시작해서 나도 같이 가서 어른들이 보는 책을 초등학교 때 몇 군데씩 옮겨 다니면서 다 읽었어요.

이전에는 어머니가 대구 피난 시절에 《걸리버 여행기》라든지 소공자를 사다주셨는데 읽다 보면 금방 끝나고 별로 재미가 없는 거예요. 그래서 어른들이 보는 책을 봤어요.

그래서 초등학교 1학년 때 처음 어른들이 보는 책을 본 게 《철가면》이라고 굉장히 두꺼운 책이었어요. 그 다음이 초등학교 3, 4학년 때 《몽테크리스토 백작》, 《폭풍의 언덕》, 《제인 에어》 등인데 아마도 일본에서 중역된 책일 거예요. 그런 세계 명작들을 초등학교 때 봤어요.

그리고 〈학원〉이라는 잡지가 있었는데 그것도 초등학교 때부터 애독을 했어요. 〈소년세계〉, 〈새벗〉 등이 있었는데 다 피난 시절에 보던 겁니다.

"피난은 어디로 가셨어요?"

"대구로 갔어요. 대구에서 중앙초등학교를 1년 다니고 다시 영등포로 돌아왔죠. 그래서 영등포초등학교를 다니고 경복중학교를 들어갔어요. 평소에는 좀 놀다가 시험 때가 되면 벼락치기를 해요. 하하. 그러면 성적이 올라가곤 했어요."

"학교 때는 공부 시간에 주로 소설책을 보셨어요?"

"그런 걸 봤죠. 그리고 초등학교 고학년이 되면서 톰소여처럼 슬슬 장난이 늘었어요. 여기 목동에 옛날에 오목내가 있었는데 여기는 물론이고, 마포 강변에서부터 관악산까지 돌아다녔어요. 땡볕에 가도 가도 끝이 없어서 새까맣게 타도록 걸어다녔죠. 러닝셔츠 차림에 남의 밭에서 생옥수수를 슬쩍 해서 먹기도 했어요. 이 방송국 근처가 전부 하천 부지였어요. 예전에 중국 사람들이 중국음식점에

채소를 대는데 채소밭이 많았어요. 그래서 이 근처에 양배추니 뭐니 심었던 기억이 나요."

"고등학교 때부터 문학 쪽에 관심을 가지셨어요?"

"초등학교 때 백일장을 나가서 뭘 썼는데 그게 최우수상을 받아서 신문에도 났어요. 꼬마가 사회로부터 처음으로 칭찬을 받았잖아요. 나는 작가가 이렇게 고생스러운 거라는 걸 알았으면 안 했을 텐데, 뭔지도 모르고 이 다음에 뭐가 될래? 물으면 작가라고 대답했어요. 저는 중 · 고등학교 때 문예반에 들어간 적이 없어요. 문예반이나 꽃을 가꾸는 원예반은 여자애들이 하는 건데 사내자식들이 저걸 왜 하느냐고 주위에서 그러니까 중학교 때는 수영반에서 수구를 했어요. 그리고 고등학교 때는 산악반에 들어갔고요. 거기서 주먹도 쓰면서 싸움 많이 했죠. 하하!"

"아버님은 언제 돌아가셨어요?"

"아버님은 전쟁 직후에 돌아가셨어요. 들입다 고생만 하고 사선을 넘고 돌아가신 거예요. 어머니가 별의별 장사를 다 하고 고생도 많이 하셨죠. 그리고 누나들은 둘 다 경기여고를 다녔는데 고학년이 되니까 학교 가서 늦게 오고, 저는 동생을 데리고 밥 지어 먹기도 했어요.

그러면 어머니가 노트를 찢어서, 제 아명이 수남이인데 '수남아, 밥은 밥솥에 덥혀놓았고 국은 곤로(화로)에 데워 먹어라!' 써 놓고 가시면 동생이랑 같이 먹었어요.

그러면서 보냈는데 고등학교 가서는 공부도 잘 안 하고 싸움패에 들어갔어요. 산악반이라는 게 이탈하는 코스거든요. 학교에 있다가 우리끼리 보이면 술, 담배도 하게 되고 껄렁껄렁해지면서 불량소년이 되는 거죠.

그러다가 나중에 문학하는 친구들과 어울리게 되었어요. 제가 고등학교 때 싸움을 하는 바람에 퇴학을 맞았는데 학교를 3군데 정도 돌아다녔어요. 그때 어머니가 많이 속상해 하셨는데, 저는 지금도 어머니에 대한 회한이 많습니다.

당시 퇴학당했을 때 느낌이 어땠는가 하면 화장실에 서서 창문으로 내다보면 바로 앞에 길이 보이거든요. 아침에 여학생들이 칼라(옷깃) 내밀고 입김을 하얗게 토해내면서 학교 가는 모습을 볼 때마다 '내가 저기에서 쫓겨났구나!' 생각했어요, 아마 그때부터 국외자에 대한 게 있었나 봐요. 작가로서 특별한 경험을 한 거죠."

어머니가 눈물을 쏟으시며…… "집에 가자!"

"퇴학당하신 후로는 뭘 하셨어요?"

"집에서 책도 보고, 집에서 가출해서 혼자서 남도를 돌아다녔어요. 부산 칠북에 장춘사인가 하는 절이 진주 외곽에 있어요. 거기서 어떤 스님을 만났는데 그분이 저를 좋게 보셨나 봐요. 그때 동래에 있는 범어사에 하동산 스님이 조실 스님으로 있고 원주 스님이 '불광' 이라는 잡지사도 하셨는데 지금은 두 분 다 돌아가셨어요. 고광덕 스님 앞으로 편지를 써 주셔서 갔더니, 조실 스님한테 데리고 가서 구두시험처럼 면접을 보는 거예요. 그때 출가를 하려고 했었죠.

스님이 '너, 여기 있으면 얼마나 있을끼고?' 그러시더니 더 이상 말씀을 안 하세요. 그게 한 바퀴 돌리는 건데 광덕 스님이 뭐라고 하시더냐고 물으시기에 '얼마나 있을 거냐.' 고 하셔서 '갈 데 없어서 왔는데 있을 만큼 있겠다.' 고 했다고 했어요. '자신을 찾으러 왔다는 둥' 철학적인 건 딱 질색이거든요. 행자 애들은 내가 가니까, 내 또래 애들이 밥도 갖다 주는데 자세는 아주 겸손하지만 시건방지게 자신을 찾으러 왔냐고 물어봐요. 쑥스러워서 먹고 살길이 없어서 여기 왔다고 이야기를 했죠.

그랬더니 그 이튿날 나가라고 그러더라고요. 아무도 들여다보지도 않고요. 그런데 문 앞에 있다가 웬 스님이 지나가면 따라가 보라고 해서 문 앞에 서있었더니 스님 한 분이 지나가요. 스님 되려고 왔는데 저 좀 데려가 달라고 했더니 따라오라고 해서 따라갔어요.

첫 번째는 역에다가 저를 떼어놓고 도망가 버리고, 저 어디 울산 가는 쪽에 바닷가 오막살이 절에 갔는데 대웅전도 콧구멍만하고 흙방이 옆에 붙어있어요. 청소하라고 해서 먼지 때가 얼마나 꼈는지 다 닦아내고 밥 한술 얻어먹고 자는데 새벽 3시에 와서 막 발로 차더라고요. 이게 중 된다고 온 놈이 시간이 몇 시인데 아직도 자느냐고 당장 나가라고 보따리 채 집어던지더라고요. 그래서 또 쫓겨나고, 그렇게 여러 군데를 돌린 다음에 다시 범어사로 간 거예요. 가서 기다리기를 몇 차례 한 다음에 겨우 배치 받은 곳이 금강원이라고, 지금 유원지가 되어 있는 곳이에요.

선원이 있었는데 그곳 행자로 들어가서 1년 동안 지냈어요. 밥하고 허드렛일하고 심부름하고. 그러다가 스님들 심부름을 나가면 새끼 중이 할 수 있는 일이 딱 2가지가 있어요. 하나는 자장면을 사 먹고 또 하나는 영화 구경을 하는 거예요. 이건 신부님도 그렇고 군대가서 휴가 나온 군인들도 코스가 그겁니다. 그래서 자장면 한 그릇 먹고, 시간이 있으니까 영화 구경을 갔는데 지금도 잊어버리지 않아요. 제목이 〈오케스트라의 소녀〉예요. 그걸 보고 나오는데 누가 바로 옆에 와서 날 잡아요. 보니까 큰누나 매형의 친구예요. 서울대학교 나온 분인데 동기동창이라서 우리 집에도 자주 놀러왔던 분이에요. 날 보더니 네가 여기 웬일이냐고, 그러잖아도 어머니가 눈물로 세월을 보내고 있는데, 같이 가자고 안 놔주는 거예요.

그때 계는 아직 안 받았지만 이미 승복을 입고 머리도 깎아서 모습은 스님의 모습이죠. 가자는 걸 뿌리치고 도망쳤어요. 어머니가 아시고 그 길로 부산 근처 일대의 절을 다 뒤졌어요. 스님이 되려면 어디를 가느냐고 물으니까 동래의 범어사를 가라고 누가 시키더래요. 그래 물어물어 찾아오셔서 광덕 스님을 만난 거예요. 처음에는 모른다고 했다가 어머니가 며칠 동안을 매일 산문 앞에 오셔서 기다리고 있으니까, 사실 그런 사람이 여기에 있지만 왜 불가에 들어온 사람을 찾느냐고 물어보셨겠죠.

내가 홀어미인데 저거 하나 바라보고 살고 있는데 예수님이나 부처님이나 불쌍한 사람을 보고 가련하게 여기는 건 똑같지 않느냐, 나는 기독교인이지만 그쪽도 마음은 같은 거 같은데 우리 아들이 가출해서 여기까지 온 것 같으니 만나게 해달라고 하셨어요.

그랬더니 그러면 어머니가 만나보시고 아들이 우리 쪽을 선택해서 다시 산문 안을 들어오면 우리 사람이니까 찾지 말고, 어머니를 따라가면 어머니 인연이니까 우리도 더 이상 말 안 하겠다, 이렇게 된 거예요.

나는 그런 속도 모르고 아침에 일어나서 마당을 쓸고 있는데 동자승이 오더니 누가 왔다고 산문 앞에 나가보라고 해요. '올 사람이 어디 있나?' 금강원에서 죽 내려오면 양쪽에 나무들이 있고 그 사이로 길이 있는데 큰길로 나가면 절 앞에 기념품 가게가 있어요. 보니까 어디서 많이 본 여자가 하나 서 있어요. 하하. 가까이 가서 보니까 우리 어머니예요. 어머니가 붙들더니 눈물을 쏟아내세요. 집에 가자고 하셔서 '예, 갑시다.' 하고 따라 나서서 그 길로 그냥 돌아서 나왔죠. 부산 역 앞에 국제시장이 있는데 사복을 사고 승복을 벗어서 보따리에 싸고 모자 하나 쓰고 들어가서 어머니가 사주시는 불고기를 먹었는데 대단히 맛있었다는 기억이 지금도 있어요. 하하하.

채울 수 없는 허기…… 자살 미수 그리고 베트남

"지금 자녀가 어떻게 되세요?"

"3남매입니다. 아들 둘에 딸 하나예요."

"만약에 그 아들이 그랬다면 어떠셨을 것 같아요?"

"다행히 우리 아들은 저 같지 않고 정서가 안정되어 있어요. 측근에 있는 사람들이 저보고 청룡열차라고 해요. 하하. 우리 어머니는 대단한 분이세요. 제가 자살 미수도 3, 4번 했는데 그때마다 살려 놓으셨어요. 그리고 베트남에 가려고 특수교육대 앞에 차량을 타고 훈련을 받으러 가는데 거기는 민간인이 올 곳이 아닌데 삼거리에 어머니가 와서 기다리고 계세요. 베트남 간다고 어머니께 말씀을 안 드렸거든요."

"베트남에는 왜 가시려고 하셨어요?"

"군대 신체검사에 세 번을 안 갔어요. 다른 이유가 있어서가 아니라 게을러서 안 갔더니 파출소에서 잡으러 오더라고요. 그 달에 나가는 게 뭐가 있나 봤더니 해병대가 있어서 거기에 자원입대해서 간 거예요. 그때 미스코리아 심사하듯이 사람을 세워놓고 세 군데를 뽑아요. 학력도 좋고 풍채가 좋으면 의장대와 군악대, 헌병대를 뽑는 거예요. 이게 3대 골병대라고 하는데 왜냐하면 기합이 세거든요. 그래서 떨어진 곳이 헌병대예요.

헌병학교 가서 교육받고 배치 받은 곳이 진해 헌병대인데 거기 가서 교통정리하고 그랬어요. 그러다가 진해 사령부에 근무를 했는데 그때는 가난할 때니까 파견대장 했던 사람이 직업 군인이니까 중사쯤 됐어요. 그 사람이 기름을 빼서 팔아요. 나는 졸병이니까 시키는 대로 통과시켰죠. 그런데 그게 걸렸어요. 이 사람이 와서 나는 여기 말뚝이고 처자식도 있는데 어떡하냐, 너는 졸병이니까 졸았다고 해라. 그래서 졸았다고 했죠. 결국 영창을 살다가 특수교육대에 가서 교육받고 그대로 베트남으로 갔어요. 포항에 있는 특수교육대 앞에 어머니가 서 계시더라고요. 영화 장면처럼 차가 달리는데 쫓아오시는 거예요. 난 정말 어머니 이야기 나오면 할 말이 없습니다."

"그 당시에 뭐가 그렇게 황석영 선생님을 자살로까지 가게 했을까요?"

"뭘 채울 수 없는 허기라고 해야 할지, 도달할 수 없는 게 있었던 것 같아요. 여러 가지 갈등이 있었어요. 그런 가운데에서도 글을 계속 썼죠. 1년에 몇 편씩은 썼어요. 쓰지 않으면 못 견디니까요."

"그때가 데뷔를 하셨던 때였나요?"

"그렇죠. 고등학교 2학년 때 사상계 신인상을 받았으니까요. 이 이야기가 그러고 나서의 일입니다. 고등학교 때 가출도 당선 이후에 한 일들입니다.

그리고 그 후에 다녀와서도 대학 재학 시절에 6 · 3사태가 났을 때도 노량진 경찰서에 집회 및 시위에 관한 법률 위반으로 붙잡혀 있었는데 그때만 해도 징역을 보내지 않고 구류를 살렸어요. 경찰서 유치장 구류로 사는데 제 2한강교 교각 공사 하러 나왔다가 술 먹고 십장을 폭행한 노동자가 하나 잡혀왔는데 그 사람이 해병대 출신이더라고요.

갈매기 3개를 대위로 바꿔서 별명을 붙였는데 본인도 대위래요. 바로 《삼포가는 길》과 《객지》의 모델이 되는 사람을 만났어요.

그래서 그 사람과 남도를 떠돌았어요. 이때는 대학생이니까 군대 가기 전이에요. 이를 테면 《삼포가는 길》같은 경우는 우리가 신탄진 연초장 기초공사할 때 한방에 있다가 비도 오고 구질고 임금도 밀리고 하니까 튀었어요.

조치원에서 청주까지 가는 길이 60여 리가 되는데 이 길이 옛날에 참 아름답던 길이에요. 옆에 강 비슷한 개울이 흐르는 길을 밤새도록 걸었어요. 그때 비가 왔는데 소설에는 눈으로 바꿨어요."

"재미있는 게, 사람들이 삼포가 어디에 있는 곳이냐고 물어보죠. 삼포가 어디에요?"

"삼포는 지상에 없는 장소입니다. 사실 고향이라는 게 지상에 없죠. 그 전에 갔던 공간은 이미 아니니까요."

불구덩이 속에 들어간 원고, 결국엔 인정해 주셨죠.

“어머니가 소설 쓰시는 것을 안 좋아하셨다고요.”

“밥 못 먹을까 봐. 의사라든지 실용적인 직업을 택해라. 외삼촌이 용렬한 사람이지만 외삼촌을 가리키면서 난리통에 살아남을 수 있었던 것도 의술을 갖고 있었기 때문이지, 글 쓰고 소설 쓰면 룸펜밖에 더 되느냐고요. 하하.

내가 원고를 써서 습작을 하면 불구덩이에 집어넣으셨던 적이 많아요. 그런데 그 뒤에 내가 ‘학원’ 문학상도 받고 ‘사상계’ 신인상을 받을 때도 인정을 안 하시더니 다 연로하셔서 광주에서 마지막 몇 해를 모시고 살았는데, 그때 《장길산》을 쓸 때였는데 농촌 경험이 없으니까 호남을 택해서 내려가서 있었어요.

아침에 신문이 오면 《장길산》을 연재한 연재물을 돋보기를 쓰고 오리고 계세요. 스크랩해서 붙이셨어요. 그걸 보면서 이제는 어머니가 생업으로 인정을 하셨구나 생각했죠.”

“어머니는 언제 돌아가셨어요?”

“1980년 광주항쟁이 끝나고 그해 겨울에 돌아가셨어요. 제가 감옥 가는 걸 안 보시고 가셔서 다행입니다. 하하하.

그런데 광주 민주화항쟁이 초창기에 터질 때 제가 서울로 도피를 했는데 합동수사본부에서 잡으러 왔거든요. 신발 신고 7, 8명이 마루에 들어오니까 어머니가 나와서 그 사람들을 밖으로 내쫓는다고 ‘이놈들아, 신발 벗어라!’ 그러셨다고 합니다. 어머니는 이북 평양 분이시기 때문에 아주 대단하셨거든요.”

“황석영 선생님의 첫 작품은 뭐였어요?”

"세상에 처음 나온 게 《입석부근》이고 그 다음에 나온 게 《탑》이라는 소설이었어요. 그리고 중간 중간 썼던 게 재고품이 되었다가 데뷔한 뒤에 나오게 되었죠.

넌 '세수 안 한 사슴'이고 난 '억울한 사슴'이야

"황석영이라는 이름을 쓰신 건 언제부터인가요?"

"《탑》부터였어요. 원래 이름이 황수영인데 그건 여자 이름이잖아요. 빼어날 수에 꽃뿌리 영인데 완전히 여자 이름이라서 놀림을 받았어요. 동생 이름은 수웅이고, 제 진짜 본명은 수남이에요. 빼어날 수에 사내 남, 근데 이게 일본식 이름이잖아요. 옛날에 여자들한테는 '자'를 붙이고 남자들 이름은 '웅', '남'을 붙였어요. 그대로 호적에 올렸다가 남으로 내려와서 다시 올리면서 수영으로 바꿨다고 그래요. 아버님의 소박한 생각으로는 수영이와 수웅이를 합치면 영웅이 되니까 그러신 것 같아요. 하지만 수영은 여자 이름이에요. 그래서 황석영이라는 이름을 제가 지었어요. 수영이보다는 석영이가 발음이 더 좋고 한자도 예쁘고 해서 제가 지었죠."

"황석영 선생님은 정말 끼가 많으세요. 배우로 무대에 서시겠다는 생각은 안 해 보셨어요?"

"옛날에는 많이 그랬죠. 연극도 많이 했어요. 고등학교 때 이순재 선배가 학교에 와서 지도도 하고, 저도 연극반에 가서 활동도 했어요. 그랬는데 친구들 대부분이 글을 쓰다가 대학교를 가더니 연극반에 들어가서 활동을 하더라고요.

1970년대 중반을 넘어서면서 문화 운동이라는 개념이 생겼어요.

민주화운동을 하는데 문학 쪽에서 할 일이 많다고. 김지하 형과 같이 처음 그걸 개척해서 마당극이니 현장극이니 그런 것들을 하게 되죠.

처음에 같이 하다가 김지하 형이 민청학련 사건 이후로 장기간 구속되면서 모여있던 후배나 친구들한테 후사를 석영이한테 맡긴다고 해서 맡게 된 거예요.

지금은 다 50이 넘었는데 그 세대가 저하고 같이 일을 했죠. 당시에 대학교에서 문화 1세대에요. 〈화려한 휴가〉를 제작한 유인택 씨, 이 사람이 2세대 정도 되죠. 장선우 감독, 탈 하는 부산대학교 최희완 교수, 임진택, 노래하는 김민기 등등 이 사람들이 1세대예요."

"황석영 선생님의 말솜씨를 두고 사람들은 '황구라' 라고 하는데, 말씀 잘 하시는 건 어머니 쪽인가요, 아니면 아버님 쪽인가요?"

"경복중학교에 갔더니 애들이 나보다 더 똑똑하고 공부도 잘 하는 것 같아요. 주목을 끌 일을 해야 하는데 재미있는 이야기를 하면 주목을 끌 수 있겠구나 싶어서 곰곰이 생각한 게, 아이들 말로 '히트' 칠 문구를 생각해 낸다든가 학교에 가서 교실문을 열 때 아이들이 '와르르' 웃어야 직성이 풀렸어요. 지금은 손녀도 생기고 하니까 인품이 잡혀서 '황구라' 하고는 거리가 있거든요. 하하하."

"지금은 김훈 선생님한테 자리를 좀 뺏기시는 것 같아요."

"김훈은 피리 부는 소년이거든요. 그 친구는 보면 늘 문어체로 말을 해요. '구르는 돌에는 이끼가 끼지 않는다.' 꼭 옛날 일기장에 보면 오늘의 명언 같은 게 나오잖아요. 그런 식으로 보통 때 말을 해요. 너는 말씨 좀 고치라고, 평소에도 문어체로 말을 하냐고 그래요.

요즘 자기의 모토는 '단정하고 경건한 노인네가 되자!' 래요. 단정함은 자세를 이야기하고 경건은 마음가짐, 노인네는 연륜을 표한대요. 그래서 제가 그랬죠. '야, 이 사람아~!' 하하하."

"예전에는 여성 팬들도 독점하고 계셨는데요."

"아니에요. 제 별명이 스스로 '억울한 사슴' 이에요. 나는 사슴인데 여성분들은 저를 야수로 알아요. 그래서 억울한 사슴이에요. 우리 후배 중에 김훈이 질투하는 상대가 있는데 김훈보다 조금 아래예요.

시인 김사인이라고 있는데 본인이 사슴인 줄 알아요. 오빠부대가 많았는데 지금도 있을 거예요. 노래를 시키면 아주 나직하게 천천히 동요를 정감 있게 부르니까, 늘 보면 쓸쓸하고 먹여주고 싶고 그래요.

그래서 내가 괘씸해서 별명을 지어줬어요. 너는 '세수 안 한 사슴' 이라고, 그냥 사슴이라고 하면 억울하잖아요. 그리고 '나는 억울한 사슴' 이라고 하고. 하하하.

그런데 김훈 이 친구는 옛날부터 서울내기 버릇이 있어요. 마초와 같은 위압적 자세를 취하면서 말을 해요. 예를 들어 여자가 좀 터진 옷을 입으면 '어 거, 꿰매 입어라!' 이런다든지. 하하하!

그래도 내가 이 친구를 보고 참 좋다 싶은 건 올해 환갑인데도 청년 같아요. 지금 저 나이에 잊혀지는 사람들이 많은데 참 다행한 일이다 싶어요. 거의 그 나이 또래들이 물러앉아서 동사무소에서 '여러분, 오늘은 노인들을 위해서 설렁탕을 준비했으니 모두 한 분도 빠짐없이 모여주세요!' 그런 방송을 동네에서 듣는다는 거 아닙니까.

그런데도 불구하고 소설을 쓰는 거 보면 참 다행이다 싶은데 요즘 말을 안 들어요. 그래서 몇 번 혼을 냈는데 그러고 나니까 사방에 다니면서 형님 다음에는 자기라고 그런대요. 하하.

지금도 부엌 쟁탈전, 요리는 수준급

“황석영 선생님 하면 음식 이야기를 빼놓을 수가 없는데 요즘에는 뭘 좋아하세요?”

“날이 갈수록 특별히 맛있는 것이 없네요. 그리고 다 맛있어요. 옛날 음식이 그렇게 맛있어요. 얼마 전에 후배인 윤한봉이 죽었어요. 나와는 형제 같은 친구인데 파리에 있는 동안 부음을 들어서 미처 오지 못했다가 이번에 새삼스럽게 망월동에 가느라고 잠시 들렀었어요.

상원이하고 노동 운동을 하던 여학생 박기순하고 영혼 결혼을 시키면서 ‘님을 위한 행진곡’ 을 만들었는데, 박기순의 오빠가 윤한봉의 누이동생과 결혼해서 사는데 그 친구는 건설회사도 하고 성공했어요. 그런데 내가 왔다고 하니까 떡 벌어진 한정식집에 갔어요.

가정식으로 드시겠느냐고 해서 그러자고 했는데, 그때 옛날식 굴비를 지져놓은 걸 처음 봤어요. 그걸 또 녹차 얼음물에 밥을 말고 굴비 지진 것하고, 적당히 땅에다 묻어놓은 열무김치 삭인 거 조금하고 묵은지를 먹었는데 옛날에 먹던 음식들이 얼마나 맛있던지 한 그릇 반을 먹었어요. 과식하면 속이 답답한데 어떻게 맛있게 먹었는지 두 시간 있으니까 금방 꺼지더라고요. 속이 참 편했어요. 요새 그런 음식이 좋습니다.

갈치 새끼처럼 생긴 갈치포를 조린 걸 물에 말아서 먹는 음식들

하고 짭짤한 마늘지에다 된장에 재워놓았지만 깨끗한 깻잎, 얼마나 맛있습니까."

"요즘도 직접 음식을 하시나요?"

"그럼요. 부엌 쟁탈전을 매일 벌이죠. 나는 깨끗이 한다고 하는데, 집사람은 부엌 더럽히고 뒷정리도 깨끗이 못한다고 부엌 권리를 안 내어주네요. 런던이나 파리에 있을 때도 직접 만들어 먹었어요. 국수는 종류별로 한국 것부터 파스타까지 다 해요."

"북한에 가셨을 때 가장 맛있는 음식이 뭐였어요? '언 감자국수'라고 있다고요?"

"문익환 목사님과 몇 번 본 다음에 나 혼자 김일성 주석과 점심을 몇 번 같이 했는데 국수가 보니까 새까맣더라고요. 여기에도 칡으로 냉면을 만들잖아요. 북에서는 그걸 언 감자국수라고 하는데, 그분 말씀으로는 일제시대 때 그 지역 사람들이 독립군들에게 식량을 직접 전달을 못 하니까 산등성이에 감자를 묻어놓고 표시를 해 뒀대요.

그러면 소위 보급투쟁을 나가서 캐 오는데 언 땅 속에 있었으니까 감자가 다 얼어있을 거잖아요. 먹는 방법을 몰랐는데 강원도 화전민 출신의 병사가 언 감자를 녹말을 내려서 국수를 뽑는 방법을 알고 있더래요. 그걸 뽑아서 눈 녹인 물에 말아서 먹었다고 하더라고요.

당시에 점심에 국수를 뽑아서 콩국에 말고 검은 깨를 뿌리고 그 위에 함경도 들갓을 얹는데 북쪽지방의 갓김치는 젓갈을 안 넣고 고추, 마늘 등의 양념만 해서 맛이 아주 담백하고 깨끗했어요. 들갓이 작은데 그걸 콩국수 위에 올려요. 콩국은 하얗고 국수는 까맣잖아요. 또 검은 깨를 뿌리고 들갓은 초록이고…….

그걸 아주 맛있게 먹는데 그런 이야기를 하더라고요. 독일작가 루이제 린저와 늘그막에 두 분이 친하게 지냈던 모양인데, 감자를 주식으로 하는 독일에서 오셨으니까 얼린 감자로 요리하는 걸 본 적이 있는가? 물었더니 처음이라고 하더래요. 언 감자국수가 굉장히 찰기가 있어요. 우리는 그게 아릴 것 같은데 찰기가 있고 맛있습니다."

"노티는 뭔가요?"

"노티는 약과의 일종인데 약과보다는 훨씬 부드러워요. 기장쌀이라고 남쪽에는 없는데, 조하고는 조금 다르고 조하고 그 사이에 뭐가 있어요. 그 기장쌀을 가루로 만들어서 엿기름에 넣고 섞어서 잰 것을 적당히 발효시킨 다음에 참기름에 노릿하게 지져요.

이것을 꿀에 잰 과자 같은 거예요. 그러고 항아리에 재어놓고 두고두고 먹는 거죠. 이건 평안도 음식이에요. 어디서 들으니까 개성에서도 노티라는 이름으로 있다고 하더라고요."

리얼리즘의 최고봉, '소설은 내가 살아가는 이유'

"《바리데기》도 나왔고, 다음 계획은 어떤 게 있으세요?"

"9월 20일까지 여러 일정을 국내에서 소화한 다음에 돌아가서 청산하고 짐 싸가지고 나와야죠. 10월 말이면 완전히 귀국합니다."

"시골에 가서 사시겠다는 말도 들었어요."

"그래서 몇 군데 보고 있어요. 시골에 정착을 해서 들어앉아 작품

쓸 일밖에 더 있겠어요. 작품의 소재가 아직도 많이 남아 있어요. 계획한 것의 절반도 못 썼어요. 하하.”

“작품 쓰실 때 특별한 버릇 같은 게 있으세요?”

“제일 나쁜 악습이 담배를 많이 피우고 밤을 새운다는 건데 담배 피우는 걸 중지하면 한편으로는 작품이 제대로 나올까 하는 염려도 있지만, 담배를 끊고 작품을 시작했다는 새로운 경지로 들어가지 않을까 해서 담배를 끊고 새로운 작품을 시작하려고 합니다.”

“글 쓰는 것 외에 좋아하는 취미는 뭔가요?”

“젊었을 때는 다른 취미가 있었겠지만, 요즘은 글 쓰는 시간 이외에 산책하는 것이 참 좋습니다. 파리에서도 집 근처 숲까지 걸으면 15분 정도 걸리는데, 그곳에 가서 2시간 정도 숲속을 걸어 다녔거든요.”

"내 청춘의 소망은 밥이었다!"

작가 **김 훈** _

소설 《칼의 노래》로 대중들에게 큰 사랑을 받은 작가 김훈 씨가 최근 세 번째 역사 소설 《남한산성》을 냈습니다. 소설 《칼의 노래》가 충성심으로 가득 찬 충무공 이순신의 생애를 허망함과 싸우는 한 인간의 모습으로 그려냈다면 소설 《남한산성》은 청나라의 진격을 피해서 '남한산성'에 들어가 47일 동안 비참하게 견뎌 내다가 결국 인조임금이 삼전도(三田渡)에서 머리를 조아리며 항복을 한 사건으로 병자호란을 다룬 소설입니다.

소설가 김훈 씨는 언론인으로 27년 동안 기자 생활을 했습니다. 한국일보, 시사저널, 국민일보, 한겨레신문 등 여러 곳을 거쳤습니다. 그리고 50대에 소설가로 늦깎이 데뷔를 했습니다.

소설 《칼의 노래》로 '동인문학상'을, 단편소설 〈화장〉으로 '이상

문학상' 을, 그리고 〈언니의 폐경〉으로 '황순원문학상' 을 수상했습니다.

절제되고 간략한 문장으로 새로운 문체를 정립했다는 평가를 받고 있기도 한 소설가 김훈 씨를 『손숙의 아주 특별한 인터뷰』에서 만나보았습니다.

손끝에서 맴도는 연필의 감촉을 사랑하는 영원한 기계치

"댁이 일산이신데 혹시 오늘 자전거를 타고 오시지는 않았을까 혼자 생각해 봤어요. 호호."

"아마 자전거로 오면 한 시간 반이면 올 거예요. 그러나 너무 덥고 교통량도 많아서 그냥 택시 타고 왔습니다."

"운전을 못 하시나요?"

"전혀 못 합니다. 저는 자동차뿐만 아니라 모든 기계를 못 만져요. 기계를 만지면 기계가 망가져요. 그래서 집사람이 아예 못 만지게 해요. 기계치입니다. 하하하."

"저하고 비슷하시네요. 호호."

"비디오를 볼 때도 켜고 끄는 것은 우리 애를 시킵니다. 완전히 낙후된 인간이죠. 하하."

"컴퓨터도 안 하세요?"

"컴퓨터는 옆에도 가기 싫어해요."

"원고도 연필로 쓰시겠네요?"

"연필이 워낙 사양 산업이다 보니 요즘은 좋은 연필 구하기가 어렵더라고요. 심이 물러서 잘 부러지고, 지우개는 하도 지워대니까 원고 다 쓸 때쯤이면 하얗게 눈이 내려있어요. 단단한 연필과 가루 안 나오는 지우개를 누가 좀 만들어 줬으면 좋겠어요. 하하하."

"우리 옛날에는 연필 한 다스 선물 받는 게 굉장히 큰 기쁨이었는데……."

"맞아요. 크리스마스 때면 늘 기다렸죠. 지우개도 옛날에는 딱딱해서 공책도 찢어지고 그나마 없는 아이들은 침으로 지우곤 했어요. 그러면 공책도 찢어지고 손가락도 까매지고 그랬죠."

"잠자리 그림 있는 연필이 참 좋아서 필통에 넣어두면 기분이 좋고 그랬는데 혹시나 생기면 좀 드릴게요."

"많이 사다 놔서 오히려 필요하시면 제가 드리겠습니다. 하하하"

나는 뒤로 빠지고 모든 등장인물에게는 정당성을

"요즘 《남한산성》이 베스트셀러예요. 저도 김훈 씨 팬이라 김훈 씨 작품은 빠트리지 않고 다 읽었어요. 며칠 전에 《남한산성》도 읽었는데 읽으면서 굉장히 가슴이 아프더라고요."

"저도 쓰면서 정말 속상했어요."

"어떻게 이런 나라가 다 있나 싶은 게 너무 속상해서 잠을 다 못 잤는데 이 책이 베스트셀러인 이유가 뭐라고 생각하는지 저자의 이야기를 들어보고 싶군요."

"놀라운 일이라고 생각이 드는데 제 소설은 매우 고통스러운 주제를 다루고 있어요. 희망이나, 꿈이나, 사랑이나, 낭만이나……, 많은 대중들이 좋아할 만한 가치들이 전혀 들어 있지 않습니다.

그리고 저의 문장은 좀 삼엄하고, 재미없고, 딱딱하고, 거칠죠.

그런 책을 따라와 주는 독자들을 보니까 눈물겹도록 행복한 느낌이 들어요."

"특히 남성 독자들이 많이 본다고 하는데 굉장히 이례적인 일이죠? 솔직히 남자들은 책을 잘 사서 보지 않잖아요. 요즘은 여류작가의 책이나 번역 책이 많이 팔리는데 그런 와중에 쉽지 않은 김훈 씨의 책이 잘 팔린다는 것은 이상한 일이라고 하더군요.

남성들이 책을 많이 안 읽는 것은 사실입니다. 그런데 저는 구태여 중년 남성들에게 책을 사서 읽으라고는 하고 싶지 않아요. 매일매일 밥벌이에 허덕지덕하고 직장 생활 열심히 해서 월급을 고스란히 집에 가져다주는 것이 건강한 사회인의 모습일 것이고, 그렇다고 책 읽지 말라고 하는 것은 아니지만 그들이 책을 읽지 못하는 사정을 나무랄 것까지는 없다고 생각해요.

아마도 남자분들이 세상의 고통이나, 더러움이나, 억울함, 비리, 모순, 치욕……, 그런 것들에 대해서 여성 독자들보다 훨씬 쉽게 공감할 수 있을 거라는 생각을 했습니다."

"왜 이 시대에 김훈 씨가 그런 소설을 썼을까……. 이 시대와 소설의 연관성에 대해서 묻고 싶어요."

"시대와는 상관이 없고 제 마음속에 오래 있었던 소재이고 주제였는데 제 소설을 이 시대와 관련지어서 읽는 사람들이 많더군요. 가령 그것을 FTA와 관련지어 이야기하는 사람들도 있고, 지금 우리가 말하고 있는 자주와 독립의 문제, 외세의 문제, 열강의 문제, 그런 것들과 결부시켜서 읽는 분들도 있어요. 그런데 저는 소설에 정치적인 외연을 설치하고 정치적인 의미를 부여하는 것을 작가로서 원하지 않습니다. 그러나 그것을 독자가 자기 식대로 읽는 것에 대해서 개입할 수는 없는 것이죠."

"저는 책을 읽으면서 작가는 글을 쓰다 보면 어느 한편에 서기가 쉽다고 생각해요. 그 사람의 입장에서 쓰게 되고…….

그런데 김훈 씨는 굉장히 중립적인 입장에서 쓰신 것 같아요. 쓰러진 왕조의 들판에도 대의는 꽃처럼 피어날 것이라며 결사항쟁을 고집한 척화파 김상헌의 입장도 아니고, 역적이라는 말을 들을지언정 삶의 영원성은 치욕을 덮어서 위로해줄 것이라는 주화파 최명길도 아니고……."

"여러 등장인물이 나오는데 서로 생각이 다르고, 입장이 적대적이고, 반대되고, 그런 사람들이었지요. 그런데 저는 그 모든 사람들에게 다 정당성을 부여하려고 애를 썼어요.

아무리 하찮은 인간이라 하더라도 그것은 한 인간으로서 그럴 수밖에 없고, 그가 그럴 수밖에 없는 사정은 정당할 수가 있는 것이라는 쪽에 주안점을 뒀고, 그렇게 되니까 저 자신은 뒤로 빠져나가 있었던 것이죠."

"제가 보기에 인조임금은 무능한 것 같더라고요."

"그 상황에서 무능할 수밖에 없었겠지만 저는 인조가 결국 거대한 치욕을 스스로 감당함으로써 그 시대를 살려낼 수 있었다고 생각합니다. 그것은 참 말하기 어려운 것인데 사람의 삶이라고 하는 것은 결국 영원할 수밖에 없는 것이고 인간은 어떤 경우에도 살아남아야 하니까 인조임금이 선택한 길은 어쩔 수가 없는 것이죠."

모순과 대립 속에서 여전히 계속되는 우리네 삶

"오히려 김상헌의 주장은 쉬울 수가 있는 것 같은데요."

"김상헌 대감은 참 고귀하고, 아주 높은 도덕적 덕성을 가진 분이고, 인간 삶의 아름다움, 정통성, 삶의 경건함, 그런 것들의 화신인 것이죠. 그러나 그분은 그 시대가 처한 군사 현실, 그 당면 현실에 전혀 무지했고, 일부러 그걸 안 보려고 했던 거죠."

"근데 그런 분들도 나라에 필요하잖아요."

"그런 분들도 필요하지요. 필요하지만 또 그렇지 않은 분들도 역시 필요하죠. 그런 모순과 대립 속에서 사람은 살 수밖에 없는 것이고요."

"저는 거기서 두 가지 의문점이 있었는데 왜 청나라는 추운 겨울에 쳐들어왔을까요……?"

"그것은 거대한 병력을 이동시켜야 하는데 화포, 대포, 군량, 말, 이런 것들을 다 이동시켜야 하기 때문에 강이 얼기를 기다렸던 것이죠. 언 강으로 그냥 끌고 오니까요.

압록강을 건너고, 청천강을 건너고, 대동강을 건너고, 임진강을 건너고, 예성강을 건너고, 한강을 건너서 들어오는 군대이기 때문에 그 강이 얼지 않으면 다 배로 넘어야 하니까 너무 힘들지요. 그리고 군대들은 배로 강을 건널 때 가장 허약해요.

물 위에 떠있을 때 양쪽 육지에서 공격을 하면 도망갈 길이 없으니까 중국 군대는 강이 얼기를 기다렸다 쳐들어온 거예요. 그리고 그들은 워낙 추운 데서 살았기 때문에 추위를 두려워하지 않아요. 우리 조선 군인들은 추우면 꼼짝도 못할 테지만 그들은 전혀 추위를 느끼지 못하고 오히려 내려오면 따뜻하다고 생각한 것이죠."

"《남한산성》을 못 읽으신 분들은 잘 이해가 안 가시겠지만 또 한 가지 궁금한 것은 김상헌이 강을 건너면서 사공을 죽였잖아요. 그런데 왜 굳이 죽였어야 했지요?"

"사실 그 사공은 죽어야 할 이유가 없는 사람이에요. 그러나 김상헌은 그를 살려 둘 수가 없었던 것이죠. 살려주면 그 다음날 청나라 군대가 와서 강을 건너는데 이 사공이라는 자는 조선 임금도 건네주지만 청나라 군대도 건네주고 대가를 받으려는 사람이니까 살려 둘 수가 없는 입장이죠.

그렇지만 사공으로써는 그 사람 칼에 맞아 죽을 이유가 전혀 없는 거죠. '나는 내가 살던 자리에서, 내 직업이 사공이니까, 건너가겠다는 사람 건네주고, 그 삯을 받아서 살겠다.' 고 하는데 죽을 이유가 없는 것이지요."

"백성이라는 것은 그럴 수도 있는 것 아녜요?"

"백성이라면 그럴 수도 있는 것이죠."

"그 사람이 강을 안 건네줘도 어차피 청나라는 건너오게 마련인데 왜 그를 죽였을까요?"

"그 사공이 강을 인도하지 않으면 청나라 군대는 들어 올 수가 없어요. 왜냐하면 얼음이 깨지니까요. 단단하게 언 얼음 쪽으로 군대를 인도해 주는 것은 전문가인 사공만이 할 수 있는 일이거든요."

〈칼의 노래〉는 칼 같은 문장, 〈남한산성〉은 한 발 물러선 채

"《칼의 노래》를 한 달 반 동안 쓰셨다고 들었어요. 《남한산성》은 얼마 만에 집필하셨나요?"

"7개월 걸렸어요. 너무나 힘들고, 피곤하고, 매일매일 허덕지덕 했죠. 내용이 절망적이라 너무나 힘들었어요."

"작가도 매일 그렇게 쓰자면 힘이 드는군요."

"아! 그럼요. 하하."

"보통 하루에 원고를 몇 장이나 쓰시나요?"

"저는 일을 많이는 못 해요. 일을 오래해도 하루에 10장 이상은 못쓰고 200자 원고지 한 5장, 어떤 때는 3장, 어떤 때는 전혀 아무것도 안 되는 날도 있어요.

아침에 일어나서 9시쯤에 책상 앞에 앉아 연필을 들고 시작하려고 하면 오늘 일이 될지 안 될지 내가 알아요.

오늘은 일이 안 되는 날이다 싶으면 결국은 안 되죠. 하루 종일 앉아있어도 안 돼요. 그런 날은 그냥 나가서 놉니다. 하하. 자전거 끌고 나가서 강가에 가서 막 놀아야 해요. 오늘은 되는 날이다 싶으면 밤늦게까지 앉아서 10장 정도를 쓰지요."

"되는 날 10장 정도를 쓰시는 거예요?"

"10장을 쓰고 나면 지우개 가루가 눈처럼 책상에 가득 쌓여있어요."

"10장을 쓸려면 몇 장을 버리셔야 하나요?"

"10장을 쓰려면 수도 없이 버려야죠. 하하, 한 50장 이상은 버려야죠."

"제가 굉장히 부끄러워지네요. 저도 가끔 잡문을 쓰는데 저는 앉아서 한두 시간 만에 20장 정도를 쓰거든요. 호호. 그렇게 하시니까 그런 문장이 나오는 것이군요. 문장 하나하나를 보면서 저는 어떻게 이 작가는 문장을 이렇게 쓸까 생각해요. 《남한산성》을 읽은 분들은 알겠지만 날씨를 비롯해서 청나라 군대의 조여 오는 모습……. 너무 생생한 표현과 긴장에 깜짝깜짝 놀랐거든요. 그런데 이번 문체는 《칼의 노래》하고는 좀 달랐던 것 같아요."

"《칼의 노래》보다는 문체가 조금 완만하고 여유가 있다고 느꼈어요. 《칼의 노래》는 그야말로 칼 같은 문장을 써야겠다고 생각을 했거든요. 이번 《남한산성》의 문장은 조금 미완된 것이지요. 한 발짝 물러선 것입니다. 그런 것들은 다 작가의 전략이고, 언어에 대한 작전인 것이죠.

이번 소설은 어떤 문체로, 어떤 리듬으로, 어떤 호흡과 어떤 박자로 써나가겠다는 사전 전략이 있어야만 쓸 수가 있는 것이에요. 저는 전략이 없이는 쓸 수가 없어요. 그리고 거기에 그림, 영상이 있어야죠. 논리가 있어야 하고, 메시지가 있어야 하고, 여러 가지 요소를 짜 맞춰서 비로소 한 줄 한 줄 쓰는 것이죠.

그런데 문장에 리듬이 잡혔구나 할 때도 그림이 있어야 하잖아요. 독자가 읽어보고 떠오르는 그림, 영상, 상상 속에서요. 그것이 확보가 안 되면 또 나가서 놀아야죠. 하하."

"그러니 그게 얼마나 힘든 작업이겠어요?"

"힘든 작업이지만 산다는 것이, 누구의 삶이든 힘들지 않겠습니까? 그런 생각하면서 참고 살아요."

작가에겐 괴로운 모호한 비논리와 애증의 우리말

"저희도 연극을 할 때 분석을 하면서 그림을 그리거든요. 그러면서 가끔 우리말이 답답할 때가 있어요. 표현이나 그런 것들이요. 일설에 의하면 연극의 말로는 소련어가 좋다는 얘기가 있어요."

"들어보니 그럴 것도 같네요. 하하."

"글을 쓰시다가 우리나라 말에 대해서 어떤 생각이 드시는지 궁금합니다. 가령 잘못됐다거나 표현하기 어렵다거나 하는……."

"한국어는 사랑과 미움이 겹쳐있어요. 하하! 왜 이게 이렇게밖에 안 되나 싶기도 하고요."

"영문학을 하셨는데 영문학과 비교하면 어떠세요?"

"한글 문장의 문제는 조사에 있어요. 가령 '나는 너를 사랑한다.'는 말에 '-는', '-를'을 넣어야 하죠. 우리는 모든 사유와 언어의 논리 작용이 조사가 빠지면 안 되는 거잖아요. 한국말을 읽는다는 것은 조사를 읽는다는 것입니다. 한국어로 글을 쓰는 것은 조사를 운용하는 것이지요.

영어로 'I love you!' 하면 조사가 없잖아요. 동사가 목적어를 바로 지배해 버리니까 선명한 논리 구조가 떠오르지만 '나는 너를 사랑한다.'에서 '-는'과 '-를'을 안 읽으면 누가 누구를 사랑하는지 알 수 없게 되는 거죠.

그것이 자꾸 조사에 걸리는데 한편으로는 그런 것들이 우리 모국어의 힘일 수도 있는 것이지요. 그런 모호함이라든지, 약간 비논리적인 부분이 우리 모국어의 폭과 넓이를 말하는 것일 수도 있죠. 하지만 글을 쓰는 사람에게 그것은 매우 성가시고 괴로운 일이에요."

"리듬 면에서는 어떤 것 같으세요?"

"리듬은 우리말 자체로 리듬을 만들어 낼 수가 있어요. 가령 옛날의 4·4조처럼요. 말 자체에 리듬을 만들어 낼 수 있지만 그러한 리듬은 이미 우리 시대에서 약간 뒤떨어져 있는 리듬이지요. 옛날 고문서에 나오는 리듬을 가지고 우리는 현대의 사회를 말하기가 참 어려운 것이죠.

우리의 리듬은 현대 사회에서 현대 문장에 맞게 만들어 내야죠. 긴 문장, 짧은 문장과 단어 자체가 갖는 고유한 리듬 같은 것들이 있는데 그런 어휘들을 잘 골라서 배열할 수밖에 없지요."

한문과 영어를 잘해야 한글도 잘한다

"'한문이 없이는 우리말이 어렵다.'는 이야기를 했다고 들었어요."

"저는 한문을 아주 좋아해요. 한글을 잘 쓰려면 한문을 잘해야 하고, 영어를 잘해야 한다고 늘 이야기를 하지요.

어떤 나라 말이건 언어가 지향해야 할 명석성과 그 논리성을 알 수 있게 되니까 한문을 잘 공부하고 영어를 잘해야 한다고 젊은이들에게 늘 말했어요. 그런데 별 반응이 없더군요."

"애들이 어려서부터 영어를 배우는 것에 대해서는 어떻게 생각하세요?"

"우리는 영어를 그렇게 열심히 몇 십 년씩 가르치는 나라인데 영어를 못해요. 그게 참 이상해요. 어렸을 때부터 대학에 들어가기까지 죽어라고 영어를 가르치잖아요. 그런데 끝까지 영어가 문제가 되잖아요.

일본 사람들도 영어를 열심히 하는데 발음도 안 되고 잘 못해요. 우리도 영어를 매우 못하는 민족에 속하지요.

어렸을 때부터 20년 가까이 가르치는데 그걸 그렇게 못 할리가 없을 텐데……. 그것은 아마도 교육 방법에 문제가 있는 것이라고 생각이 되더라고요."

삶이란 치욕을 견디는 나날이다!

"저는 김훈 씨 소설을 읽으면서 잃어버린 우리말과 잘 쓰지 않았던 말들을 어떻게 찾아냈을까 하는 생각을 했었거든요. 삶은 치욕을 견디는 나날이라고 하셨는데 좀 풀어서 설명을 해주시겠어요?"

"인간의 삶이나 역사나 인간 공동체 현실은 영광과 자존만으로는 성립되기가 어렵다고 생각했어요. 그 안에는 치욕과 굴종과 비열함, 더러움, 억압, 그런 것들이 다 들어 있는 것이지요. 저는 영광과 자존으로만 성립된 역사라는 것은 거짓의 역사라고 생각했어요.

인간은 모든 것들이 뒤섞인 그 틈바구니에서 결국 지지고, 볶고, 고통 받고, 또 사랑하고, 절망하고, 또 새로운 희망을 꿈꾸고, 그러면서 살 수밖에 없다고 생각을 했지요. 그렇기 때문에 치욕이라고 하는 것은 현실과 역사에 매우 중요한 일부라고 생각을 했던 것이죠.

영광과 자존으로만 성립된 역사는 거짓의 역사

"사실 저는 주화파인 최명길의 편에서 《남한산성》을 읽었어요. 젊었을 때는 척화파인 김상헌 쪽이었던 것 같아요. 나이가 들어서인지 그래도 살아야지요. 그리고 치욕이라는 것을 우리가 그때 처음 당한 것은 아니잖아요. 사실 명나라에 사대한 것도 치욕 아닙니까? 꼭 명나라가 아닌 청나라에 머리를 조아리는 것만이 치욕인가요?

명은 임진왜란 때 우리나라를 크게 도와준 적이 있었기 때문에 명에 대한 우리의 사대주의는 사대라기보다는 정통성이라고 생각한 거예요. 정통, 즉 오서독스(正統, Orthodox)한 것은 바로 거기에 있었고 청이라는 것은 명을 뒤집어엎고 나타난 신흥 세력이고, 야만인이고, 오랑캐고, 도시(도무지) 부랑무식하고, 상대 못할 것이기 때문에 도저히 청에게는 굴할 수 없다고 생각했던 것이죠."

"그 전에 고려 때 몽골에 종속됐던 것은……."

"그것은 몽골의 군사적 힘에 철저히 짓밟혀 버렸던 것이죠."

"인조가 결국 삼전도에서 세 번 절을 하고 아홉 번 머리를 조아렸지요?"

"한 번 절할 때마다 이마를 땅에다 세 번씩 댔어요. 아홉 번이나 이마를 땅에다 비빈 것이죠. 그런 예법을 청이 강요를 했다는 거예요."

"그리고는 그 이후로 청의 지배를 받았던 거죠?"

"청에 말하자면 주권을, 주권의 상당 부분을, 가장 중요한 부분들을 청에 갖다 바치고 사실상 청의 속국이 되었다고 해도 과언이 아니예요.

왜냐하면 우리는 청 이외의 나라와는 외교 관계를 맺지 않기로 했으니까 외교적 주권, 군사적 주권, 정치적 주권을 포기한 것이죠. 그 이외에 곡물이나 여자를 바쳤던 것은 일일이 열거하지 않더라도 정치, 외교, 군사적인 주권을 포기한 것이죠."

"그 작품을 쓰시면서 남한산성을 얼마나 많이 가보셨어요?"

"여러 번 갔죠. 비 오고, 눈 오는 날 혼자 비통한 슬픔을 안고 성벽을 헤매고 그랬죠. 눈 맞으면서요.

그때가 겨울이었기 때문에 겨울에 가봐야 해요. 눈 많이 올 때 가면 참 그때 이 성벽을 지키던 병사들은 도대체 어떤 생각을 했을까……, 그때 어떠한 애국심이 그들의 마음속에 있었던 것인지……, 그들은 무슨 희망을 가졌는지……, 그런 생각을 하면 참 갑갑하죠."

언어와 무기 사이에서 삶의 일상성을 상징하는 대장장이 서날쇠

"조정이 떠나간 빈 남한산성 안으로 돌아와서 자기의 일상을 새롭게 시작하는 대장장이 서날쇠를 보면서 김훈 작가가 아마 그 사람 편에 있었던 것은 아닐까 꼭 물어보고 싶었어요."

"아! 그건 작가 비밀인데……. 하하하! 아마 제가 서날쇠의 편이 아니라고는 말하기가 참 어려울 것 같아요."

"대장장이 서날쇠는 어떤 상징인가요?"

"우리는 성안에 갇혔잖아요. 성안에서 우리는 주로 말을 많이 했어요. 말싸움을 한 거죠. 오직 말, 말로 서로 치고받고, 지지고 볶고, 별말을 다 하잖아요. 어떤 자는 싸우자고 어떤 자는 싸우지 말고 항복하자 하고, 어떤 자는 오늘은 싸우자고 했다가 내일은 항복하자고 하고, 또 어떤 자는 아무 말도 안 하고……. 성안은 별의별 말들이 난무하는 말의 세계인 것이죠.

그리고 성 밖은 청나라 군대가 포위한 무기의 세계예요. 말의 세계와 무기의 세계 사이에서 날쇠는 연장을 가진 사람이에요. 연장의 세계인 것이죠. 연장이라는 것은 생활의 도구이자, 평화의 도구예요. 논밭을 갈고, 집을 짓고, 그런 거잖아요. 저는 연장을 굉장히 좋아하는데 날쇠는 연장으로써 그 무너진 세계를 다시 일구는 사람이에요. 그러니까 생활인이죠."

"속국이 되더라도 생활을 이어가는……."

"어쨌든 살아가고 농사를 다시 짓지요. 그 폐허에다가 다시 봄 농사를 시작하고, 거름을 날라다 뿌리고, 연장을 만들고 닦고 조이고, 기름 치는 그런 인간으로 그려냈던 것이죠. 서날쇠의 편인지 어느 편인지 말하기가 참 어려운데 한 가지 분명한 것은 저는 서날쇠처럼 연장을 좋아하는 사람입니다. 하하하."

"연장으로 뭘 하세요? 기계도 잘 못 다루시면서……."

"보는 것이죠. 하하. 연장 중에 제일 아름다운 연장은 치과에 있습니다. 치과에 가보면 여러 가지 섬세한 펜치, 드라이버 같은 게 있잖아요. 금속 공예품으로써 말이에요."

"그 연장은 무섭잖아요. 호호."

"작고 예쁜 것이 많아요. 그래서 집에 갖다놓고 보려고 하나 달라고 했더니 비싸다고 하더군요."

"직접 땅을 갈고 그런 일은 안 하세요?"

"젊었을 때는 좀 했어요. 그런데 지금은 연장을 걸어놓고 보기만 해요. 연장을 보면 삶에 대한 희망과 평화에 대한 꿈이 거기 들어있는 것 같아요. 연장이라는 것은 이 세계를 개조하는 수단이죠. 무너진 것을 일으켜 세우고 땅을 갈아서 씨를 뿌리고 더 좋은 세계로 바꿔나가는……."

언어의 세계, 무기의 세계, 연장의 세계

"무기는 포함 안 되는 거죠?"

"무기는 세계를 부수는 거죠. 하하. 연장이라고 하는 것은, 아무리 녹슨 호미라 할지라도 인간의 꿈이 들어가 있는 것이지요. 우리는 구석기 시대부터 그와 비슷한 연장을 쓰면서 살아왔잖아요. 비록 돌로 만든 것이지만요. 그래서 서날쇠라는 인물에 제 꿈을 투영했던 것이죠."

"게다가 부모 잃은 아이까지 데려다 키우잖아요."

"남한산성에서는 오직 서날쇠만이 어떤 희망이라고 할 만한 것을 가지고 있고 다른 데는 희망이 없어요."

"임금이 나가서 그렇게 청에 머리를 조아리는 와중에 아무도 자기 목숨을 끊는 대신들이 없더라고요. 일본은 할복도 하고 그러는데 문화적인 차이일까요?"

"김상헌이 죽으려고 자살을 시도했는데 실패했지요. 그분은 정말 자결을 하려고 그랬을 것 같아요. 워낙 뜻이 지엄한 분이기 때문에 그 치욕을 볼 수가 없었겠죠. 그래서 죽음으로써 항거할 생각이 있었는데 결국 미수에 그쳤죠.

그리고 두 젊은 신하가 인질로 가기를 자원하잖아요. 그 이외에는 현장에서 자결하거나 그런 사람은 없었던 것이죠. 일본 사무라이 같으면 다 자결을 했겠지만 제 생각은 문화의 차이도 차이지만 자결하는 쪽을 편들 수는 없지요. 사람은 또 살고 봐야 하니까요."

"《칼의 노래》도 역사 소설이고 《남한산성》도 역사 소설인데 앞으로 또 다른 역사 소설을 계획하고 계신가요?"

“두 소설 다 역사를 배경으로 하고 있는 소설인데 많은 분들이 현대, 당대의 의미를 부여해서 읽고 계시더군요. 앞으로는 역사를 배경으로 하는 소설은 그만 쓰려고 합니다. 내 당대의 삶의 모습들, 나의 시대, 우리가 살아온 시대에는 성취와 많은 좌절, 그리고 시련이 있었잖아요. 그 속에서 사람들이 부대끼면서 살았는데 그런 얘기들을 써볼 생각이에요. 그런데 제가 잘 쓸 수 있을지는 아직 잘 모르겠어요.”

자전거는 나의 취미이자 밥벌이 수단!

“얘기를 조금 바꿔볼까요? 자전거는 언제부터 타시기 시작하셨어요?”

“저는 어렸을 때는 자전거를 못 탔어요. 자전거도 없었죠. 제가 초등학교 때는 자전거가 매우 귀한 물건이었습니다. 그때 가정 환경 조사서를 쓰는데 자기네 집 재산을 다 써야 했어요. 그러면 피아노, 전화, 냉장고, 자전거……, 집에 있는 것에 동그라미를 그렸어요. 저는 자전거에 동그라미를 그릴 수가 없었고 집에 없으니까 자전거를 잘 몰랐어요.

10년 전, 나이 50에 일산에 이사를 와서 자전거를 처음 탔는데 거긴 도로가 좋잖아요. 자전거를 처음 탄 날 깜짝 놀랐어요. 벼락을 맞은 것처럼, 이렇게 좋은 것을 모르고……. 나는 여태껏 헛 산거다 싶었죠. 하하.

그래서 앞으로는 자전거만 타면서 살아야지 하고 결심을 했어요. 집사람에게 이제부터 나는 자전거만 타면서 살겠다고 했더니 저더러 배달업을 할 거냐고 하더군요. 하하.

자전거를 타고 다니면서 글 쓰며 살면 되니 걱정 말라고, 밥벌이는 하겠다고 그랬고 진짜 그걸로 밥벌이를 했어요. 《자전거 여행》을 써가지고 집사람과의 약속을 지켰죠.

그리고 책을 팔아서 자전거 값을 다 뽑았어요. 하하. 그리고 돈이 남아서 새 자전거 한 대를 더 샀죠."

"비싼 자전거를 가지고 계시다면서요?"

"자전거가 좀 비싸요. 처음에는 쌌는데 그게 비싸다고 저를 욕하는 사람들이 있어요. 제가 60살인데 평생 자동차 한번 사지 않고 밤새고, 야근하고, 노동해서 산 건데 그 정도를 왜 눈감아주지 못하는지……. 그리고 생업의 수단이고, 밥벌이의 도구인데 좋은 거 타야 하잖아요. 제가 그것을 얼마나 좋아하는지 안다면 그렇게 말 못할 거예요. 앞으로 좀 더 책이 잘 팔리면 좀 더 좋은 자전거를 사려고 해요."

"자전거가 비싼 것도 있군요."

"자전거가 점점 좋은 게 나와요. 점점 좋은 것을 만드니까 나 같은 사람이 힘들어져요. 한번은 최고로 좋은 자전거를 동네 사람이 가지고 나왔기에 5분만 타보자고 했는데 멀리까지 가서 30분 만에 왔더니 자전거를 가지고 간 줄 알고 화가 났더라고요."

"아는 분이었어요?"

"모르는 사람이었죠. 하하. 그런데 몸에 짝 붙고 진짜 좋더라고요. 그러니까 점점 좋은 것을 사게 되지요."

"얼마나 비싼가요? 자동차 값 되는 것도 있나요?"

"자동차 값의 중간치 정도는 되지요. 자전거라는 것은 부속이 다 귀금속 같아요. 그리고 그것이 사람의 몸에 직접 닿는 기계들이기 때문에 훨씬 더 정교하게 만들어야 하지요. 몸을 보호해야 하니까요."

"많이 타실 때는 하루에 몇 시간 정도 타셨어요?"

"많이 탈 때는 하루에 220㎞씩 타고 다닌 적도 있었어요. 아침 일찍 일어나서 밤까지 타는데 그렇게 무리한 거리는 아니에요. 전에는 아주 먼 장거리도 다니고 그랬죠. 소백산 노령산맥을 넘어 다니고 그랬어요."

"혼자 다니세요?"

"저 혼자 다닐 때도 잦았는데 저랑 같이 일하는 카메라맨이 있어요. 그 사진 기자 후배와 겨울에 같이 다니고 그랬죠."

"겨울에 위험하지는 않아요?"

"위험하지 않아요. 겨울에 노령산맥에 갈 때는 산 밑에서 보면 알아요. 겨울 산에 구름이 끼고 어두침침하고, 눈이 부슬부슬 오고 날이 저물잖아요. 그럴 때 갑자기 무섭다는 생각이 들 때가 있어요. 그럴 때는 안 가야 되요. 마음에 무섭다는 느낌이 있으면 그날은 여관에 가서 그냥 자야 됩니다."

"구체적으로 어떤 것이 무섭다는 건가요?"

"저 산을 넘어서 저편 마을에까지 갈 수 있을까하는 두려움 같은 게 있어요. 갑자기 올 때가 있는데 그러면 안 가죠. 그리고 겨울에 산에 들어가려면 많은 장비를 가지고 가야 하는데 그 장비 하나하나가 없으면 안 되거든요. 아무리 작은 장비라 하더라도 그게 없으면 자전거가 망가져도 고칠 수가 없어요. 장비를 배낭에 메고 가는데 산으로 올라갈 때 장비가 무거우면 정말 더 힘들어요. 정말 버리고 싶고 버려야 갈 수가 있는데 이걸 버리면 또 갈 수가 없는 거예요. 어쩔 수 없이 가지고 가야 하죠."

"해외에 가서 타고 싶은 생각은 안 해보셨어요?"

"해외는 비행기를 싫어해서……. 비행기를 타면 묶어놓고 짐승들 밥 주듯이 갖다 주는데 그게 너무 싫어서 비행기를 안 타요. 가까운 동경도 가기 싫거든요."

"가족들이 다 미국에 계시잖아요?"

"그분들은 다 젊었을 때 갔고, 그때는 비행기 타는 게 소원이었잖아요. 그때는 대한항공이 없어서 노스웨스트라고 꼬리에 빨갛게 칠한 것 타고 미국 가는 것이 다 꿈이었지요. 우리 형제들은 그런 시대에, 그런 분위기 속에서 미국으로 갔죠."

"고백할 게 있는데 사실은 김훈 씨 손위 누나인 김연 씨와 중학교 1학년 때부터 가장 친한 친구였기 때문에 김훈 씨 어린 시절을 잘 압니다. 호호."

"그래서 제가 사석에서는 누님이라고 하잖아요. 하하."

"같은 돈암동에 살면서 하루는 그 집에 갔다가, 하루는 우리 집에 갔다가 그랬기 때문에 어릴 때 김훈 씨가 늘 책상 앞에 앉아있었던 기억이 나요. 얼굴은 하얗고 운동하고는 전혀 상관이 없는, 굉장히 공부만 열심히 하는 소년으로 제가 기억을 하거든요. 공부는 잘하셨나요?"

"잘은 못했는데요. 하하."

'허클베리 훈'의 거침없는 유년기

"책상에서 매일 뭐하셨어요? 호호호."

"잡서를 읽었어요. 하하. 그때 읽었던 것 중에 제일 신나는 것이 마크 트웨인의 《허클베리 핀의 모험》이었어요. 《톰 소여의 모험》보다는 《허클베리 핀의 모험》이 더 재밌었죠.

허클베리가 진짜 반항아이고, 자유인이고, 자유에 꿈을 가진 문제아였죠. 톰은 허크의 하수인 정도였어요. 허크가 시키는 대로 하는 놈이죠. 하하. 《미시시피강에서의 생활》이라는 것도 있었고 《15소년 표류기》, 《암굴왕》, 《괴도 루팡》, 애꾸눈 제크가 나오는 《보물섬》 등 그런 소년 소설들을 읽었지요.

가난하고 억눌리며 살았는데도 읽을거리는 그때가 지금보다 많았던 것 같아요. 소년소녀 문고도 많았고, 대본서도 있고, 학원사에서 나오는 노란 책도 있었고…….

그때 독서 환경이 지금보다 좋았어요. 그리고 그때는 지금처럼 공부를 하라고 그렇게 몰아대지를 않았어요. 놀거나, 공을 차거나, 산에 가거나, 책을 읽거나, 그냥 내버려 뒀다고요."

시대 유감! 그 수많은 젊은 좌절의 표상, 아버지

"그리고 기억에 나는 것이 놀러 가면 어머님이 늘 큰 머그잔에 분유를 한 잔씩 타주셨어요."

"성당에서 배급받은 분유예요. 성당의 신부님이 미군들에게 분유를 얻어다가 신도들에게 나눠줬죠."

"어머님은 어떤 분이셨죠?"

"저희 어머님은 대한민국에서 고생의 고생을 거듭한 수많은 어머니 중에 한 분이시죠. 지금 연세가 90세가 좀 넘으셨는데 미국에서 형님이 모시고 계세요. 다음 달쯤에 가서 뵈려고요. 어머님이 오라고 하시면 그때는 비행기를 탑니다. 하하."

"아버님 이야기도 좀 해주세요."

"저희 아버지는 제가 육군 병장 무렵에 돌아가셨어요. 가난한 시절인데 날이 굉장히 추웠죠. 장사를 치르는데 땅을 파기가 너무 힘들었어요. 땅이 얼어서 곡괭이가 안 들어가 모닥불을 지르고 땅을 팠는데 그때 제 여동생들은 매우 어렸어요. 중학교, 초등학교에 다니는 애들이 추운 무덤 앞에서 막 울고불고……. 제가 못 울게 막 윽박지르고, 울더라도 오늘 말고 나중에 울라고 그랬던 기억이 나네요."

"아버님이 그 당시에 유명한 소설가 김광주 선생님이시잖아요."

"소설가셨는데 밥을 먹을 수 있는 직업은 아니었죠. 중국에서 김구 선생님을 보좌하다가 해방이 되니까 김구 선생님과 함께 귀국을 했는데 아마 저희 아버님은 김구 선생님 밑에서 정치적 야심이 있었던 것 같아요.

그 시대 수많은 젊은이가 그랬죠. 김구 선생님과 더불어 나라를 만드는 일에 동참하기 위한 야심이 있었죠.

저는 그것을 청년으로서 정당한 야심이었다고 생각하는데 어느 날 김구 선생님이 총 한 방에 쓰러져서 돌아가시니까 수많은 청년들의 생애와 꿈이 그날로 좌절되어 버린 거예요.

저희 아버지는 그때 좌절된 수많은 청년 중에 한 사람이었죠. 그렇기 때문에 그분의 생애는 매우 불안정했고, 술을 많이 마셨고, 현실에 대한 불만이 가득 차 있었어요. 소설이라는 것은 생업의 수단이 될 수 없고, 그러다 보니 좌충우돌, 허랑방탕, 동가숙서가식(東家宿西家食)……. 그러면서 생애를 마치셨죠."

"어렸을 때는 아버님에 대한 원망이 있으셨어요?"

"물론 있었는데 고등학교 때부터 아버지 편이었어요. 저는 지금도 아버지 편이에요. 우리 어머님은 나 때문에 무지 속상해 하셨죠. '저 놈은 항상 자기 아버지 편만 든다, 사내놈이라는 것은 다 한통속이다.' 하하하.

아버지가 저러고 다니는데 아들이 돼서 뭐라고 말은 안 하고, 어머니와 아버지가 말다툼하면 꼭 아버지 편만 들고, 어머니가 아버지에 대해서 험담을 하면 나무라고, 저희 어머님은 지금도 그게 맺혀있어요.

아버님 기억이 나는데, 까만 양복에 나비 넥타이 매시고 우리 졸업식 날 오셨댔어요. 중절모도 쓰시고 되게 멋쟁이셨어요. 한 마디로 아버지가 좀 댄디(Dandy)하셨죠."

"이름이 다들 참 독특해요. 다 외자죠?"

"저희 누나는 제비 연(燕), 형은 부평초 평(萍), 저는 향기 훈(薰), 제 동생은 부용 용(蓉), 그 밑에 여동생은 고향 향(鄕)이죠. 전체를 모아보면 동양화가 돼요.

우리 형 이름은 부평초 평(萍)인데 부평초라는 것은 덧없이 떠돌아다니는 풀이잖아요. 해방된 조국에 와서 큰아들을 낳고 그 인생의 허무감을 이기지 못해서 이름을 부평초 평(萍)이라고 했다는 거예요. 사실 그렇게 잘하신 일 같지는 않다고 생각해요. (웃음) 지금도 어쨌든 형은 미국에 가서 떠돌고 있고, 저는 향기 훈(薰)이니까 형보다는 정서적으로 안정됐잖아요."

작가가 되고 싶은 생각은 추호도 없었어!

"신문사에 오래 계시다가 왜 늦게서야 작가가 되셨어요?"

"저는 작가가 되고 싶은 생각이 추호도 없었어요. 꿈에도 없었죠. 젊어서도 특별한 꿈은 없었고 밥을 먹는 나라를 만들고 싶었어요. 밥을 걱정하지 않고 사는 그런 세상이 좀 왔으면 좋겠다 싶었죠. 저뿐만이 아니라 제 주변의 많은 또래 사람들이 그런 생각을 했어요. 솔직히 말해 뭐 위대한 청춘의 꿈이 있었던 게 아니죠. 물론 그런 것이 전혀 없었던 것은 아니었겠지만 그런 위대한 청춘의 꿈이라는 것이 표면에 드러날 수가 없었지요. 왜냐하면 현실이 너무나 각박했기 때문에…….

그러다가 신문사에 들어가서 언론인으로 오래도록 살았는데 저는 그때도 작가가 되고 싶은 생각은 없었어요. 다만 뭔가를 막연히 쓰고 싶다는 매우 비논리적인 충동 같은 것은 내부에 많이 있었어요. 그런데 그것이 작가가 될지, 시인이 될지, 에세이스트가 될지, 평론가가 될지, 그것은 알 수가 없는 거였죠.

뒤에 언론사를 그만두고, 그렇다면 내 내부에 있던 모호하고 정체 모를 충동을 지금 실현해봐야 할 때가 아닌가 싶어서 비로소 한 줄, 두 줄 쓰기 시작했죠. 내 청춘의 소망은 작가가 아니었어요. 밥이었어요.

그렇게 우리 세대는 결국 밥을 먹는 시대를 만들어 냈잖아요. 저는 우리 서울 같은 대도시에 이런 세상이 올 줄 꿈에도 몰랐어요. 우리 어렸을 때는 이런 거대한 도시를 건설하고, 수많은 자동차와 고층 빌딩이 있고, 이렇게 사람들이 옷을 잘 입고, 이렇게 거리에 예쁜 여자가 많고, 이렇게 잘 차려입은 사람들이 많은 세상이 올 줄 꿈에도 몰랐던 거예요."

내 청춘의 소망은 작가가 아니라 밥이었다!

"밥이 명제였는데 소설을 쓰면 사실 그것도 밥이 좀 걱정 아닌가요. 호호."

"근데 저는 책을 한 권 쓰면 약간의 수입이 있잖아요. 그것을 가지고 그 다음 책을 쓸 때까지만 살면 되는 거예요. 그럼 그걸로 또 하나 써서, 또 그다음 책을 쓸 때까지만 살고, 그것이 연결되고 있어요. 하하하. 그것은 매우 복 받은 겁니다."

"돈이 떨어질 때쯤 되면 책을 써야 돼요?"

"그렇죠. 하하."

내 복의 원천은 수많은 독자의 애정

"그 돈은 부인에게 주십니까?"

"그 돈은 나를 유지하고 가정을 유지하는 돈이에요. 근데 이만큼 되는 것이 쉬운 일이 아니에요. 우리나라에 많은 작가들은 이것이 안 되니까 여러 가지 문제가 생기는 것이죠. 그러면 어떻게 되겠습니까? 부업을 가져야 하겠죠. 부업을 가지려면 글 쓰는 시간과 에너지는 다 낭비되는 것이지요. 그래서 저는 복 받은 사람이라고 생각하고 있어요. 저의 복은 어디서 오냐면 제 책을 사는 독자 여러분들로부터 들어오는 것이죠. 하하하."

"자녀는 어떻게 되시나요?"

"다 커서 큰딸은 서른세 살이고, 작은 애는 서른이에요."

"어디서 보니까 딸이 용돈을 준다고 하던데요?"

"제가 전에 벌이가 없이 쉬고 있을 때 딸이 십만 원, 십오만 원씩 줬어요. 요즘은 제 책이 팔리니까 안 줍니다. 하하하."

"오히려 딸들에게 줘야 하는 것 아니에요? 호호호."

"큰놈은 가끔 달라고 하는데 어디 갈 때 나는 운전을 못 하잖아요. 그러면 우리 애들이 가끔 자기 차를 태워주는 적이 있어요. 각자 두 놈이 작은 차를 가지고 있거든요. 자기가 가는 방향과 길이 맞으면 태워주는데 가다가 반드시 주유소에 들어가더라고요. 하하하. 그리고는 기름을 꼭 가득 넣어요. 사실 택시를 타고 가는 게 더 싸게 들지만 할 수 없이 내야지. 딸하고 주유소에 차를 대놓고 싸울 수도 없잖아요. 하하하."

"어떤 사윗감을 원하세요?"

"그것도 남의 사생활 아닙니까? 그걸 개입해서 이래라 저래라 하고 싶지는 않아요."

"딸은 남이 아니죠. 하하하."

"그래도 남이죠. 하하. 이래라 저래라 할 생각은 없는데 저는 우선 이런 사람이 좋아요. 남자가 우선 밥을 먹을 때 씩씩하게 잘 먹고, 직장에 가면 상사에게 예쁨을 받고, 일도 열심히 하고, 상사의 어려운 일을 스스로 해결도 하고, 또 처가에 잘하고……, 하하.

그리고 가정에서 약간의 가부장적 책임을 감수하고 항상 자기 가족들에 대해서 도덕적인 우월성을 확보해야죠. 이건 아주 중요한 거예요.

그래야 야단을 칠 수가 있잖아요. 존경도 받고요. 집안에 모든 어려운 일과 험한 일은 절대 여자에게 안 시키고, 자기가 다 하고, 이게 훌륭한 가부장이잖아요. 그런 좋은 남자한테 시집을 갔으면 좋겠는데 내가 뭐 할 수 있나요. 자기가 알아서 가겠죠. 하하."

"김훈 씨는 처가에 잘하십니까?"

"저는 잘 못했어요. 하하."

"본인은 못하는 일을 그렇게 원하시면 어떻게 해요? 하하하. 혹시 소설 쓰는 남자를 데려오면 어떻게 하시겠어요?"

"그런 일은 절대 없기를 바랍니다. 하하. 그래도 데려오면 어쩔 수 없겠지만 그런 일이 없기를 바라는 것이죠. 하하."

"행복은 자기의 어떤 현실도 껴안는 것"

시인 **신달자** _

젊은 시절, 빨리 늙어버렸으면 좋겠다고 외쳐댔습니다. 슬픔 밑에 깔려 허우적대고, 혼자 힘으로 감당할 수 없는 현실에 버둥거리느니, 차라리 죽는 것이 낫겠다고 생각했습니다.

아버지의 여자들로 힘들어하는 어머니를 보면서, 열다섯 살 연상 유부남과 불행한 연애를 시작하면서, 결혼 생활의 참혹한 현실 때문에 우울증을 앓으면서……, 삶을 저주하고 죽음을 꿈꿨습니다.

하지만 죽지 않았습니다. 자신의 삶을 힘겹지만 열심히 살아냈습니다. 영영 끝날 것 같지 않던 절망의 터널을 통과하고 이젠 행복하다고 말합니다.

조개의 상처가 진주를 키워내듯, 볼을 타고 흐르는 눈물로 시를 짓는 사람! 언제나 사랑을 꿈꾸지만 세상에서 제일 어려운 게 사랑이라고 말하는 사람, 감수성 짙은 시와 따뜻한 에세이로 많은 이들의 사랑을 받고 있는 사람, 신달자 시인을 『손숙의 아주 특별한 인터뷰』에서 만나보았습니다.

가을에는 시집, 겨울에는 자전적 에세이 출간 예정

"건강해 보이세요. 운동을 하시나요?"

"게을러서 겨우 한다는 것이 동네 걷는 정도인데, 걷는 것이 사고를 자극해서 잊어버린 것도 자꾸 찾게 만드는 것 같아요. 그래서 걷는다는 것은 운동이라기보다는 여러 가지 명상하고 더 어울리는 것이 아닐까 싶어요."

"강의를 나가시는데 방학 동안 어떻게 지내셨어요?"

"주로 미루어 놓았던 것을 하는데 이번에는 학교에서 보내주는 성지 순례에 다녀왔어요. 이집트, 이스라엘, 요르단을 다니면서 예수님 발자국을 따라가며 감동을 많이 받았고 그 뒤로는 만해축전에 다녀왔어요. 만해축전을 갔다가 창녕, 거창을 다녀왔죠. 거창이 제 고향이거든요."

"거창연극제가 유명하죠."

"벌써 올해로 19회째였어요. 하얀 우의를 입고 연극을 보는데 그것이 연극이더라고요."

"저도 밀양연극제에 갔었는데 서울이 아닌 지방에 연극 관객이 있다는 것이 참 신기하더라고요."

"12개의 나라에서 왔는데 자막이 나오더군요. 연극도 뭔가 파고드는 매력이 정말 있는 것이구나 하고 느꼈고 자리를 잘 잡았더라고요."

"바쁜 방학을 보내셨는데 요즘에 쓰시는 책은 없나요?"

"이번 가을에 시집이 하나 나오고 겨울에는 자전 에세이가 나올 예정이에요. 남편이 1977년에 쓰러져서 2000년에 죽었는데 24년을 앓았거든요. 그 과정을 쓴 자전적 에세입니다."

"기대가 되네요."

"기대보다는 왜 그런 너덜너덜한 이야기를 하느냐고 말도 좀 듣겠지만 한 부분에서는 모든 똑같은 병을 앓는 환자들이나, 왜 그렇게 고생을 하면서 한 지아비 때문에 살아야 했는가, 그리고 어머니라는 이름이 무엇인가, 내 삶에 대한 어떤 반추도 되고……. 그래서 쓰고 있습니다."

"너덜너덜하다는 말에는 동의할 수 없고 시인이든 예술가든 자기가 겪은 것만큼 나오는 것 아니겠습니까? 삶의 내용에 따라서 어떤 작품이 나오는가도 굉장히 중요하다고 생각해요. 선생님은 시인이시지만 시만 쓰지 않으셨어요. 소설 《물 위를 걷는 여자》는 베스트셀러였잖아요.

"그때 20여 분의 감독들이 서로 영화를 하려고 하다가 신성일 선생님이 가져가서 했어요. 그때 영화 기획자였는데 박철수 감독을 시키고 신성일 선생님을 만나서 계약도 하고 그랬던 기억이 나네요."

많은 것을 얻고도 잃었던 《물 위를 걷는 여자》

"영화로도 나오고 텔레비전 드라마로도 나왔는데 그 작품을 쓰시게 된 배경이 있다고 들었어요."

"제 작품 《백치 애인》을 읽은 어떤 여성이 저를 찾아왔어요. 1970년대 후반부터 1980년대는 우리가 잘살기 시작한 때에요. 블라우스 하나에 30만 원……. 그런 것이 그때부터 시작됐죠.

그리고 퇴계로가 패션계의 메카로 떠오를 때인데 프랑스에서 공부를 하고 온 어떤 여자가 저를 찾아와서 죽으러 간다고 그러는 거예요.

그런데 《백치 애인》을 읽고 이 여자한테는 내 마지막 고백을 하고 갈 수 있겠다 싶어서 저를 찾아왔대요. 밤 11시에 찾아왔는데 제과점 같은 데서 잠깐 만나서 얘기하다가 그로 인해 결국 세 번을 더 만났어요.

무대는 진주였는데 들어보니까 자기 아버지는 마약 중독자고 어머니는 죽었고 언니는 이혼을 해서 집에 와있는데, 그런 와중에 이 아이는 굉장히 민첩하고 똑똑한 아이였나 봐요. 나중에 패션디자이너가 됐는데 서울에 있던 검사 딸이 그곳 진주로 전학을 온 거예요.

그 친구하고 친하게 지내면서 그 아이의 엄마가 이 아이를 데려다가 길러요. 그래서 나중에 서울에 올라와 같은 학교 의상학과에 들어가는데 졸업을 하면서 그애의 아버지가 돌아가시고 그 아이는 결혼을 하고 엄마가 이 아이를 파리로 보내요.

파리에서 공부하고 와서 우리나라 유명한 패션계에 부장도 하고 이러다가 나중에 자기가 개인 레벨을 달고 하면서 돈도 많이 벌고 퇴계로에 10층 건물을 짓는데 마침 그 친구의 남편이 건축을 하는 사람이었는데 그 남자와 연애를 하죠.

애는 늘 자기가 잘되고 돈 벌고 그러면 자기를 돌봐준 이 집에 모든 것을 주는 것만 꿈꾸고 살던 아이인데 결국은 가장 중요한 것을 빼앗게 되는 거잖아요. 그래서 한양대학병원 정신과에 입원도 하고 그랬더라고요.

그래서 저는 패션의 중심이 될 뉴욕으로 가봐라, 그 남자는 일단 안 된다고 했는데 결국 몇 년 뒤에 죽었어요. 소설에서는 살았다고 했지만 사실은 죽었어요.

눈만 감으면 그 친구가 죽었으면 하는 환상이 떠오른대요. 애는 너무 괴로우니까 죽은 거예요. 처음에는 수기로 썼었는데 수기가 너무 재미없는 거예요. 그래서 제가 소설가는 아니지만 소설의 형식을 빌려서 써본 거죠. 그런데 이상하게 독자가 많이 있고 해서 시끄러웠었죠."

"돈도 많이 버셨죠?"

"많이 벌었죠. 그때 가난했었는데 등록금도 내고 빚도 다 갚고 차도 사고 집도 사고 그랬었어요. 호호."

"등록금이라니요?"

"제가 만학을 했어요. 마흔 살에 석사 학위를 받고 쉰 살에 박사 학위를 받았어요. 마흔 살에 석사를 들어가면서 첫 등록금은 빌려서 들어갔어요. 그때 남편도 아프고 여러 가지 상황도 나빴거든요. 저로서는 좋은 일이었지만 문학적으로는 손해도 많이 봤습니다.

시나 쓰지 텔레비전에 나온다는 둥, 대중 작가다 해서 문학상에 거론이 되면 '그 사람이 시인이냐? 소설가인 줄 알았는데…….' 하며 비아냥거리고……. 그때는 참 괴로웠어요. 하지만 저로서는 거부할 수 없는 것이었어요. 그것으로 그래도 아이들 결혼도 다 시켰어요. 지금은 그 돈이 다 없어졌지만요. 호호.

그래서 저는 어쨌든 가난을 면했어요. 그랬는데 그 이후에 교수가 됐잖아요. 월급 나오고 그러니까 살 수 있었고 문학은 대중 문학에서 벗어나기 위해서 텔레비전엔 절대 안 나가고 산문도 가능하면 안 쓰고 시에 몰입하느라고 몇 년을 고생했지요."

"문단에 그런 게 심한가요?"

"굉장히 도덕적이에요. 정말 속으로 도덕적인지는 저도 잘 모르겠는데 우리나라도 그렇지 않나요? 정치인도 그렇고 이름 좀 있는 사람은 연애도 하면 안 되고 너무 잘 먹고 잘살아도 안 되고…….

그것이 어디에 기준이 되어야 하는지는 잘 모르겠어요. 그래서 저는 자기가 기준이 되어야 한다고 생각해요. 내 양심에 내가 열심히 해서 벌고 내 능력껏 사는 것이 가장 중심이 되어야 하지 않을까요? 그리고 그렇게 사는 사람을 우리가 존경할 수 있어야 해요."

"내가 하면 로맨스, 남이 하면 스캔들…… 좀 그런 경향이 있는 것 같아요."

"부도덕한 연애를 하라는 것은 아니지만, 우리나라는 연애뿐만 아니라 시인이 소설을 써도 이상하게 생각하고 소설가가 시를 써도 그렇고, 인정도 안 해주고……."

"음악도 옛날에 서울대 성악과 박인수 선생님이 '향수'를 불러가지고 학교에서까지 난리났었잖아요. 저도 처음에 드라마를 했을 때

연극계에서 완전히 이단아 취급을 당했었어요."

"제가 그때 텔레비전에 나가고 박사 학위를 하면서 대학교수를 꿈꾸고 있을 땐데 광고가 많이 들어왔어요. 돈도 많이 주고 정말 떨칠 수 없는 매력이었는데 학교 몇 군데에 물어보니까 광고하면 안 되니까 광고하지 말라고 해서 다 놓쳤어요. 그리고 결국 교수도 안 됐어요.

억울한 것이기는 해도 내가 살아온 것에 대해 부끄러운 건 하나도 없어요. 그때 아주 작은 광고를 하나 했는데, 그때 광고한다고 손가락질하던 사람이 나중에 더 큰 광고를 했어요. 그리고 텔레비전에 나간다고 욕하던 사람들도 나중에 다 나가더라고요. 호호."

양심은 자기가 기준이 되어야

"《백치 애인》이 언제 작품이죠?"

"1988년도 작품인데 70만 부 정도 나갔어요. 저에게 있어서 첫 번째 베스트셀러였는데 십만 원짜리 수표를 막 주는데 손이 떨려가지고……. 호호.

그래서 제가 딸들과 함께 어머님 묘에 가서 십만 원짜리 수표 석 장을 묻었어요. 저희 어머님이 제가 잘되기를 바라셨는데 못 보고 돌아가셨거든요. '너는 이 세 가지를 명심하라.'는 것도 어머님 이야기에요."

"어머님은 어떤 분이셨어요?"

"어머니는 낫 놓고 기역 자도 모르는 여자로 아버지와 결혼했어요. 아버지는 형제밖에 없는데 작은 아버지는 거창에서 국회의원을 하셨고 작은 어머니는 경북여고를 졸업했어요.

당시 경북여고 졸업은 요즘 서울대 졸업한 거나 다름없었어요. 작은 어머니는 인텔리에다 남편은 국회의원이었으니 굉장했었죠.

그런데 우리 어머니는 딸을 7명 낳고 아들을 하나 낳았고, 숙모님은 아들을 7명 낳고 딸을 하나 낳았어요. 호호.

그러니까 우리 어머니는 무식한 여자로 들어와서 일만 하는데 죽어라고 딸만 낳고 우리 숙모님은 잘난데다가 아들만 척척 낳았죠.

그 시절에는 아들, 딸이 굉장한 사건이었잖아요."

"몇 째셨어요?"

"저는 다섯째 딸이에요. 우리 어머니는 그 많은 제사를 며칠씩 준비하셨어요. 그때는 북어를 담가도 이틀은 담가서 두드려 해야 하고 일이 많은데, 그 많은 것을 잠도 안 자고 혼자서 다 해 놓으면 제사 한 시간 전쯤에 우리 숙모님이 오세요. 와 가지고 '형님, 이거 너무 짜요.' 이런 식이에요. 사춘기 때 정말 숙모님이 너무 미웠어요."

"할머님도 모시고 사셨어요?"

"네, 그래서 우리 어머니가 생각하신 게 딸이 여섯인데 자기 동서 같은 딸을 하나 만들어야 겠다. 그게 동서에게 원수를 갚는 일이다. 그렇게 생각하신 거예요. 호호. 그래서 세 가지를 명심하시며 저를 고등학교 때부터 외지로 보냈어요."

"세 가지가 뭐였어요?"

"첫째, 너는 죽을 때까지 공부를 해라. 왜냐하면, 동서가 학력이 높으니까 어머님은 학력에 대한 콤플렉스가 너무 많은 거예요.

두 번째, 내가 살아보니 여자도 돈을 벌어야겠더라. 돈도 벌어라.

그리고 세 번째는 그래도 여자는 행복해야 한다. 행복한 여자도 돼라.

이것이 1959년 저 고등학교 1학년 때의 일인데 제 수필집 《너는 이 세 가지를 명심해라》에 나오죠."

"딸이 그렇게 많으셨는데도 왜 굳이 신달자 선생님에게 그런 얘기를 하셨어요?"

"제가 그때도 오기가 있었어요. 어릴 때부터 좋은 것이 생겨도 언니가 있는데 제가 가지려고 했고 어머님이 보시기에 저 성깔이면 뭔가를 하지 않을까 이렇게 생각하신 거죠. 그래서 저를 고등학교 때부터 부산으로 전학을 보내셨어요. 그러면서 부산에서 서울로 진학을 했지요."

"유학을 보내신 것인데, 형편이 넉넉하셨나 봐요."

"부자였어요. 저희 언니 둘은 마산여고 졸업했고 제가 대학교 4학년 때 아버지가 망하기 시작했죠."

인생의 책임감을 다 겪고 이제는 빚이 없는 느낌

"그 당시에 딸을 부산에 보내고 서울에 보냈으면 말이 많았을 것 같아요."

"글쎄요, 그건 잘 모르겠고 어쨌든 어머님은 '너, 마음 크게 먹어라.' 그러셨어요. 호호.

그렇게 해서 저를 지켜봐오셨는데 제가 대학교 조교가 됐거든요. 그러니까 어머니는 제가 대학교 교수가 되나 보다 그렇게 생각을 하셨는데 제가 대학원 논문도 쓰지 않고 연애에 빠졌지요."

"연애가 뭐기에……. 호호."

"그냥 무작정 가서 '어머니, 나 결혼할래요.' 그러니까 누구하고 할 거냐고 물어보지도 않고 따귀를 때리셨어요. 나중에 누구라는 것을 알고는 글쎄 겨울이었는데, 마당에 가서 옷을 전부 벗고 머리에서부터 펌프 물을 부어 내렸어요. 자학이죠.

그러고 나중에 혼절하셨는데 그때 기억에 머리카락이며 온몸이 다 얼었던 것 같아요. 겨울에 찬물을 들이부었으니까요."

"그걸 지켜보면서 어떤 심정이셨어요?"

"물론 견딜 수 없었지만 어머니를 두고 저는 그 남자를 따라갔지요. 하하. 그런데 그 책임은 이루 말할 수 없이 겪었고, 지금 빛이 하나도 없다는 느낌이에요. 그 남자가 아파서 24년간 병간호하고 우리 시어머니도 9년간 방에 쓰러져서 누워 계셨거든요.

여러 번 도망가고 싶었는데, 저는 도덕적이나 양심 때문에 도망을 안 간 것이 아니라, 이게 다 내가 받아야 할 운명인데 내가 도망을 가면 혹시 내 딸한테로 그 짐이 가면 어떡하나 그런 생각이 들더라고요.

그래서 이것은 내 몸이 부스러져도 내가 다 받자 마음먹었죠. 그렇게 해서 결국 그 사람은 내 가슴속에 안겨서 죽었어요. 나는 완벽하게 그 남자와 '인생의 페이지'를 마지막까지 갔어요."

"어머니의 반대를 무릅쓰고 그렇게 결혼을 하셨는데 행복하셨어요?"

"하루도 행복하지 않았을 거예요. 아마 '너 결혼 생활 중에 어느 날이 행복했냐?'고 묻는다면 '행복한 날은 없었다.'고 말할 거예요.

언제나 명치 끝에, 무엇인가가 면도날이 있었지 않았겠어요?"

"그때가 몇 살 때죠?"

"결혼을 한 것이 27살이었는데 남편은 저보다 15살 연상이었어요."

"어머님이 나중에 용서를 하셨나요?"

"그럼요. 물론 자주 왕래는 안 하셨지만……. 어머니가 얼마나 무서운 분인가 하면 내가 그렇게 고생을 하고 있을 때도 '그래도 쟤는 앞으로 뭔가를 할 수 있을지 몰라.' 그러셨어요."

행복한 날이 없었던 결혼 생활로 우울증 앓아

"그런 믿음이 있으셨군요."

"그래서 1973년도에 제가 첫 시집 출판기념회를 했는데 그때 박목월 선생님이 여러 분을 모셔서 출판기념회를 해주셨어요. 그때도 제가 살기 어려울 때죠.

그런데 출판기념회를 할 때 '내가 평생 어머니에게 좋은 것을 보여주는 것이 이게 끝이 아닐까…….' 그런 생각을 했어요. 그때 전업 주부로 집에서 콩나물이나 다듬고 있던 그런 때였거든요.

그래서 제가 어머니에게 전화해서 제가 이런 시집을 내고 박목월 선생님이 이런 행사를 해주시니까 오겠느냐고 그러니까 집안 식구들과 친구들 세 분을 데리고 왔어요.

박목월 선생님과 제 이름이 걸리고 김남조 선생님이 예뻐해 주시는 것을 보시더니 '거봐라, 쟤 그냥 안 넘긴다.' 이러면서 좋아하셨죠. 그런데 그 이후에 더 좋은 모습은 못 보시고 돌아가셨어요.

어머님이 돌아가시고 저는 10년도 넘게 두 환자를 보다가 막바지에 쓰러졌는데 우리 어머님 목소리가 들려요. 실신하는 과정에서 '애야 일어나라, 일어나라.' 그런 목소리를 들었어요. 속으로 우리 어머니, 못 말린다, 죽어서도 그 세 가지 때문에 그러시나 보다 했어요. 호호.

그 다음 날 성당에 가서 이제야 그 세 가지를 이루려고 하는데 아무것도 없으니 도와달라고 기도했어요.

그리고 동대문 시장에 헌책방이 많았는데 그때 새 책 한 권 값으로 너덜너덜한 헌책 10권은 샀어요. 그때 영어책 열 권을 사서 이 방, 저 방 영어책을 늘어놓고 공부를 하기 시작했죠. 대학원 시험을 치르려면 영어 시험이 있었거든요. 몇 번 떨어졌지만 마지막에 붙고 그러면서 대학원을 다녔죠."

"결혼을 하시고 문학을 접으셨는데 남편께서 반대라도 하셨나요?"

"제가 1964년에 등단을 했는데 남편이 반대한 것도 아닌데 여러 가지로 글을 쓸 만한 분위기가 아니었어요. 결혼 우울증도 걸렸고 모든 것과 담을 쌓고 살고 있었죠."

"남편은 어떤 분이셨어요?"

"너무 이지적인 사람이었어요. 너무 잘 먹고 잘살아도 안 되는 마르크스주의의 경영학 박사인데 굉장히 매정하고 무섭고 고집 세고 그런 사람이었죠. 왜 그전에는 그런 것이 매력적으로 보였는지 모르겠어요. 저하고는 너무나 달라서 찔러도 피 한 방울 안 날 것 같은 사람이었어요.

당시 저는 결혼 우울증에 걸려서 병이 들었어요.

밤마다 서랍을 열어서 뭘 찾는데 남편이 뭘 찾느냐고 하면 뭔지는 몰라요. 그런데 자꾸 다니면서 서랍을 열어요.

그러다 어느 날 종로를 나갔다가 우연히 박목월 선생님을 만났죠. 박목월 선생님은 우리 숙대 국문과 문학의 밤에 여러 번 오셨기 때문에 저를 잘 아셨어요.

YMCA에 주례가 있어서 오셨는데, '요즘도 글을 쓰느냐' 는 말씀에 문득 내가 찾던 것이 이런 것이었나보다 싶었어요. 매일 뭘 찾는지도 모르고 몽유병 환자처럼 그러고 있었는데 '아, 그것이었구나…….'

그런데 선생님은 제 몰골을 보시고 제대로 못 사는구나 바로 아셨어요. 그러니까 선생님이 일요일마다 집으로 오라고 하시더라고요. 남편을 이해시키고 와서 시 공부를 해서 다시 시인이 되면 어떻겠냐고 그러셨어요. 정말 은인이시죠.

그래서 그분하고 공부를 하다가 1972년도 현대문학에 재등단을 했어요. 그래서 1973년도에 첫 시집 출판기념회를 한 거예요. 그렇다고 왕성한 활동을 한 것은 아닌데 그러다가 남편이 혈압으로 쓰러졌지요."

"생활은 어떻게 유지하셨어요?"

"여러 가지 얘기가 참 많아요. 당분간 남편 월급이 나왔는데 병원비가 그 다섯 배는 더 나왔어요. 그때는 산소호흡기 이런 게 하루에 백만 원하고 그래서 병에 걸리면 다 죽는 것이었는데 제가 심혈을 기울였죠.

그런데 혈압으로 한번 쓰러진 사람은 나중에 여러 가지 병들이 생기더라고요. 사흘 동안 웃기도 하고 딸꾹질이 일주일도 가고 뇌라는 것이 한번 손상을 받으면 이상한 일들이 생겨요."

"대소변도 못 가리셨겠네요?"

"처음에는 그랬어요."

"경제적 어려움이 많았겠어요."

"경제적으로는 남에게 돈을 빌리기라도 하면 되지만 심적으로는 더 많이 괴로웠어요."

남편 24년, 시어머님 9년의 병 수발을 운명으로 받아들여

"어떻게 견디셨어요?"

"종교가 없었으면 아마 못 견뎠을 거예요."

"게다가 시어머니까지 쓰러지셨으니……. 시어머니는 방 안에서 옷을 갈아입으시다가 그냥 주저앉으셨는데 엉덩이며 대퇴부가 다 부서지셨어요. 그래서 병원으로 옮기지도 못했어요. 그래서 그 방이 병원이 되어서 9년을 누워계셨죠. 81세에 쓰러지셔서 9년 동안 일어나보지도 못하시고 1991년 가을에 90세의 연세로 돌아가셨어요."

"저 같으면 포기하고 도망갔을 것 같아요."

"제 수필에 그런 얘기를 썼어요. '내가 내 인생을 포기하는 만큼 내 딸의 어깨가 무거워진다…….' 저는 제가 이렇게 살아서 아이들에게 준 짐이 많을 텐데 내가 도망가서 다른 것까지 그 아이들에게, 다시 다른 짐을 만들어 준다는 것은 상상할 수 없었어요.

그래서 제가 이 세상에서 받은 운명이라든가 저주라든가……, 뭔가 내가 받아야 할 것이 있으면 내 몸으로 다 받겠다는 그런 주의였죠."

"그 와중에 글을 쓰신 거예요?"

"그럼요. 그 와중에 석사, 박사도 했어요. 영어 때문에 몇 번 떨어지는 수모를 당하면서요. 호호."

"잠도 못 주무셨겠어요."

"저는 몇 년 동안 요를 펴고 잔 적이 없었어요. 그냥 환자 보다가도 쓰러져 자고, 공부하다가도 쓰러져 자고……. 이런 식이었죠."

"친정 어머님이 그런 모습을 보셨어요?"

"잘 안 오셨어요. 남편이 쓰러져서 중환자실에 있다는 소식을 듣고 굉장히 충격을 받으셨어요. 남편은 1977년에 쓰러져서 23일간 혼수상태로 깨어나지 못하고 어머니는 그때부터 5년 더 사시고 돌아가셨죠. 하지만 저는 어머님이 말씀하신 세 가지를 이루었어요. 결국은 대학 교수가 됐으니까 평생 공부하는 사람이 됐고, 두 번째는 월급을 받으니까 돈을 벌잖아요. 그런데 마지막 행복한 여자가 되라고 했는데 그건 누가 봐도 안 믿어요. 호호.

제가 우리나라 국어사전을 찾아봤더니 행복은 '자기 생활에 아주 만족하고 흐뭇한 상태.' 라고 되어 있더라고요.

그래서 이건 아니다 싶어서 '자기 현실을 어떤 현실이든 껴안으면 행복' 이라고 책상 앞에 써놨어요. 그렇게 하고 내가 스스로 나에게 행복의 왕관을 씌웠어요. 그럴 수 있잖아요.

자기가 스스로 행복하다고 하면 행복하게 되는 거죠. 행복이라는 건 개인적이어서 내가 동의하면 행복해지는 거니까……. 저는 제가 동의해서 행복한 사람이에요. 그래서 저는 세 가지를 이룬 사람이죠. 호호호."

"자녀가 어떻게 되세요?"

"딸만 셋인데 아들 못 낳아서 억울한 것은 없어요."

공부, 돈, 행복을 이룬 어머니의 세 가지 바람

"아버님은 어떤 분이셨어요?"

"제가 아버님을 많이 닮았는데 정말 존경할만한 분이셨어요. 외도도 많이 하셨지만 예술적이셨고 제가 중학교 때 아버지가 너무 부자였어요. 100평 장미밭이 있고 1950년대의 일본식 목욕탕이 있고 유성기를 사서 들으시고……."

"무슨 일을 하셨어요?"

"정미소와 제재소, 그리고 다른 사업도 하셨어요. 제 생각에는 더 그리울 것도, 가질 것도, 더 기다릴 것도 없는 남자가 있다면 우리 아버지였어요. 모든 걸 다 가졌어요. 여자 많죠. 잘생겼죠. 건강하죠. 돈 많죠. 인기 있죠.

그런데 어느 날 아버지 사무실에 돈을 타러 갔는데 아버지가 늘 잠그던 서랍이 열려있어서 보니까 일기장이 있더라고요. 오늘도 행복, 내일도 행복……, 이런 건 줄 알고 몰래 다섯 권의 일기장 중에 네 권을 읽었는데 굉장히 충격을 받았어요.

제가 생각했던 아버지는 없고 늘 외롭다고 말하고 있고, 왜 사람에게는 날개가 없나? 날개가 있으면 날아가고 싶다……. 이런 것도 쓰셨고……. 제가 문학에 들어간 동기는 그 아버지의 일기장 때문이라고 할 수 있어요. 왜냐하면 문학이라는 것이 결국은 내면 읽기잖아요. 아버지의 겉모습은 그렇지 않은데 그 안에 도대체 외로움은 왜 생기고 있는 것인가 싶고 그런 것이 저에게 아마 문학 쪽으로 들어가게 했던 것 같아요.

우리도 그렇잖아요. 아무리 많은 것을 가졌다 해도 채울 수 없는 내면의 빈 공간이 있고……. 우리 아버지도 그랬던 것 같아요. 그런데 그것을 저는 처음 알게 된 거죠. 모든 것을 가지고도 외로운 것이 있는 거구나……. 그것이 아마 제 문학의 밑바탕이 됐을 거예요."

"아버님은 일찍 돌아가셨나요?"

"아니요. 어머님 돌아가시고 18년을 더 사셨는데 가난하게 18년을 사셨어요. 다 잃으셨죠. 여자도 떠나가고 돈도 잃으시고 자식도 떠나고 그래서 고생을 많이 하셨어요."

"누가 모셨어요?"

"말년에 아들도 뉴질랜드로 일 때문에 가고 제 주변에 방을 하나 얻어서 제가 돌봐드렸어요. 왜냐면 저는 환자가 두 명 있기 때문에……."

"그러면 아버님까지도 모신 거네요?"

"그래서 제 시에 사성장군이라는 말이 나와요. 이를테면 어머니, 아버지, 시어머니, 남편 넷의 죽음을 보게 되는 거죠."

"이제 겁나는 것은 없을 것 같아요."

"그런데 외로운 것은 지금도 겁나요. 호호."

"여학생 때는 어떤 학생이었나요?"

"너무나 발랄하고 아름다운 여학생이었죠. 부잣집 딸이었으니까요. 1950년대부터 쌀밥 먹고 아버지가 서울에서 사다주시는 구두 신고 차이나식 원피스 입고요. 어머니는 괴로운 것이 많았겠지만 딸이 많았어도 귀하게 자랐어요. 저는 호강을 하면서 그렇게 살았고 긍정적으로 살았는데 사람 하나 잘못 만나서 인생이 그렇게 깨졌어요. 호호."

아버지의 일기장을 통해 문학으로 자리 잡아

"문학에 대한 소양은 여학생 때부터 있었나요?"

"중학교 때부터 글 쓰면 선생님께 칭찬받고, 고등학교 때 전학 가서는 경남백일장에서 1등을 했어요. 그래서 그것 때문에 숙대 국문학과를 간 거죠."

"연극을 하려고 하셨다는 말을 들었어요."

"중학생 때 국극단 하려고 집에서 가출하려다가 엄마한테 굉장히 혼났어요. 신나게 두들겨 맞았죠. 호호. 언니에게만 말하고 언니 옷 훔쳐 입고 그 사람들이 묵는 여관에 앉아 있다가 엄마한테 걸렸는데 아마 우리 엄마가 아버지한테 화난 것 그때 제가 다 맞아줬을 거예요. 호호."

"왜 굳이 대학원에 가려고 하셨어요?"

"돈이 없어졌거든요. 노인하고 환자, 아이들을 데리고 전세를 어떻게 살겠어요. 집까지 팔게 생겼는데 제가 장사도 해보고 그랬어요. 그런데 세상은 정말 더러운 것들이 있더라고요. 호호호.

어느 날 충격을 받고 물론 장사가 나쁜 건 아니지만 아빠도 이렇게 온전한 인간이 못되고 있는데 엄마가 이렇게 해가지고는 이 아이들을 제대로 건사할 수 없다고 생각했어요.

아빠가 안 된다면 나라도 고급 상품을 만들어보자는 생각을 했죠. 그래도 그때 돈을 빌려서라도 했으니까 이만큼이라도 됐잖아요. 늦게라도 공부를 하고 어머님의 세 가지 숙제를 완수하게 한 것은 제가 그 가정에 최대한으로 뼈를 들어부어서 하나님께서 축복을 주신 것 같아요."

"딸들에게도 세 가지 숙제를 주셨나요?"

"아니요. 제가 잘못 살아온 것을 딸들이 잘 알아요. 제가 직접 이야기한 적은 없지만 서로 암암리에 다 아는 것이고 그때는 어렸으니까요. 제 자전 에세이를 보면 그때 엄마가 이랬구나, 아마 알게 될 거예요.

저는 숨이 꽉 막혀서 이야기를 못 해요. 첫딸을 낳고 이 아이가 어느 정도 크면 이런저런 이야기를 해야지 했는데 아이가 크니까 제 이야기를 한다는 것이 무서워졌어요."

"왜 무서우셨어요?"

"뭔가 엄마가 그렇게 산다는 것이 그렇더라고요."

"큰딸이 몇 살인가요?"

"39살인데 아들이 벌써 중학생이에요. 둘째딸도 그렇고 저는 아들을 못 낳았는데 우리 딸들은 아들만 낳았어요. 막내만 아직 미혼인데 지금 둘이 같이 살아요."

딸들에겐 늘 부족한 엄마

"딸을 키우시면서 딸에게 가장 미안했던 것은 무엇이었어요?"

"제가 봐도 저는 똑똑한 엄마는 아니에요. 여러 가지로 사는 것도 그렇고 돈 계산도 잘 못하고 좀 칠칠이에요. 제가 살아온 역경을 이겨낸 것을 생각하면 대단한 엄마인데 딸들에게 한 것을 봐서는 늘 부족한 엄마가 아닌가 싶어요. 미안하더라고요."

"저도 딸들에게 그렇게 미안하더라고요. 딸들에게 당당한 엄마들을 보면 그렇게 부러워요. 글 쓰는 딸은 없나요?"

"네, 없어요. 둘째에게는 기대를 좀 했었는데 드라마를 하겠다고 하다가 미국으로 가서 살고 있어요. 여기 있는 딸들과 커피도 마시러 다니고 동대문 야간 시장도 같이 다니고 친구같이 매일 어울려 다녀요. 물론 때때로 자식이지만 서운할 때도 있어요. 딸이 이 소리 들으면 안 되는데……. 호호. 그래도 며느리보다는 더 좋지 않을까 싶네요."

"사위들은 어떠세요?"

"사위들은 너무 잘 봤어요. 다 잘 생기고 사회적으로도 지위를 다 가지고 있고……."

"경우에 따라서는 다르겠지만 딸 가진 엄마들이 아들집에 가면 냉장고 문을 마음대로 열어서 먹고 싶은 것을 꺼내 먹는데 딸집에 가면 그렇게 눈치가 보인다고 하더라고요. 불편하지는 않으세요?"

"그렇지는 않아요. 인간의 관계라는 것은 결국 자기들이 관계를 만들어야 해요. 너는 내 딸이야, 너는 내 엄마야, 이렇게 해서 되는 것은 아닌 것 같아요. 서로 만들어 가는 거죠.

창의력은 다른 데만 있는 것이 아니라 인간 관계에서도 자꾸자꾸 만들고 좀 멀리 있을 때는 멀리 있고 가까이 갈 때는 가까이 있고……. 그런 것 같아요."

"앞으로 해보고 싶은 것이 있다면요?"

"좋은 글을 쓰면 좋겠어요. 옛날에 젊은 시절에 정말 좋은 시를 쓰다가 나이가 들수록 시가 안 좋아지는 사람이 있고 젊었을 때 우왕좌왕했는데 나이가 들수록 완숙한 시를 만들어내는 그런 시인들이 있고 그래요. 저는 그 후자가 됐으면 좋겠고 또, 지금 열심히 시를 쓰고 있어요.

내년이 명지대학 교수 정년인데 그냥 놀지는 못할 것 같고 여러 가지 생각 중인데 조그만 공간을 하나 만들어서 여성들에게 글을 가르치는 그런 일을 해볼까 생각 중이에요.

구체적인 것은 없지만 제가 나이를 드니까 하나는 편안해졌어요. 포기도 빠르고요. 그리고 가능한 남에게 좋은 말을 해주고…….

옛날에 그렇게 고생을 하고 환자가 집에 있고 해도 강의를 들으러 갈 때는 옷을 잘 입었어요. 향수까지 뿌렸어요. 내 몸에 늘 뭔가가 있는 것 같아서요.

그러면 후배들이 '언니는 집에 가면 아줌마, 커피 타 와. 그러고 있죠?' 그랬어요. 제가 고생 죽어라 할 때도 남들이 저 고생하는 것을 잘 몰랐는데 잘한 일 같아요.

이젠 딸들이 잘살고 있고 어딘가에 전화를 하면 같이 밥도 먹고 그럴 친구가 있었으면 좋겠어요. 남자든 여자든 편안하게요.

남편이 죽었을 때 제일 어려웠던 것이 혼자 밥 먹는 거였어요. 남편이 살아있을 때는 1년 동안 간병인이 같이 살았고 늘 대가족으로 살았는데 남편이 가니까 한순간에 다 없어졌어요. 그때 막내는 미국에 있었고 저 혼자였거든요.

혼자 밥을 먹으러 나갔다가 몇 사람만 앉아있어도 도저히 못 들어가겠더라고요. 그래서 혼자 라면을 끓여 먹고……. 그런 걸 많이 했어요.

그런데 요즘은 세련돼져서 혼자 아무거나 잘 사먹어요. 한 가지 안 되는 것은 혼자 가서 고기는 못 구워 먹겠더라고요. 호호호."

"저에게 오세요. 호호. 저도 늘 혼자니까요."

"옛날에 고생을 많이 해서 자주 앓는데 고기라도 먹어야겠다 싶어서 딸에게 시간 괜찮으냐고 물어보면 시간이 안 된다는 거예요. 딸이 왜 그러냐고 물어보면 아무것도 아니라고 해요. 그럼, 그날은 고기 못 먹는 거죠. 호호."

"네, 올 가을 시집, 겨울에 에세이 출간도 잘 진행되시기를 바라고요. 늘 좋은 작품으로 함께 했으면 좋겠습니다. 오늘 아프지만 진솔한 이야기 고맙습니다."

"나는 걷는다 고로 존재한다"

경향신문 **고영재** 사장 _

요즘 신문 산업이 위기라고들 한다.

광고도 예전 같지 않고 '신문은 석탄과 같은 사양 산업이다.' 라는 자조 섞인 탄식이 나올 정도로 신문업계가 구조적으로 어려운 여건 속에 처해있다는 얘기가 나오고 있다.

경향신문은 1946년 해방 직후에 탄생한 신문으로 전쟁과 이승만 정권, 기나긴 독재 정권을 거쳐 현재에 이르기까지 현대사 영욕의 세월을 함께 한 언론사이다.

최근 많은 변화를 거듭하고 있는데 바로 고영재 사장의 취임 이후에 신문이 많이 바뀌었다는 평가를 받고 있다.

지난 1974년 경향신문 기자로 언론계에 몸담은 뒤, 1980년 한국기자협회 부회장으로 언론자유 운동을 벌이다가 신군부에 의해 강제 해직되었고 1988년 경향신문에 복직했으며 이어 1991년 한겨레신문사에 입사해 정치부장과 〈한겨레 21〉 초대 편집장, 편집국장, 논설위원 등을 지낸 경향신문 고영재 대표이사 겸 사장을 『손숙의 아주 특별한 인터뷰』에서 만나보았습니다.

달 밝은 밤, 새벽 1시까지 걷는 기쁨

"2006년 5월에 취임하셨으니까 두 달 후면 1년이 다 되어 가는데 그동안 많이 안정이 되셨겠어요."

"경향신문의 평가가 좋아지고 있어서 기분이 좋습니다. 그러나 지금의 상태가 완전한 모습이라고 생각하지 않습니다. 아직 발전의 여지가 많이 남아 있어 더욱 노력해야겠죠."

"취임하시기 전에 경향신문의 적자가 매우 심각했던 것으로 알고 있는데 어려운 상황은 벗어나셨는지요?"

"그것은 경향신문뿐만 아니라 종이 신문업계 전체가 공통으로 겪고 있는 어려움입니다. 따라서 이 경영 여건이 달라지는 데에는 다소 시간이 걸릴 것으로 보입니다만, 창조적인 노력이 뒤따른다면 반드시 좋은 길이 열리리라고 확신합니다."

"2004년 5월에 서울 광화문에서 전라남도 장흥의 정남진까지 걸어가신 적이 있으신데, 기간이 얼마나 걸리셨어요?"

"그때는 주말을 이용해서 이틀씩 갔습니다. 주 5일제가 되면서 토요일과 일요일에 릴레이로 갔었어요. 이틀 걷다가 다시 올라와서 마지막 지점에서 다시 걷고 해서, 주말마다 하기를 9주 동안 했으니까 18일이 걸린 거네요. 평균 40km는 걸었는데 날이 좋고 달 밝은 밤이면 새벽 1시까지 60km를 걸은 적도 있어요. 고정 멤버는 저를 포함해서 두 명이 있고, 걷기 경험을 같이 하겠다는 응원 부대가 있어서 3~4명이 추가되기도 합니다. 많을 때는 7~8명이 걷기도 했는데 식사는 각자 등산용 배낭과 취사 도구를 짊어지고 가기 때문에 해먹기도 하고 식당을 만나면 사먹기도 합니다."

"요즘은 도로가 차를 위한 곳이 많아서 실제로 걷기에는 어려운 곳이 상당히 많은데, 우리나라를 걸어보니까 어떠시던가요?"

"사람을 위한 도로보다는 대개가 차를 위한 도로죠. 그리고 운전하는 사람들도 찻길을 걸어가는 사람에 대해 배려가 전혀 없습니다. 차가 날리는 바람 때문에 모자가 날아가기도 했어요. 평소에 머리를 쓰는 것보다 몸을 쓰는 것을 좋아해서 걷는 것에 익숙하다 보니 발이 부르트거나 하는 일 없이 잘 걸어다녔습니다."

"걷는 것은 언제부터 시작하셨어요?"

"특별한 이유가 있었던 것은 아니고, 어느 날 문득 고향을 한번 걸어서 가봐야겠다는 생각이 들어서 2004년도에 장흥까지 걸어갔어요. 47년 전에 고향에서 올라올 때는 기차를 타고 올라왔는데 그 길을 걸어서 간다면 새로운 경험이 될 수 있을 것 같더라고요. 우연히 서울대학교에서 지리를 공부한 한 일본인의 '영남대로'와 '호남대로'의 옛길 탐방기를 읽게 되었는데 나도 고향 땅을 한번 걸어봐야겠다고 생각을 한 거죠.

사람들은 보통 '걷기' 하면 건강을 위해서 하는 운동으로 아는데 저는 고향 길을 내 다리로 직접 걸어봐야겠다는 취지로 시작한 겁니다. 걷다 보니까 걷는다는 것에 대한 가치를 새롭게 발견하기도 했죠.

걷기는 생명, 창조, 속도 문명의 저항이자 해법

"걷기는 생명이다, 창조다, 걷기는 속도 문명의 저항이자 해법이라는 글을 쓰셨더라고요. 실제로 걸으시니까 어떤 점이 제일 좋으시던가요?"

"글에서도 걷기는 자유이고, 창조라고 썼는데 원시적인 몸동작이 두뇌 활동에도 직접적인 영향을 미치는 운동이라는 점에서 권하고 싶습니다. 책상 위에서 하는 생각과 걸으면서 하는 생각이 다를 수 있거든요. 책상 위에서 하는 사고가 정적이라면 걸으면서 하는 생각은 동적이죠. 개인적으로 미처 생각하지 못했던 것들도 걸으면서 새로운 발상들로 떠올라서 어떤 중요한 결정을 할 때 걷는 것이 중요한 기회가 될 때가 있습니다."

"2004년도 이후부터 걷기를 계속하신 건가요?"

"기회가 있을 때마다 걸었지만 전국 방방곡곡을 샅샅이 걷지는 못했습니다. 코스로 말씀을 드리면 전남 장흥과 광화문을 왕복했고 강원도 횡계에서 대관령을 넘어 강릉에서 북쪽으로 양양, 속초, 고성, 간성, 거진, 대진, 통일전망대에서 휴전선까지 갔다가 다시 진부령에서 화천, 춘천, 가평, 청평을 거쳐서 서울까지 온 일이 있습니다. 지금은 경상도 중령에서 시작해 영주, 영양, 울진, 청송, 영천까지 진행 중입니다. 최근에는 회사 일이 바빠서 못하고 있지만 경상좌도에서 진주를 향해서 내려가고 있는 중이죠."

"그중에서 가장 아름다운 곳이 있다면 어디를 추천하시겠어요?"

"산이 아름다운 곳도 있고, 계곡이 아름다운 곳도 있고, 또 사람의 인정이 아름다운 곳도 있습니다. 그래서 풍광이 아름다운 곳만 보는 것은 우리나라 산천의 아름다움을 제대로 보지 못하는 것이라고 생각하기 때문에 소개할 곳은 많지만 생략하는 게 좋을 것 같습니다. 다만 산이 많은 곳과 들판이 넓은 곳의 세상을 바라보는 안목과 인정은 좀 다를 수 있습니다."

"걷다 보면 사람도 많이 만나실 텐데, 혹시 기억에 남는 사람이 있으신가요?"

"많은 사람을 만나는데, 제가 걷는 길이 조용한 길, 산길, 신작로를 벗어난 후미진 길을 걷다 보니까 알려져 있는 사람들보다는 인생을 건강하고 즐겁게 사는 사람들을 만나게 됩니다. 대도시의 찌든 삶과는 다른 자기만의 길을 걷고 있는 존경할 만한 분들을 많이 만나게 되죠."

"옛 길들은 지도에도 안 나오는 경우가 있는데 지도를 들고 다니셨어요?"

"지도는 들고 가지만 현지에 가서 직접 발로 찾아가고 선택하는 방식을 택했습니다. 지름길이나 아름다운 길을 찾을 때는 현지인들에게 물어보는 게 가장 좋습니다."

"황당한 일이나 낭패를 당하신 일은 없으셨나요?"

"그런 일은 없었는데, 옛날에는 자주 이용되었지만 교통이 발달하면서 사람들에게 잊혀진 길은 왕래가 없어서 숲으로 덮이고 말죠. 가끔 그런 길을 만나면 뚫고 가느라 고생을 했지만 큰 어려움은 없었습니다."

순리를 생각하는 따뜻한 신문 만들기

"고향인 장흥에 걸어서 가셨는데 도착하셨을 때 첫 느낌이 어떠셨어요?"

"제가 13살 때 고향을 떠났는데 고향에 대한 반가움, 고마움, 감격을 느꼈어요. 사실 고향에서 산 기간보다 서울에서 산 기간이 월등히 길지만 오늘의 나를 있게 한 힘은 고향에 있다는 생각을 하거든요. 저의 철학과 육신을 키운 곳이 고향입니다. 돌아가신 어머니를 뵙는 듯한 기분이 들었어요. 지금 고향에는 친지 분들이 살고 계세요."

"고향에 도착하셨을 때 걸어서 가셨기 때문에 먼지투성이여서 그리 멋진 모습은 아니셨잖아요. 그래서 고향 분들이 잘못돼서 내려오신 걸로 오해는 안 하셨나요? 호호호!"

"모든 분들이 의아해하시기는 했어요. 그런데 설명할 말이 없더라고요. 그냥 좋아서 고향에 걸어서 내려왔다는 것을 말로 표현하기가 어려웠어요. 고향 분들은 이해를 못 하죠."

"프랑스의 베르나르 올리비에가 쓴 《나는 걷는다》라는 책을 읽어보셨을 텐데, 터키 이스탄불에서 중국 시안에 이르는 1만 2,000km의 길을 1,099일에 걸쳐서 기록한 거잖아요. 고영재 사장님도 이런 걸 보면서 '나도 언젠가 이렇게 걸어볼 것이다.' 하는 계획이 있으세요?"

"저는 걷는 것에 대한 가치를 중요하게 생각하는데 기계적으로 어디에서부터 어디까지 정해놓고 걷는 것은 재미가 없어요. 다만 휴전선 너머에 한반도 북쪽 땅을 걸었으면 하는 꿈은 갖고 있죠."

"대표 취임 이후에 경향신문도 명예 퇴직이나 구조 조정이 진행되고 있나요?"

"일부 구조 혁신을 했습니다. 올해 1년 동안 잠정적으로 상여금을 폐지했어요. 생존을 위해서 그리고 경향신문이 오늘에 만족하지 않고 지속적인 발전을 위해서는 스스로 뼈를 깎는 노력이 선행되어야 한다는 결론에 대해 노·사간 합의가 이루어졌고 구조 혁신 작업을 추진한 거죠."

"한겨레신문에 재직하실 때 인위적인 구조 조정에 대해 반대하는 글도 쓰시고 했는데 상황이 바뀌어서 추진하실 때 기분이 어떠셨나요?"

"두말할 나위 없이 이건 괴로운 일입니다. 하지만 조직의 발전을 위한 불가피한 혁신도 있다는 것을 이해해 주셨으면 좋겠습니다. 직원들 역시 선뜻 동조하기는 어렵지만 상황을 냉정하게 판단했을 때 어쩔 수 없는 선택임을 잘 알고 있습니다.

구조 혁신이라는 것이 자신의 팔을 자르는 듯한 고통이 따르게 마련입니다. 그러나 이 희생을 통해서 조직이 살 수 있다면 비록 고통스러울지라도 감내하겠다는 어려운 결정을 내렸고 추진을 한 거죠."

"고영재 사장님의 취임 후 경향신문이 변했다, 일관된 진보적 입장에서의 기사, 현장 기사가 많아졌다는 평가가 있고 약자 입장에서의 보는 관점들이 특징적이라는 평가가 있는데 본인이 생각하시는 바람직한 신문이란 어떤 건가요?"

"저는 따뜻한 신문이라고 생각합니다. 논리에 얽매이지 않고 순리를 생각하는 신문, 사회적인 약자와 소외받는 사람들에 대한 따뜻한 배려가 있어야 한다고 생각합니다."

"가끔 신문을 보면 우리나라가 망할 것 같다는 느낌이 들어요. 기사가 굉장히 자극적이고 비판적이고 불안감을 조성해서 곧 어떻게 될 것 같은 거예요."

"그 근저에는 비판성의 정당성이 결여되어 있는 한국 언론의 현실과 무관하지 않다고 봅니다. 당사자가 승복할 수 있는 비판일 때 정당성을 갖는다고 생각합니다. 그래야 비로소 따뜻한 신문으로 인정을 받는 것이 아닌가 싶어요.

현재 언론의 위기는 신뢰의 위기와 밀접한 관계가 있습니다. 신뢰받지 못하는 신문은 비판이 의미를 갖지 못합니다. 정치적인 것이든 자본의 이해관계든 그런 것들을 비판의 배경으로 깔고 있다면 올바른 비판이 될 수 없을 뿐더러 인정도 받지 못하고 결국 신문의 신뢰를 결정적으로 떨어뜨리는 쪽으로 작용이 되는 거죠."

9개월 수감 생활과 4년간의 전원 일기

"1974년도에 대학을 졸업하고 경향신문에 첫 입사를 하셨는데 신문사를 선택하신 동기가 궁금합니다."

"사회 현상에 대해 관심이 많은 편이었습니다만, 언론사에 들어가면 세상을 바꾸는 일에 뭔가 기여할 수 있으리라는 막연한 생각을 갖고 있었을 뿐 행동과 생각이 일치하지는 않았어요."

"69학번이시면 사회가 시끄러울 때인데 대학 시절은 어떻게 보내셨어요?"

"선두에 선 것은 아니지만 학생 운동을 열심히 했어요. 그 당시 학생이라면 누구나 사회에 대해 고민을 많이 했죠."

"1980년대에 갑자기 해직을 당하셨는데 이유가 무엇이었나요?"

"이유는 없었습니다. 그 당시는 권력이 정당하게 인정받지 못하는 시대였죠. 제가 권력에 밉보였던 이유는 당시 기자협회 부회장이었는데 1980년 5월 17일에 비상계엄령이 전국으로 확대가 되었어요. 그러면서 전두환 군부 세력은 기자, 언론인, 정치인, 학생들을 대거 구속하고 연행했어요. 그 와중에 저는 영문도 모른 채 끌려가서 구속이 되었는데 그로부터 한 달 후에 해직이 된 거죠.

서울구치소에 구속이 돼서 수감이 되었는데 전혀 진행 상황도 모르고 있다가 면회 온 가족으로부터 뒤늦게 해고 사실을 알게 되었어요. 9개월 동안 수감이 되었는데 재판도 받고 결국에는 풀려났죠."

"해직되신 이후에는 생활은 어떻게 하셨어요?"

"가족이 다 함께 고향인 장흥으로 내려가서 4년 동안 농사일을 했어요. 아버님은 돌아가시고 어머니가 살아계셨는데 같이 벼 농사, 밭 농사도 하고 소도 몇 마리 키웠죠. 지금도 땅만 있으면 농사 지을 수 있습니다.(웃음) 그러다가 1988년 3월에 경향신문에 다시 복직이 되어서 올라왔어요. 아내는 그 당시에도 교편을 잡고 있었는데 지금도 중학교 선생님으로 재직하고 있습니다."

"그렇게 경향신문에 복직되셨는데 한겨레신문은 어떻게 가게 되셨어요?"

"회사의 내부 사정이므로 상세하게 설명 드리기는 어렵습니다.

다만 경향신문에 복직된 후 그만둘 수밖에 없는 사정이 생겼어요. 1989년도에 노조 활동과 관련해서 후배 기자 5명이 해직되었어요. 그 해직 과정이 부당하다고 판단해서 다시 사직할 수밖에 없었던 가슴 아픈 일이 있었죠."

디지털 세상, 잃어버린 것을 찾아서

"13살에 고향을 나오셨다고 하셨는데 유학을 하기 위해서 나오신 건가요?"

"외삼촌께서 서울에서 교편을 잡고 계셨는데 6년 동안 그 댁에서 신세를 졌어요. 소위 유학을 하기 위해 올라온 거죠. 아버지는 제가 기억을 못 할 정도로 어린 나이에 돌아가시고 어머니가 농사를 지으셨는데 자식이 저 하나입니다. 그런데도 교육열 때문에 서울로 올려 보내신 거죠."

"어머니를 떠올리실 때 가장 가슴 아픈 기억이 있으신가요?"

"어머니는 저를 바라보시고 평생을 사셨는데 저는 어머니를 위해 단 한 가지도 흡족하게 해드리지 못하고 산 것 같아요. 실직하고 고향으로 농사를 지으러 내려가겠다고 했을 때 제일 먼저 동의한 사람이 아내, 그리고 어머니, 세 번째가 장인과 장모님이셨어요.

어머니도 처음에는 고향으로 농사를 지으러 내려가는 것에 도저히 이해를 못 하셨죠. 그래서 제가 '군부 세력의 압박을 받으면서 사는 것과 자유롭게 농사를 지으면서 사는 것을 비교했을 때 후자 쪽이 더 괜찮은 삶일 수 있습니다. 그리고 곧 시대가 바뀌니 조금만 참아주세요' 라고 말씀을 드렸어요. 제가 감옥에 있을 때도 어머니가 자주 면회를 오셨는데 어머니를 위로할 말을 찾지 못하겠더라고요. 편히 계시라고, 좋은 날이 올 거라는 말이 어떻게 위안이 될 수 있겠어요. 그래도 6년 전에 돌아가실 때 복직한 것도 보시고 좋은 일도 보셨으니까 마음 편하게 가셨을 겁니다."

"경향신문 대표이사 임기가 끝났을 때 후배들로부터 어떤 평가를 받고 싶으신가요?"

"경향신문의 경영 상황을 극적으로 호전시키지는 못했지만 경향신문 발전에 중요한 기틀을 닦는데 기여한 사장으로 기억되기를 기대합니다."

"앞으로 살아가면서 이건 꼭 해보고 싶은 것이 있다면 어떤 게 있을까요?"

"우리가 디지털 시대를 살아가면서 시대가 급변하고 있는데 이 디지털이 우리에게 많은 혜택도 주지만 반면에 많은 것을 빼앗아 간다고 생각합니다. 이러한 약점, 맹점들을 보완하는 연구를 진행하고 싶습니다."

"세상에 악서란 없다!"

한길사 **김언호** 대표 _

한길사는 1970~1980년대 대학을 다닌 사람들이라면 잊을 수 없는 출판사입니다. 아니, 인간과 시대와 역사를 고민하는 사람이라면 누구나 이 출판사를 기억할 겁니다.

1979년, 자주성을 상실한 채 외세에 민족과 국가의 운명이 좌지우지됐던 현대사를 조명한 《해방전후사의 인식》을 출간한 출판사!

1983년에는 '씨알이론'으로 이름난 함석헌 선생의 글을 모은 《함석헌 전집》도 나왔습니다. 언론인이자 민족 문제 전문가인 리영희 선생이 안고 있던 고뇌의 편린을 엿볼 수 있는 《분단을 넘어서》는 1984년에 출판됐습니다.

소설가 조정래 선생의 《태백산맥》도 이곳 한길사에서 처음 출간

됐고 시오노 나나미의 《로마인 이야기》도 한길사를 통해 세상에 나왔습니다.

끊임없이 이어지는 세상과의 대화는 오늘도 꾸준히 이어지고 있습니다. 그 길 한가운데에 김언호라는 사람이 있습니다.

1980년대 이후 줄곧 한국 인문학의 발전을 위해 애써오신 분, 출판 집적 단지인 파주 출판문화단지와 문화예술인들의 마을인 헤이리를 이끌면서 인문학 분야의 새로운 꿈을 꾸고 있는 분, 한길사 김언호 대표를 『손숙의 아주 특별한 인터뷰』에서 만나보았습니다.

토털 아트 스페이스(Total Art Space), 헤이리

"하고 싶은 일을 하며 살아오셔서 그런지 세월도 비껴가는 것 같습니다."

"하하, 저는 책 만드는 일이 재미있고 때로는 축제라는 생각도 합니다."

"지금 추진 중인 파주 헤이리 마을은 어느 정도 완성 단계에 들어갔나요?"

"전체 공정으로 보면 50% 정도 된 것 같아요. 건물 짓기로는 한 절반 정도 간 것 같은데 헤이리는 계속 진행형인 프로그램으로 볼 수 있고 문화예술이라는 것은 실현하는 가운데서 이루어질 수 있다고 생각하기 때문에 집 짓는 일도 중요하지만 그 속에서, 그 공간에서 어떤 프로그램을 만들어 낼 것인가가 결국 영원히 계속 되리라 봅니다."

"'한길사'와 '북하우스'는 떨어져 있지요?"

"출판사는 파주 북 시티에 있고, 책방, 서점, 전시장, 갤러리 이런 것이 헤이리에 있는 것이죠."

"'북하우스'의 마당 한켠에 시인 고은 선생님의 축사가 눈에 띄었어요. '나는 이곳에서 혼자가 아닙니다. 나는 이곳에서 당신의 당신입니다. -두 사람의 헤이리.' 라는……."

"고은 선생님께서 직접 붓으로 써 주셨어요. 그러니까 헤이리는 사람들이 만나는 공간, 대화하는 공간, 또, 문화예술의 프로그램들이 펼쳐지는 공간으로 말씀드릴 수 있을 것 같아요."

"헤이리의 설립 배경이 궁금합니다."

"처음에는 책방 마을 같은 것을 만들어 보려고 했었어요. 저는 어린 친구들과 젊은 친구들이 꿈꾸는 세계로서의 공간인 책방을 했고, 정말 아름다운 책방을 하나 가지고 싶었어요.

그런데 혼자 갖는 것보다는 여럿이 갖는 것이 운동도 되고, 사회적 환경도 새롭게 일으켜 세울 수 있다는 생각에서 세우게 되었는데 우리가 시작을 하면서 그런 이야기를 했더니 주변의 문화예술인들이 같이 하자고 해서 결국은 그 장르가 확장된 것이지요."

"헤이리 마을을 가보지 못한 청취자들을 위해서 머리에 그려지도록 설명을 좀 부탁할게요."

"헤이리는 통일동산 한가운데 있는 십오만 평 정도 되는 공간의 부지에 향후 2, 3년 사이에 건물이 300여 동 정도 들어설 것이고, 그곳에는 미술, 흔히 공간예술이라고 하는 전시, 조각 등이 있어요. 그리고 갤러리, 작은 공연장들, 작업장들, 개인 주택들, 이런 것들이 함께 모여 있는 마을인데 관광마을이라기보다는 문화예술이 창출되고 그것을 좋아하는 사람들이 가서 그림도 보고, 음악도 듣고, 대화도 하는 곳입니다.

물론 헤이리의 건축들이 국내뿐만이 아니라 국제적으로 이름난 건축가들이 참여해서 만들어내는 하나의 예술 작품으로 존재하는 마을이기 때문에 그 공간을 보는 것도 재미있는 일이죠. 거기다 책방도 있고, 이런저런 아이들을 위한 시설에 영화 촬영소도 있는 '토털 아트 스페이스' 라고 할까요.

또 거기 사는 사람들도 이런저런 문화예술, 지식인들이 함께 있기 때문에 직종을 통합하는……, 흔히 자기 하는 일, 자기가 하고자 하는 일들이 한꺼번에 이루어지는 그런 곳이죠."

Hi! Hey! 문화 비엔날레

"그런 곳이 외국에도 있나요?"

"부분적으로, 자연적으로 이루어진 곳이 있는 것 같은데 의도적으로 만들어졌거나 이곳 만큼 큰 곳은 없는 것 같아요. 그래서 외국인들도 신기하게 보는 것 같아요.

아무래도 처음 만나는 외국인들은 이것을 정부에서 도와주었느냐고 물어봐요. 순수하게 민간인들이 혼자 하기 힘드니까 여럿이 손을 잡은, 그러니까 문화예술을 통한 새로운 개념의 공동체 운동이라고 볼 수 있습니다."

"헤이리라는 이름은 어떻게 만들어졌나요?"

"처음에 마을 이름을 어떻게 정할까 고민하다가 회원들과 함께 공모를 했어요. 그래서 나온 이름이 헤이리인데, 헤이리 뒷산 고개를 넘으면 탄현 금산리라고 있어요.

그 금산리에 옛날부터 전해내려 오는 '헤이리 소리' 라는 민요가 있는데 농민들이 일할 때 신나게 '헤이, 헤이' 라고 불렀대요. '좋다, 좋다.' 이런 뜻이겠죠. 그 추임새에 '소리' 라는 말을 떼어버린 거예요. 헤이리는 순수한 우리말로 신난다, 좋다, 뭐 이런 뜻이겠지요."

"영국의 헌책방에서 동네를 따왔다는 말도 있어요?"

"그렇지는 않아요. 제가 그 마을을 만들기 전에 이런저런 여행을 많이 하면서 우리는 무엇을 만들 것인가, 어떤 프로그램을 만들 것인가 고민을 많이 했는데 1994년 봄에 영국에 있는 어떤 마을을 한 번 갔어요.

오래된 마을에 작은 성이 있고, 농가를 개조해 놓았고, 책방이 30군데 정도 있고, 공방도 있는 것을 보고 이것을 한국적인 버전으로 만들 수 있지 않겠는가 해서 시작이 되었는데 규모로 보아도 우리가 압도적으로 크고 현대적입니다.

거기는 농가를 개조해서 가게나 숙소를 만들어 놓았는데 저희는 본격적으로 만든 것이죠."

"헤이리를 베니스 비엔날레 같은 명소로 키워나갈 계획이라는 말은 무슨 말인가요?"

"저희가 할 수 있을지 없을지는 모르겠지만 여러 장르의 문화예술인들이 모여 있고, 향후에 다 만들어지면 갤러리라든지, 작은 숍이라든지, 책방이라든지, 또는 이런저런 스튜디오라든지 문화 공간으로 쓰일 수 있는 곳들이 아마 200에서 300개 정도 될 겁니다. 그 공간에서 수준 높은 다양한 문화 예술적 축제가 가능하다고 생각을 하고, 그런 면에서 베니스 비엔날레의 형국을 닮아있어요.

베니스 비엔날레는 어떤 큰 공간에서 만들어지는 것이 아니라 이를테면 각국, 각관이 있고 또 개별적인 여러 공간들이 모여서 만들어지는 거잖아요.

그러니까 우리는 지금도 축제를 하고 있는 거죠. 이를테면 갤러리 10개가 모여서, 또는 20개가 모여서 미술전을 한다든지. 지난 4월에는 '아시아 청년작가 프로젝트' 라고 해서 중국, 일본, 인도, 한국의 작가들을 초빙해서 공동 전시하는 미술전을 했고, 작년 여름에는 대단히 큰 규모의 중국 미술전을 했는데 올해 7월에는 일본 축제를 할 겁니다.

저희가 관심을 갖고 있는 것이 주로 아시아의 문화예술을 우리가 어떻게 새롭게 이해할 수 없을까 하는 것들이고 이것을 중심으로 해서 이런저런 실험이 진행되고 있기 때문에 헤이리는 앞으로 어떻게 간다고 단언하기는 어려울 것 같아요.

그러나 공연적인 것, 음악과 연극, 또는 영상적인 것, 미술적인 것, 조각적인 것, 출판, 인문학적인 이런 것들을 더불어 할 수 있기 때문에 헤이리는 본래 혼자 만드는 것이 아니라 이 시대를 함께 살아가는 문화예술인과 더불어 같이 만드는 프로그램이지요. 손 선생님도 언제 한번 와서 공연을 하시면 좋을 것 같아요. 하하."

"저도 기회만 있으면 가서 하고 싶어요. 호호. 그러니까 이 시대에 문화를 사랑하고 문화에 관심 있는 분들이 가면 어느 한구석에서는 늘 전시회가 열리고, 작은 콘서트가 있고, 공연을 접할 수 있는 곳이네요."

"그런 프로그램을 어떻게 만들 것인가를 우리 헤이리 회원들은 고민하고 있는 중입니다."

"김언호 사장님 하면 한길사 아닙니까. 한길사가 언제 시작되었나요?"

"1976년에 시작을 했는데 외국에 가보면 100년, 200년 된 출판사들이 많은데 아직은 너무 일천하지만 31년째 책 만들기를 하고 있는 중입니다."

코미디 같은 판금일지, 모든 책을 태양 아래 공개하자

"출판사를 30년 끌고 가는 것이 우리나라 현실에서 쉬운 일이 아니잖아요. 출판사가 너무너무 어려운데……."

"그때가 1980년대니까 출판사를 한 15년 정도 했을 때였어요. 은행에 대출을 이야기하니까 그 지점장이 한국에서 출판사를 하면서 15년 동안 회사가 계속됐다면 무조건 빌려줘도 된다는 말을 했는데, 그때 기분이 굉장히 좋았습니다."

"30여 년 동안 2,000여 권이 넘는 책을 내셨는데 한 번에 확 팔리는 그런 책들도 아니잖아요."

"아닙니다. 저도 많이 팔리는 책을 만들려고 열심히 노력하는데 《로마인 이야기》같은 경우는 많이 팔고 있지요.

또 지금은 내고 있지 않지만 《태백산맥》같은 것도 많이 팔고, 또 《혼불》도 많이 팔고 《해방 전후사의 인식》도 많이 팔았죠.

그러나 대부분의 책이 인문학이라 다소 어렵고 아카데믹한 책들이 저희의 타이틀로 라인-업되기 때문에 그러는데 저는 인문학 책 만들어서 밥 먹고, 아이들 학교 보내고 했어요. 그러면 정말 행복한 것 아닌가 생각합니다."

"지금이야 괜찮겠지만 처음에 자리 잡을 때는 어려움도 컸을 것 같아요."

"저희만 어려운 것이 아니라 다들 어려운 세월을 겪어오면서 만들어가지 않느냐 생각하고 있습니다."

"그 어려운 중에서도 특별히 제일 힘들었을 때는 언제였나요?"

"책을 내자마자 별것도 아닌 것을 가지고 자꾸 판금(판매금지)을 시켰는데 지금 보면 코미디 같은 일들이 많았어요.

지금은 모든 지식과 정보를 묶어두는 시대가 아니에요. 저는 그랬어요. 어떤 책이라도 태양 아래 공개하자, 햇빛에 비춰서 좋은 것은 싱싱하게 자라날 것이고 좋지 않은 것은 없어지지 않겠느냐, 무너져 내리지 않겠느냐, 이런 생각을 하는데 그것을 묶어두면 오히려 묶어두기 때문에 이상한 우상을 만드는 것 아닙니까?

특히 1970년대 후반에서 1980년대 말까지 일련의 금서 조치에 계속 한길사 책은 이렇다 저렇다 말들이 많고 그랬는데 그게 꼭 나쁜 것만은 아니었어요.

제가 우리 민족 문제에 관심을 갖고 있지만 저는 기본적으로 민주주의를 신봉하는 사람인데 정부에서 오히려 책을 팔아주는 계기를 만들어주었죠. (웃음)

판금을 시키니까 오히려 독자들이 궁금해서 사보는 것이지요."

"몇 권이나 판금 당하셨어요?"

"많이는 안 당하고 나중에 공식적으로 판금 되고 다시 살려내고 그랬는데 그분들이 우리 책은 한데 모아놓으면 너무 프로라는 말을 하더라고요.

그런데 더 많이 판금된 출판사들도 있습니다. 저는 보편적인 것을 지켜야 한다는 원칙을 지키기 때문에 대놓고 우리 책들을 판금시킬 수가 없어요. 이를테면 이상한 책을 그냥 베껴서 책을 내는 일은 없었죠.

모두 대한민국에서 합법적으로 당당하게 활동하고 있는 학자들의 책이기 때문에 또는, 문필가들의 저서이기 때문에 비판적인 이야기들인데 판금을 시킨다고 해서 그게 없어지겠습니까? 이젠 그런 시대가 아니고 뭐 다 복제되고 있는데 판금 시키면 오히려 복제되기 때문에 사람들이 더 보죠."

소설가 박태순의 《국토와 민중》, 지금도 가슴 뛰게 하는 책!

"정말 많은 책을 만드셨고 시대의 지식인들이라면 다 한번 읽어봐야 할 그런 책들도 많이 만드셨어요. 《민족 경제론》, 《함석헌 전집》, 《혼불》, 《로마인 이야기》 등, 물론 책마다 다 애착이 있겠지만 그래도 가장 많은 애착을 가지고 있는 작품을 꼽으라면 어떤 것을 꼽으시겠어요?"

"함석헌 선생님의 전집을 6년에 걸쳐 20권을 만들었어요. 저는 어릴 때부터 함석헌 선생님의 글을 읽었는데 그분은 우리 한국 현대사가 낳은 가장 큰 사상가라고 생각을 해요. 그냥 한국의 사상가가 아니라 세계의 사상가라고 감히 생각하는데 출판사에서 제대로 책을 내야 연구가 되고, 읽고, 사상이 커가는 것이거든요.

문제가 됐던 책이 굉장히 많지만 소설가 박태순 씨의 《국토와 민중》이라는 책이 있습니다. 1983년에 간행을 하고 이번에 새롭게 《다시 국토를 가다》는 책을 몇 권 내는데 그 책을 통해서 우리 국토를 새롭게 바라보고 우리 역사의 정신을 온몸으로 호흡하는 그런 계기가 됐어요. 그 책의 출판과 더불어 저희가 1980년대 중반부터 1990년대 초반까지 '역사기행'이라는 프로그램을 했어요.

역사 강좌를 하고 역사 현장, 국토 현장으로 가서 수천 명의 독자들과 우리 국토를 직접 걷고, 체험하고, 토론하고, 우리 정신을 느끼고 하는 프로그램을 했습니다.

교통이 너무 막혀서 버스를 가지고 갈 수가 없어서 프로그램을 한동안 중단했는데 그런 책은 지금 봐도 정말 가슴을 뛰게 하는 그런 책이에요. 소설가 박태순 씨의 어떤 국토 인식 작업, 그분은 '국토 인문학'이라는 이야기를 하는데 대단히 중요한 책이고, 영향을 크게 끼친 책이라고 저는 생각합니다."

온몸으로 일궈낸 문학과 사상의 한솥밥

"《국토와 민중》이 국토 기행으로써는 최초의 책이 아닐까 싶네요."

"그분은 온몸으로 국토를 걸으면서 거기에 스며있는 정신, 또는 어떤 사상, 또 역사적인 사건들을 이야기하는 것이죠."

"함석헌 선생님과는 어떤 인연이셨어요?"

"저는 고향이 밀양이고 중학교 때까지 시골에 살면서 농사일을 도왔어요. 잡지를 통해서 선생님의 글들을 읽고 고등학교에 가서는 정말로 함석헌 선생님께 빠져있었어요. 공부는 잘 하지도 않고요.

(웃음) 그리고 대학교는 서울에서 다녔으니까 선생님 강연은 늘 쫓아다녔죠."

함석헌 선생님은 꽃과 나무를 스스로 키우는 소년 같은 분

"그때 직접 가서 선생님을 뵙기도 하셨나요?"

"학생 때는 못 뵙고 나중에 신문사 기자를 좀 하다가 그만두고 선생님께 가서 책을 만들자고 하니까 그때는 말씀을 안 하시더라고요.

그러다 1982년에 함석헌 전집 간행위원회가 구성되고 안병무 박사, 송건호 선생, 고은 선생 이런 분들이 우리 출판사 저자들이기도 하고 '씨올의 소리' 편집위원이기도 했어요. 법정스님도 거기 있지요.

그래서 그분들이 저희 한길사에 맡기는 것이 좋겠다고 생각하신 것 같아요. 그런데 아마도 제가 어려서 학교 다닐 때부터 열심히 선생님 글을 읽었기 때문에 그 인연이 닿은 것 같아요. 제가 고등학교 3학년 때는 《뜻으로 본 한국역사》를 가지고 전교생 앞에서 독후감 발표도 하고 그랬거든요.

지금도 선생님의 사상에서 정말로 대단한 열정을 느낄 수 있고, 선생님은 사상이고 언론이기도 하지만 저는 문학이라고 생각합니다. 대단한 문학이지요. 그래서 선생님의 어느 글을 빼서 읽어봐도 정말 대단한 문학가라는 생각을 하는데 문학과 사상은 다 연결되어 있지요."

"김언호 사장님이 본 함석헌 선생님은 어떤 분이셨는지요?"

"제가 보기에 선생님은 정말 꽃과 나무를 사랑하시고 꽃과 나무를 스스로 키우는 소년 같은 분이었어요. 제가 전집을 만들 때 일주일에 한두 번씩 도봉구 창동에 가서 의논도 드리고 뵙고 그랬는데 말씀 듣는 것이 너무 좋았거든요.

가면 늘 꽃삽을 들고 계셨고 꽃을 따주시면서 냄새 맡아보라고 그러셨죠. 한번은 벌이 십리 밖에서 향기를 맡고 날아온다고 해서 그 꽃 이름을 '천리향'이라고 붙였다고 그러시더라고요.

선생님은 정말 순수하고, 그러니까 5 · 16 군사 쿠데타가 일어났을 때도 그것을 단호히 비판한 분이거든요. 총칼을 갖다 대도 그분은 꼼짝하지 않는 분이죠. 우리가 그런 사상가를 가지고 있었다는 것이 행복이고, 그런 사상가를 머리에 모시고 있다는 것이 우리의 긍지라고 생각을 합니다."

"저도 돌아가시기 전에 뵌 적이 있는데 늘 기억이 나요……, 해외 작품도 많이 하시고 번역도 많이 하셨는데 기억에 남는 외국 작가가 있다면 어떤 분이 있나요?"

"《로마인 이야기》를 쓴 시오노 나나미 씨는 한국에 두 번 오기도 했고, 저희가 로마에 가기도 하고, 일본에 오면 인터뷰를 가기도 하면서 대여섯 번 만났는데 프로 정신이 대단한 분이세요.

지금은 저희가 주로 번역하는 것이 인문학 고전서들, '한길 그레이트북스'라고 시리즈로 나오고 있는데 그중에 에릭 홉스봄(Eric J. E. Hobsbawm)이라는 분이 있어요.

《혁명의 시대》, 《자본의 시대》, 《제국의 시대》와 함께 재즈에 관한 책도 내신 분인데 그 세계적인 사상가 홉스봄 선생님이 1987년에 우리 회사를 방문하셨어요.

그때 인사동에 모시고 가서 우리 음악을 들려주는 전통 음식점에 갔는데 우리 음악 소리를 듣고는 대단히 독특하다고, 한국 민족은 희망이 있다고 얘기를 하더라고요. 이런 음악을 가지고 있는 민족은 미래에 희망이 있는 민족이라고 말씀을 하셨어요. 재즈 전문가이기도 한데 아마도 그게 다 통하는 가 봐요.

또, 일본 작가 중에 홋타 요시에 선생이라고 스페인의 《고야》 일대기를 4부작으로 쓰셨는데 그것은 거의 평생 작업입니다. 《몽테뉴》 3부작도 내셨고, 김석희 씨가 번역을 했는데 제가 선생님을 뵈러 댁으로 두 번 찾아갔었어요.

일본에 아주 작은 시골 도시에 바다가 내려다보이는 조그만 집에 살고 계시더라고요. 그분은 한국의 민주화운동을 돕고, 한국의 문인들이 수난을 당할 때 구명 운동도 하고 그랬어요. 특히 제3세계 민중의 실상을 알리는 문학적인 작업을 하고, 일본에서도 거장으로 대접받는 분인데 한국 고아에 관한 글도 쓰고 그랬어요.

그분은 아주 비판적으로 베트남 반전 운동을 한 분이세요. 6 · 25 전쟁 때 고아가 돼서 미국으로 입양되고 다시 베트남전쟁에 참관하면서 대포 소리의 공포에 질려 탈출한 한국인이 있었습니다. 그리고 일본까지 흘러오게 되는데 선생님 집에 두 달간 머물렀다고 하더라고요. 그러면서 그 사람을 주제로 해서 소설을 썼다는데 우리와 상당히 관계가 있는 분이지요.

대단한 분입니다. 《인도에서 생각한 것》은 1950년에 쓴 상당히 고전적인 책이죠. 1999년에 돌아가셨는데 그런 분의 책을 만들면서 함석헌 선생님이라든지, 홋타 선생님, 홉스봄 선생님, 시오노 선생님과 직접 만나서 이야기를 하는 과정에서 이분들을 알게 되고,

많은 것을 배웁니다. 저는 그러면서 어떻게 책을 만들어야 할 것인가 고민하는 스타일이기 때문에 일단 저자가 정해지고 살아만 계시면 무조건 찾아갑니다."

"시오노 나나미 작가와는 어떻게 연결이 되신 건가요?"

"저희가 1993년부터 《로마인 이야기》 스터디를 했는데, 그때 우리가 1980년대를 거치고 1990년대에 오면서 세계화 물결이 거세게 진행되었기 때문에 뭔가 새로운 주제가 필요하겠다고 생각했어요. 출판이라는 것은 늘 시대 정신을 반영하고 시대의 지평, 지향 같은 것을 보여주어야 한다는 생각을 했죠."

"우리도 어떤 책을 어떻게 만들 것인가 좀 더 본질적인 문제로 돌아가 기초부터 다시 시작을 하자고 해서 그런 차원에서 한 것이 그레이트북스였어요. 동서고금의 고전들을 다시 번역하는 작업을 하자고 해서 시작을 했는데 그 가운데 《로마인 이야기》를 만나게 됐죠.

서양 문명의 모든 것은 로마를 통해서 만들어졌으니까 그것이 우리에게 필요한 전략이 아니겠나 싶어서 검토하고 여러 분들의 자문을 받아가면서 만나게 됐는데 처음에는 시작하는 단계라서 그 책을 내고 싶어 하지 않았어요.

그런데 제가 일본 친구들을 통해 로마에 연락을 하고 말씀이라도 한번 나누고 싶다고 해서 일본 친구와 함께 1994년에 로마에 갔죠.

《로마인 이야기》를 만드는데 13년이 걸렸어요. 13년 동안 그 책을 만들고, 저자와 대화하고……. 제31년 출판 역사에서 3분의 1 이상을 이 책을 만드는 데 투자한 것이지요."

"《로마인 이야기》가 베스트셀러가 되리라는 예감이 있으셨나요?"

"비교적 책이 나갈 것인가, 안 나갈 것인가 하는 것은 잘 모르겠는데 이것이 필요하겠다는 생각은 해요. 제가 필요하고 제가 읽고 싶은 책은 다른 사람들도 관심이 있지 않겠느냐 이런 차원에서 기획을 하는데 《해방전후사의 인식》이 아마도 1979년부터 지금까지 40만 권 가까이 나갔을 겁니다.

그런 책이 그렇게까지 나가는 것은 정말 역사적인 사건이죠. 그 책을 여러 사람이 읽었을 테니 한국인 중에 몇 백만 명이 그 책을 읽었다고 봐야 해요. 그런데 그 책이 나갈 것이라고는 전혀 생각하지 않았습니다. 돌아가신 송건호 선생님하고 처음에 기획하면서 한 만 권 정도 나갈까 얘기를 했습니다.

《로마인 이야기》도 그렇게 많이 나가리라고 생각하지 않았습니다. 그러나 반응은 있을 거라고 생각했어요. 물론 일부 우리 저자들이나 친구들이 반대했죠. 《로마인 이야기》에 나오는 많은 외래어와 골치 아픈 이름으로 되겠느냐고 했는데 저는 필요할 것이고 읽히지 않겠느냐고 했어요. 우리 독자들이 새로운 콘텐츠를 요구하고 있기 때문에 해보자 해서 했는데 금년에 나온 15권까지 해서 250만 권 정도 나갔을 겁니다."

"정말 많이 나갔네요."

"열심히 했죠. 우리 학생들에게 읽혀야 한다고 생각했어요. 기업인들, 국가지도자들도요. 왜냐하면 《로마인 이야기》가 시사하고 있는 바가 개방성, 공익성, 공공성 등 이런 것들이거든요.

더불어 산다는 것이 대단히 중요하고, 이를테면 미국의 흔히 팍스 로마나, 로마에 의한 평화를 이야기하는데 제가 시오노 선생님에게 물어봤어요.

시오노 선생님은 기본적으로 미국에 대해 비판적입니다. 미국이 너무 막무가내로 밀어붙이는 특히 이라크의 경우는 찬성하지 않아요.

제가 팍스 아메리카나에 대해서는 어떻게 생각하는지 물어봤어요. 정색을 하시면서 무슨 소리를 하시냐고, 그런 말이 어디 있느냐고 '미국은 책임을 지지 않는 국가다, 그러나 로마는 일단 정하면 책임을 진다, 다른 나라에 대해서도 차별하지 않는다.' 고 하셨어요. 미국은 기준이 너무 다르다는 얘기죠. 이런 것들이 우리의 어떤 새로운 카드와 콘텐츠를 요구하는 독자들에게 부응했던 것 같아요."

독자와 함께 생각하고 설계하는 책 밖으로의 행군

"왜 우리나라 독자들이 《로마인 이야기》에 열광했는가가 참 궁금했었어요."

"일본에서도 많이 읽혔는데 중국, 대만에서는 읽히지 않았어요. 역자가 권마다 다 달라요. 번역이라든지 책을 내는 것은 지속성과 일관성이 대단히 중요해요. 왜냐하면 하나를 지속적으로 밀고 나가고 일관적으로 호소해야 독자들과 커뮤니케이션이 되거든요.

그래서 김석희라는 탁월한 번역가가 참여를 한 것도 중요하고, 저는 이 책을 읽히기 위해서 독후감 경연대회도 많이 했어요. 특히 독후감 대회에 참여한 학생들 중에는 외국으로 로마사를 공부하러 간 학생들이 굉장히 많아요. 지금 다 일류 대학이나 외국의 유명 대학들에서 공부하고 있는 학생들이 많죠.

1980년대에 '한길 역사기행' 을 하면서 이제 좀 세계를 여행하면서 보는 것이 필요하겠다고 해서 그 학생들을 데리고 로마에 갔는데 책을 읽고 가면 로마 역사가 완전히 다르게 들어와요.

이번에도 6월 말까지 완간 기념으로 하고 있는데 정말로 저는 우리 젊은이들이 《로마인 이야기》뿐만이 아니라 여러 가지 책을 읽고 현장에 가보는 것, 현장 학습을 해보는 것이 중요하다고 생각합니다."

"책을 읽고 가보면 정말 전혀 달라요."

"예를 들어 3년 동안 인도에 대해 공부한 두 팀을 인도 여행을 보냈어요. '인도를 찾는 사람들'이라고 해서요. 그러면 이제 다르게 보이는 것이지요. 그러니까 '책을 만든다고 하는 것은 독자들과 함께 간다, 독자들과 함께 생각하고 미래를 설계해본다.' 이런 것들이 제가 책을 통해서 해보고 싶은 것이에요."

"특히 외국 책을 번역해서 낼 때는 책을 읽는 안목과 지식, 비즈니스적 마인드도 중요할 것 같아요."

"저희는 어떤 면에서 책 만드는 선수들 아닙니까. 하하. 그리고 아무래도 공부를 하게 되니까요. 그리고 이런 저런 조언자들이 있죠.

우리 저자들은 자기가 여기에 책을 냈기 때문에 같이 의논하는 상대가 돼요. 이를테면 2, 30년 하다 보면 어떤 책이 필요하고 이 시대가 무엇을 요구하고 있고, 또 우리 나름대로 책을 내고자 하는 방향이 정해지면 독자들과 간접적인 대화를 하고 있는 것이죠.

그런데 한길사 독자들은 나름대로 한국 현대사를 살아오면서 온몸으로 고민하고 한국 사회를 정신적으로, 이론적으로 견인해가는 그런 분들이라고 생각을 해요."

"그렇게 보면 굉장히 희망적이네요."

"정말로 어떤 것은, 이렇게 어려운 책도 때로는 읽혀나가거든요. 여러분들도 잘 아는 《야생의 사고》와 《슬픈 열대》를 쓴 레비스트로스의 《신화학》이라는 4부작이 지금 진행하고 있는데 정말 어려운 책이에요.

그러나 어려운 책이라고 해서 안 읽히는 것은 아니거든요. 소수의 독자들을 위해서도 저희가 책을 만드는 자신감을 갖자고 하는데 그것은 저희들뿐만 아니라 이 어려움 속에서도 (다른 분야도 어려운 것이 많겠지만) 나름대로 진지하고 각성된 문제 의식을 가지고 있는 출판인들이 한국 사회에 많이 있습니다.

저는 돌아가신 한만년 선생님의 '일조각'에서 낸 책을 읽고, 그 책을 가지고 공부하고 나중에 그분을 모시고 그랬어요. 기분이 무척 좋았습니다. 일련의 출판인들이 있는 겁니다. 독자들도 있고요."

"지금도 꾸준히 책을 읽으시겠네요?"

"책 만드는 사람이 책을 늘 검토하고 이야기를 듣고 공부해야죠. 운동 선수가 연습 안 하면 안 되듯이 말이죠. 하하."

"하루 일과가 굉장히 바쁘시겠어요?"

"아주 평범합니다. 운동을 많이 못 하니까 뒷산에 올라가 산책도 하고, 책을 검토하고 스탭들과 계속 토론합니다."

저자, 출판사, 독자…… 세 가지 힘의 역학

"대한민국에서 가장 뛰어난 지식인이라든가 역사학자라든가 많은 분들을 만났겠어요."

"저희는 일종의 출판 저널리스트니까 만나서 취재를 하는 것이지요. 예를 들면 저희가 다 할 수는 없잖아요. 그러나 여러 전문가들을 만나서 말씀을 듣고 그런 분들과 토론하면서 이런 책을 내면 좋겠다하는 판단을 하는 거죠."

"까다로운 분도 계셨을 것 같아요."

"작가, 저자들은 기본적으로 지식인들이라 철저하고 까다로운데 까다롭지만 정말 선의로 까다로운 분들도 많고 돌아가신 최명희 선생님은 《혼불》을 쓰면서 저희와 1992년에 만나서 1998년에 완간을 하는데 사실 더 쓰려고 했는데 돌아가셨죠. 본래는 5권 더 쓴다고 그랬는데 그분은 문장이 정말 철저합니다.

그러나 관대한 필자들도 많아요. 돌아가신 이오덕 선생님 책은 저희가 18권 정도를 출판했는데 우리말, 우리 글 바로쓰기 운동을 하고 그러셔서 책 제목은 선생님 자신이 직접 지으셨어요. 정말 잘 지으세요. 평소에 생각을 하니까 머리와 가슴이 늘 고뇌하고, 성찰하고, 그렇기 때문에 화두가 나오는 것 같아요."

"이 시대에 그런 분들을 다 만날 수 있다는 것은 김언호 사장님 복인 것 같아요."

"한 시대의 정신적인 지도자들, 사상가들을 함께 저자로 모시고 책을 만들 수 있었다는 것이 너무나 즐겁고 좋습니다."

"책을 출간하는 사람이 있으면 책을 읽는 독자가 있지 않겠습니까? 김언호 사장님이 가장 무서워하는 독자라면 어떤 독자가 있겠습니까?"

"독자들은 우리도 모르는 것을 다 아는 것 같아요. 한 시대의 출판문화라는 것은 저자 혼자 만드는 것도 아니고, 출판사 혼자 만드는 것도 아니고, 저자들만 만드는 것도 아니에요. 저자, 출판사, 독자가 함께, 그러니까 저는 세 출판문화의 주체들이 함께 만들어 가는 것이라고 생각을 합니다.

이제는 독자들이 책을 읽어주는 행위가 저자의 글 쓰는 운동에도 대단히 도움이 됩니다. 옛날에는 저자가 최고였고 어떻게 보면 독자가 제일 밑에 있다고 생각했는데 이제는 그렇지 않아요. 정말로 대등하게 같이 대화하면서 한 시대의 출판문화 또는 책의 문화를 창출해내는 것 같아요. 제가 그 이야기를 여러 번 썼고 또 1980년대 이후에 책을 만들어 오면서 더욱 실감하게 되었습니다."

"대학에서 무엇을 전공하셨나요?"

"신문학과를 다녔어요. 요즘은 언론방송학과니 홍보학과니 그러는데 저는 정말 기자가 되려고 신문사에 들어가서 시작을 했는데 결국은 못했어요."

어렵고 고단한 시절의 소중함을 발판으로

"동아투위 사건으로 해직 기자셨는데, 그때가 몇 년차셨어요?"

"1968년에 동아일보사에 들어갔다가 1975년에 나왔죠. 그 시대에는 우리만 그런 게 아니라, 한 시대의 어떤 상처라고 생각을 하고요. 그건 한 시대를 살아가는 고뇌하는 젊은이들이 함께 겪는 어떤 체험이었습니다."

"해직 당시에는 돈도 없고 그랬을 텐데 어떻게 출판사를 차릴 수 있었나요?"

"그 무렵은 전혀 준비되지 않은 생활이었죠. 우리뿐 아니라 정말 모든 사람들이 그날 그날 겨우 견디는데 저는 책을 좋아했고 그것밖에는 할 게 없었어요. 하하.

어디 취직을 하려다가 좌절도 되고 그랬죠. 마침 원고를 정리할 줄도 알고 약간의 디자인도 할 수 있다고 생각을 했어요. 전 어렸을 때부터 그림, 글씨를 좋아했고, 일을 하면서 나름대로 아주 작은 일부터 큰 정책적인 결정까지를 같이 할 수 있는 훈련을 했어요. 하지 않으면 먹고살지를 못하니까요. 하하.

그렇게 해서 다른 건 할 게 없었고 책을 만들어보자 해서 아무런 준비 없이 등록부터 했어요. 등록을 하지 않으면 출판을 하지 못할 것 아닙니까."

"'한길사' 라는 이름은 누가 지으셨어요?"

"처음에는 다른 이름으로 등록하려 했는데 비슷한 이름이 있다고 하더라고요. 그때는 '문화와 창조' 이런 것을 생각했는데 그 자리에서 임시로 생각난 것이 한길사였고 일단 등록을 해놓고 마음에 안 들면 나중에 고치자 했어요. 등록을 해놓고도 한동안은 출판을 하지 못하고 남의 책도 써주고 대필도 해주다가 책을 만들기 시작했습니다."

"그때 결혼은 하셨겠네요?"

"아이가 둘이나 있었는 걸요."

"부인은 어떻게 만나셨어요?"

"다 인연이 있는지 어떻게 만났어요. 하하."

"출판사 하면서 힘들 때였겠어요?"

"처음에는 집에서 일을 했어요. 사무실을 못 얻기도 하고 어디 나가는 것도 차비도 들고……. 하하. 어려운 시절, 고단한 시절이고 그때 같이 일한 그런 것을 소중한 경험으로 간직해야 한다는 생각을 가지고 있었어요. 모두가 어려운 한 시대의 동시대인들이 그런 경험을 갖고 어려움 속에서 사회가 발전하는 과정의 한가운데 서 있던 거죠."

"부모님은 어떤 분이셨어요?"

"두 분 다 농사짓는 분이셨어요. 저희가 7남매인데 다들 농사일을 많이 거들었습니다. 처음에는 정말 어려웠는데 제가 학교를 다닐 때쯤에는 농사가 좋아서 다른 일은 안 하고 그랬어요."

책에 대한 권의주의적 편견과 딜레마

"저도 밀양이 고향인데 그곳에선 책을 구해서 읽기가 어렵잖아요."

"어릴 때 교과서 외에는 책 구경을 해보지 못했어요. 지금 생각해보면 그때 그 책들을 일찍 만났더라면 지금 좀 더 좋은 책을 만들 수 있지 않았을까하는 아쉬움이 들어요. 또 만화도 읽을 수 있었으면 얼마나 좋았을까 생각해요."

"제가 초등학교 때 밀양 읍내에 조그만 책방이 하나 있었는데, 거기에 〈학원〉같은 것들이 있었어요. 〈학원〉을 읽고 나면 한 달을 기다리는 것이 너무나 길어가지고 발을 동동 구르곤 했었죠.

그때 〈학원〉을 읽는 학생들은 아주 선택된 학생들이었죠. 하하. 저는 아주 오래된 〈학원〉을 한두 번 본 적은 있어요."

"언제부터 본격적으로 책을 읽기 시작하셨어요?"

"고등학교에 가면서 잡지나 사회 의식이 있는 책들을 많이 읽었습니다. 그런데 공부는 잘 안 했어요. 하하. 〈사상계〉 같은 잡지도 열심히 읽고 그랬죠.

매월 〈사상계〉가 나오는데 하루 전에 서점에 나가서 안 들어왔느냐고 물어봤어요. 특히 함석헌 선생님의 글을 열심히 읽었어요."

"나중에 그 말씀을 함석헌 선생님께 이야기해 보셨어요?"

"뭐 잘 알아들으셨는지 모르겠네요. 하하."

"평생 출판을 하셨는데 세상 떠날 때 책 3권을 무덤에 함께 묻는다면 어떤 책을 고르시겠어요?"

"어렵습니다. 저는 이 책이 좋으냐, 저 책이 좋으냐, 하는 관점에서 있지 않습니다. 이런 책 저런 책, 다 좋다고 생각을 합니다. A라는 책은 A라는 생각을 담고 있고, B라는 책은 B라는 생각을 담고 있죠.

우리나라는 너무 좋은 책, 나쁜 책을 나누는 경향이 있어요. 이 책은 좋은 책이니까 추천한다 그러는데 저는 이런 책, 저런 책 다 읽어서 나중에 스스로 독자들이 판단하게 하는 것이 좋지 않을까 생각해요.

양서라는 개념을 너무 중시하지 말자는 거죠. 세상에 악서가 어디 있어요? 도둑질을 가르치는 책은 별로 없잖아요. 하하."

"그리고 열심히 읽다 보면 책을 고르는 안목도 생기는 것이잖아요."

"1980년대에는 책을 두고 사회에 해가 된다, 안 된다 했는데 책에 대한 권위주의적인 편견을 하지 말자는 것 자체가 정말로 권위주의죠.

이런 책, 저런 책을 읽다 보면 나름대로 자기 견해가 생기고, 그것이 자기 자신을 일으켜 세우는 어떤 방향을 만든다고 생각을 합니다."

"자녀는 몇 분이나 있나요?"

"딸 하나, 아들 하나 있습니다."

책은 모든 문화예술의 교집합

"혹시 출판사를 이어받을 자녀분이 계십니까?"

"그건 아직 모르죠. 자기들이 좋아해야 하는데 딸아이는 우리 회사에서 같이 일합니다. 미술을 공부해서 주로 어린이 책 디자인을 하죠."

"도움이 되시겠어요?"

"제가 하도 까다롭게 일해서 편집부 직원들과 디자이너들은 아주 힘들어해요. 저는 마땅치 않으면 책을 다시 만듭니다. 책의 형식도 중요하고 레이아웃도 중요하고 디자인은 가능하면 보편적인 것을 지키자는 쪽이에요. 그래서 너무 튀는 것은 잘 하지 않아요."

"그런 의미에서 한길사 책은 꾸준히 몇 십 년을 두고 팔리는 책인데 혹시 마음속으로 경쟁 출판사나 라이벌이 있으세요?"

"없습니다. 왜냐하면 모든 출판사들은 자기 나름대로의 길을 가기 때문이죠."

"세계에도 없으세요?"

"정말로 좋은 출판사들이 많죠. 프랑스의 갈리마르 출판사, 인문학과 문학을 비롯해 어린이 책도 많이 내는 독일의 주어캄프 출판사, 일본의 미쓰즈라는 출판사는 규모는 작지만 굉장히 좋은 책을 많이 내는 출판사입니다. 주로 번역책이지만요."

"역사가 오래됐습니까?"

"미쓰즈는 5, 60년 돼가는 출판사이고 일본의 유명한 이와나미 서점과 미쓰즈 출판사 같은 데는 저희들과 타이틀이 많이 중복됩니다."

"김언호 사장님은 늘 현재진행형이시지만 앞으로 계획하시는 일이 있다면 어떤 것이 있으세요?"

"책이라고 하는 것은 모든 문화예술의 한가운데 놓여 있다고 생각을 합니다. 책을 통해서 연극도 만들어지고, 영화도 만들어지고, 음악도 만들어지거든요. 그래서 저는 책을 한가운데 놓는 토털 아트랄까, 토털 컬처랄까, 이런 차원에서 헤이리 출판도시를 근거로 해서 종합적인 문화예술 운동을 하고 싶어요.

혼자 하는 것보다는 같이 하는 것이 좋죠. 같이 하면 서로가 힘이 생기니까요. 세상에 혼자 살아가는 법은 없거든요. 그런 점에서 사람들과 더불어 펼치는 문화운동, 어떤 정신운동을 할 것이고, 우리 동료들과 열심히 이야기하고 있는 중입니다."

"장애아동 복지는 나의 일"

전 국무총리 **정원식** _

정신없이 바쁜 세상입니다. 나와 내 가족을 돌보기 위해, 목에 힘줄 수 있는 자리에 오르기 위해, 모두들 앞뒤 돌아보지 않고 열심히 달리고 있습니다.

그런데 여기, 조금쯤 여유롭고 느긋하게 주변을 돌아보며 살아가는 사람이 있습니다. 그는 한때 문교부 장관과 국무총리를 지냈습니다. 그리고 한국 최고의 대학교수였고 학장이었습니다.

하지만 그는 지금, 돈이나 명예를 좇기보다는 사랑을 베푸는 삶을 살고 있습니다. 세상을 밝게 이끄는 사람이 되고 싶어서 교육자의 길을 택했던 사람, 한때는 정치를 통해 세상에 봉사하고자 했던 사람, 그리고 지금, 장애아동 복지 사업을 통해 행복을 느끼고 있는 사람, 파라다이스 복지재단의 정원식 이사장을 『손숙의 아주 특별한 인터뷰』에서 만나보았습니다.

아름다운 이름으로 완성되는 산해진미(山海珍味)

"굉장히 오랜만에 뵙는데 정말 건강해 보이세요."

"비교적 건강한 편입니다. 하하하!"

"올해 연세가 어떻게 되시나요?"

"뭐, 공연히 나이만 먹어서……. 하하, 우리 나이로 80입니다."

"머리만 하얗게 세셨지 주름도 별로 없으시고 너무 건강하신데 특별히 하시는 운동이 있으신가요?"

"나이 드신 분에게 권하고 싶은데 저도 한 1년째 하고 있는 운동이 있어요. 일주일에 4, 5번 정도 하루에 3, 40분씩 물 속에서 걷는 운동인데 관절에 무리도 안 가고 참 좋은 것 같아요."

"식사는 어떻게 하세요?"

"되도록 육식은 피하고 채소 위주로 먹습니다. 하루에 9가지 이상의 채소를 먹으라고 하는데 편식하지 않고 어느 한 가지 채소에만 집착하지 않고 먹어요. 그런 점에서 한국 식단이 좋은 것 같아요. 나물만 따져도 제가 하루에 먹는 나물이 서너 종류는 되거든요."

"제가 어디서 들었는데 정원식 전 총리께서는 음식에 굉장히 식견이 있으시다고 들었어요."

"그런 소문이 많이 나있는 것 같아요. 하하, 왜냐하면 제가 아무데서나 음식을 먹지 않습니다. 예를 들어 냉면을 먹는다 하면 아무데서나 먹는 것이 아니라 서울에 한두 곳 냉면을 제대로 하는 집을 정해놓고 가거든요."

"방송이 끝나면 조용히 꼭 물어보고 싶네요. 호호호."

"중국 음식도 조미료를 좀 덜 쓰는 곳이 있어요. 별로 좋아하지는 않지만, 양식도 1년에 한두 번 가족들과 가요. 그런데 양식집도 전문으로 하는 집을 찾지요. 그래서 사람들이 내가 음식에 대해 좀 까다롭다고 생각을 하지요."

"미식가이신가요?"

"일종의 미식가라고 볼 수 있는데 먹는데 관심이 많은 거죠. 하하!"

"조리법도 잘 아신다는 소리를 들었어요?"

"음식에 대해서 이야기하자면 너무 길어요. 왜냐하면 제가 음식과 음식의 명칭에 대해서 불만이 좀 많아요. 요즘 마음에 걸리는 것 중의 하나가 '부대찌개'라는 것인데 하필 부대찌개가 뭡니까? 그런 이름이 한두 가지가 아니에요. 칼국수도 마찬가지죠. 저는 어렸을 때 '낭화(浪花)'라고 그랬어요. 사전 찾아보시면 낭화라는 것이 나옵니다. 파도 '낭' 자에 꽃 '화' 자를 써서 파도가 꽃처럼 인다는 뜻인데 아주 아름다운 이름이죠. 그게 바로 칼국수예요."

"그런데 왜 칼국수라고 하나요?"

"여기오니까 그렇게 부르더라고요. 우리 고장 황해도에서는 낭화라고 그랬어요. 사전 찾아보시면 관서 지방에서는 밀을 칼로 썰어서 사골 국물에 끓여 먹는 국수라고 나와 있어요."

"음식이라는 것이 맛도 중요하지만 보는 것과 이름도 중요한데 음식 이름을 좀 더 멋지고 아름답게 바꾸면 안 될까 하는 생각을 저도 했었어요."

"중국 음식에 좋은 이름이 많은데 예를 들면 '전가복' 이라는 음식이 있어요. 여러 가지 뜻으로 해석이 되는데 '가정이 온전하면 복이 있다' 는 말도 돼요. 그런 이름이 얼마나 좋습니까?"

장애아동의 사회 통합을 위한 첫걸음

"파라다이스 복지 재단은 어떤 단체인가요?"

"저희 복지재단은 한마디로 말해서 장애가 있는 어린이, 아동들을 돕는 재단입니다. 우리나라에 기업에서 하고 있는 복지 재단이 꽤 많이 있는데 공익 재단으로서는 유일하게 장애아동의 복지를 전문적으로 지원하는 재단이라고 볼 수 있죠."

"언제부터 시작하셨나요?"

"1994년에 시작했으니까 13년 됐네요."

"장애아동 복지 사업에 포커스를 맞춘 특별한 이유가 있었나요?"

"제가 정한 것은 아니고 복지 재단을 설립한 분이 파라다이스 그룹의 고 전낙원 회장님입니다. 그분의 선친이 전주부 목사님이라는 아주 유명한 목사님이세요. 우리나라에 개척교회도 많이 세우셨는데 그 영향을 많이 받으신 것 같아요. 목사님이 늘 외아들인 전낙원 회장에게 무슨 방법을 통해서든 돈을 벌게 되면 우리 사회에서 가장 어려운 사람을 위해 쓰라고 귀에 못이 박히게 이야기 하셨다고 해요.

그래서 돈을 벌면 늘 어려운 사람들을 위해서 써야겠다고 생각해 왔는데 어디 어려운 사람들이 한둘이겠어요. 소년소녀 가장도 있고 독거 노인도 있고 다 있지만 그중에 가장 어려운 사람이 장애가 있는 어린이라고 생각을 하셨어요. 그래서 복지 재단을 만들고 아예 기본 방향을 그렇게 설정했지요.

전낙원 회장님의 누님이 유명한 수필가인 전숙희 선생님이잖아요. 그래서 문화 사업에도 신경을 많이 쓰시는 걸로 알고 있어요. 전숙희 여사님의 영향으로 예술, 문화 사업도 많이 하고, 현재 한국현대문학관도 하고 있잖아요. 학교도 하고 있고, 기본적으로 기독교 집안이라 그런 영향을 많이 받았던 것 같아요."

"구체적으로 어떤 도움을 주고 있는지요?"

"복지 재단 설립 초기에는 장애를 가진 아동들에게 편의 시설을 지원해주는 사업을 주로 했어요. 각 가정에서 장애아동들이 좀 편하게 생활할 수 있도록 침대 높이를 조절해 준다든가, 휠체어가 자유롭게 다닐 수 있도록 만들어 준다든가, 그밖에 자세를 유지하는 데 필요한 여러 가지 시설을 해 준다든가……. 이런 편의 시설을 해주는 데 돈을 많이 썼죠.

그러나 지금은 그 단계를 넘어서 장애아동들의 교육에 중점적으로 지원을 하고 있어요. 결국 장애가 있는 어린이들에 대한 최대의 복지 사업은 그들을 금전적으로 도와주거나, 연민의 정을 가지고 동정하거나, 안쓰럽고 가엽게만 생각할 것이 아닙니다. 그들도 하나의 독립된 인격체이고 교육을 받아야 할 권리가 있습니다. 또 저희들은 그들의 잠재 능력을 잘 개발하면 그들도 떳떳한 사회의 일원으로 우리와 더불어 살아갈 수 있는 존재라고 하는 신념을 가지고 있습니다.

그런 신념에 의해서 이들에게 교육의 기회를 주는 것이 최대의 복지고 최선의 복지라고 믿습니다. 금전적인 지원보다 그것이 더 중요하다고 생각하기 때문에 방향을 그렇게 잡아서 교육하는 데 힘을 많이 기울이고 있습니다.

그러다 보니 장애아동들이 필요로 하는 교육 자료를 개발한다든가, 그들이 컴퓨터를 잘 활용해 정보에 쉽게 접근할 수 있도록 보조 도구를 만들어 준다든가, 그런 것을 통해서 교육을 하지요. 그리고 교재도 많이 개발을 했어요.

또, 장애아동들을 가르치는 교사가 있지 않습니까? 우리나라에 특수 학교가 147개교가 있는데 그 학교의 특수 교사들은 그래도 전문적인 교육을 받은 사람들이에요. 그러나 지금 500여 군데의 일반 학교에는 장애 아동들을 위한 특수 학급이 있는데 담당하는 선생님들이 전문적인 교육을 받지 못한 사람들도 많거든요.

그래서 저희가 교육청에 위탁을 받아서 교사들에게 필요한 전문적인 지식과 기술을 교육하는 연수를 직접 하고 있어요. 말하자면 교육을 간접적으로 지원하는 거죠."

장애아동과 비장애아동이 더불어 행복한 편견 없는 세상

"부모 대상 교육도 필요할 것 같아요."

"물론입니다. 저희가 부모 교육을 많이는 못하는데, 작년에 한 20회 정도를 했어요. 한번에 4, 50명 부모를 모아서 하는데 지원자가 무척 많아요.

하지만 저희의 수용 능력도 있고, 돈을 받고 하는 것이 아니라 교재도 무료로 제공하기 때문에 예산이 한정되어 있지요. 그래도 부지런히 해야 하는데 한 달에 두 번 정도를 해야 하기 때문에 부담이 꽤 크죠."

"복지 재단의 일들 중에도 가장 중요한 것이 교육이라고 한다면 정원식 전 총리께서는 교육의 전문가시니까 재단에 큰 도움이 될 것 같아요. 장애아동과 비장애아동이 서로 친구가 되는 그런 프로그램도 있다고 들었어요?"

"절대적으로 필요합니다. 어렸을 때부터 장애를 가진 어린이와 비장애 어린이가 함께 어울리는 것이 서로를 이해하게 할 뿐만 아니라 장애아동들에게도 '우리는 특수한 존재가 아니라 다 함께 살 수 있는 사람' 이라는 의식을 갖게 합니다. 그런 정체성을 심어주는 것이 대단히 중요하다고 생각합니다.

그것을 통합 교육 프로그램이라고 하는데 인력도 그렇고 여건상 우리가 다 하지를 못하니까 여름에는 일주일 동안 같이 생활하면서 통합 캠프를 해요. 너무 요청이 많으니까 신청을 받아서 지원을 해주죠. 금년만 하더라도 한 50군데에서 신청을 해왔는데 지원을 다 해주지는 못하고 15군데를 선정했어요. 큰돈은 아니지만 500만 원씩 지원을 해주는데 주로 특수 학교와 복지관에서 많이 합니다. 같이 놀기도 하고, 노래도 하고, 율동도 하고, 재미있는 게임도 하면서 함께 어울리게 하는 프로그램에 역점을 두고 있지요."

"가끔 장애가 있는 아이가 학교에 다니면서 비장애아이들로부터 놀림을 당하거나 하는 것을 보면 너무 속상하거든요. 이런 걸 교육해야 할 텐데 하는 생각을 하게 돼요."

"학교의 어린이들만 탓할 게 아니에요. 우리 사회에는 아직도 장애인에 대한 편견과 선입견이 뿌리 깊게 남아 있어요."

"그래서 옛날 부모님들은 장애가 있는 아이가 있으면 밖에 내보내지도 않고 그랬어요."

"집에서만 가두어 놓는 것은 아주 해로운 겁니다. 저희가 부모 교육을 할 때 과감하게 내보내고, 감출 필요가 없다고 말합니다. 그 아이가 일반 능력을 가지고 있는 아이들에 비해 모자랄지는 몰라도 다른 면에 능력이 있으니까 그걸 어떻게든 빨리 개발하는 쪽으로 힘을 써야 된다고 많이 강조해요."

"더불어 살게 하는 교육을 하시는 것인데 그러려면 가장 중요한 것이 재정일 것 같아요. 재정은 어떻게 마련을 하시나요?"

"다행히 전낙원 회장님이 설립하면서 기금이 꽤 많았어요. 100억 이상 되는 기금으로 처음에 일을 시작했는데 처음 13년 전만 해도 과실금이 꽤 됐습니다. 이자율이 좀 높아서 그 돈 가지고도 생색내는 일을 좀 할 수가 있었는데 경제가 어려워지니까 그 돈만 가지고는 하던 일을 계속 할 수가 없었어요.

그래서 전낙원 회장과 의논한 결과 계열사에 의무 부담을 시키자고 해서 14개의 계열사가 매출 능력의 정도에 따라서 분기별로 부담금을 할당했어요. 결국 기본 재산에서 들어오는 이자와 계열사 기금으로 일정한 액수를 가지고 이 사업을 계속 할 수가 있는 거죠."

"사실 요즘엔 기업도 많이 변했어요. 옛날에 비해서 기부에 눈을 뜨고 그렇게 좋은 일을 하다 보니 기업이미지도 좋아지고 그런 것 같은데, 정원식 전 총리께서 보시기에 과거에 비해 지금은 장애를 가진 사람들에 대한 여러 가지 환경이라든가 보는 시각이 많이 변

한 것 같습니까?”

“많이 변했죠. 구체적으로 장애인 고용에서 잘 나타납니다. 장애인에 대한 복지를 과거에는 흔히 자선을 베푸는 것, 시혜를 하는 것으로 생각했는데 근래에는 그렇지 않습니다.

그들에게도 일을 할 수 있는 기회를 주어서 경제적으로 자립도 하고, 심리적으로 할 수 있다는 자신감도 갖고, 일을 통해서 사회에 공헌을 할 수 있다는 의식을 가지도록 만들어 주는 것이 중요하지 않겠어요?

그런 풍조가 확산되기 시작해서 구체적으로 나타난 것이 장애인 고용 의무제입니다. 50인 이상의 근로자가 있는 직장에서는 의무적으로 2%의 장애인을 고용하도록 되어 있어요. 만일 그것을 안 하면 부담금을 물게 되어 있죠. 그래서 큰 기업에서는 1년에 부담금을 2, 300억 원씩 무는 일도 있어요.”

300명의 중증 장애인과 함께 한 생애 첫 소풍

“물면서도 안 하는 거군요?”

“못 하는 거죠. 뭘 몰라서요. 이번에 국회에 ‘장애인 차별금지법’이 통과됐어요. 그래서 이제는 기업이 장애인 고용을 꼭 해야 하니까 장애인에 관해서 연구를 시작했죠.

가끔 경찰 업무를 다루는 외국 드라마를 보면 밖에 나가서 범인을 잡고 수사를 하고 그러는 것은 다 사지가 멀쩡한 사람들이 하는데 안에서 그들에게 지시를 하고 컴퓨터로 정보를 접수하는 사람은 주로 휠체어를 타고 있는 사람들이더라고요. 안에서 내근하는 사람

중에 휠체어를 탄 사람이 더 많다는 것이 제 눈에는 확 띄었어요.

그 사람은 밖에 나가서 일은 못하지만 할 수 있는 일이 있잖아요.

우리나라에도 그런 기업이 있는데 소음이 많은 작업장에서는 청각장애인의 주의 집중률이 최고로 높다고 해요. 성실하고 착오가 안 일어나고……. 그러니까 그런 걸 다 고려한다면 덮어놓고 장애인은 일할 수 없는 존재라고만 생각할 것이 아니라 그들에게 부합된 일을 찾아줘야 합니다. 그래야 그들도 자립할 수 있고 책임 있는 사회의 일원이 되고, 그러다 보면 모두가 더불어 살 수 있는 사회가 되고 그렇지 않겠습니까?"

"고위 공직에 있던 분들이 공직에서 물러나면 대부분 한가롭고 여유롭게 생활을 즐기시는 것을 많이 봤어요. 그런데 정원식 전 총리께서는 연세도 많으신데 왜 굳이 이런 일을 맡으셔서 동분서주하시는지……. 호호, 사실 궁금합니다."

"안 그래도 그런 질문을 하실 것 같아서 생각을 해 봤는데, 하하하! 크게 세 가지 이유가 있었던 것 같아요.

하나는 제가 오래전에 미국에서 공부를 할 때 장애에 대한 공부를 많이 했어요. 특히 정신 지체인에 대한 공부를 했는데 교육학 중에서도 특수 교육을 공부했죠. 그것은 다른 원대한 뜻이 있어서라기보다는 그때 특수 교육에 장학금을 많이 줬어요.

쉽게 얘기해서 장학금을 가지고 학생들을 유인했는데 저로서야 장학금을 받아야 공부를 할 수 있는 형편이니까 자연히 끌릴 수밖에요. 하하하. 그래서 특수 교육을 공부했다는 것을 늘 머릿속에 담고 있었어요.

또 하나는 제가 적십자사 총재를 공직의 마지막으로 하면서 봉사에 대한 의미를 깨달았는데, 제 인생에 큰 변화를 가져왔어요.

그전까지만 해도 봉사라고 하는 것은 말로만 했지 직접 느끼지 못했는데, 적십자 총재를 하면서 어려운 처지에 있는 사람들, 수재를 당한 사람들, 이런 데만 쫓아 다니면서 적십자 노란 조끼를 입고 열심히 와서 도와주는 6만 명의 적십자 봉사원들을 보았어요.

그분들이 부자도 아니고 밥이나 겨우 먹는 사람들인데 돕겠다고 봉사를 하는 것을 보고 제 자신이 너무 부끄러웠고 봉사에 대한 감동을 많이 느껴서 앞으로 봉사하는 삶을 살아야겠다고 생각한 것이 두 번째 이유입니다.

세 번째는 우연치 않게 전낙원 회장을 개인적으로 좀 알았기 때문에 공직에서 물러나면 재단에서 봉사를 하면 어떻겠느냐는 초청을 받았어요.

처음에는 일주일에 한두 차례만 나오면 된다고 해서 그러려니 했어요. 그런데 막상 일을 하다 보니까 거기서 더욱 흥미를 느끼게 되고, 보람을 느꼈고, 감동을 느꼈기 때문에 요새는 매일 출근을 해서 이일 저일 자꾸 일을 벌여요.

그런 연고로 제가 우연치 않게 장애아동을 돕는 일에 매달려있는데……. 아니 매달린다기보다는 종사하게 됐는데 생각해 보면 거기서 많은 보람도 느끼고 봉사하며 살 수 있다는 것이 얼마나 즐겁고 기쁜 일인지 모릅니다."

"얼마 전에 신문을 보니까 남을 도울 때 가장 엔도르핀이 많이 나온다고 하더라고요."

"도움을 받는 것보다 줄 때의 기쁨이 훨씬 더 크죠. 작은 일이지만 여기서 장애아동들을 돕고, 그들이 좋아하는 모습을 보면 그렇게 즐겁고 보람될 수가 없어요.

지난 달의 일인데 파라다이스 그룹의 직원들과 '홀트복지센터'의 중증 장애인들과 봄 소풍을 갔었어요. 홀트복지센터에는 중증 장애인들이 300여 명 있는데 이들은 1년 내내 그 안에서만 생활하기 때문에 어디 한번 나가기를 그렇게 바란다고요. 제가 봉사에 대한 강의도 직원들에게 많이 했는데 광고를 냈더니 250명이 지원을 해서 1대 1로 에버랜드에 가서 하루 봄 소풍을 했죠."

"직접 가셨어요?"

"그럼요. 같이 갔죠. 거기서 우리가 싸가지고 간 김밥도 먹고 그랬는데, 생전 처음으로 간 나들이라 어떻게나 기뻐하고 좋아하는지……. 그런 모습을 보면서 봉사의 기쁨과 보람을 느꼈지요."

황혜도식 맹모삼천지교(孟母三遷之敎)

"저는 가끔 미국의 퇴임 대통령들의 봉사하는 모습을 볼 때마다 우리나라의 전임 대통령들도 좀 앞장서서 그런 일들을 하면 얼마나 좋을까……, 그런 생각을 종종 해요."

"대표적인 인물이 지미 카터 같은 분인데 얼마나 봉사를 많이 합니까. 헤비타트(Habitat: 사랑의 집짓기) 운동을 통해 직접 못질하면서 집을 지어주는 모습은 정말 아름답고 감동스럽지요."

"그분들이 가지고 있는 노하우라든가 교우 관계가 얼마나 큰 도움이 될까를 생각하면서 그런 면에서 보면 정원식 전 총리께서는 직접 실천하고 계신 분인데…….”

“저야 별건 아니지만 그래도 저 혼자서 애쓰면서 느끼는 보람은 이루 말할 수 없는 정도예요.”

“후원하는 장애아동들을 만나기도 하시지요?”

“많이 만나지요. 가령 저희가 하는 일 중에 표창 사업이 있는데 특수 학급에 있는 장애아동은 상을 받을 기회가 별로 없어요.

비장애아이들은 개근상, 모범상, 농협지점장상 등등해서 받는 상이 많은데 장애아들은 그걸 받을 기회가 거의 없어요. 그래서 전국의 특수 학교와 특수 학급에 공문을 보내서 추천을 하게 해요. 그러면 한 500여 건 추천이 들어오는데 예산 관계상 다 줄 수는 없고 150군데를 선별해서 상장, 상패, 문화상품권을 넣어서 보내줍니다. 예전에는 왜 사전 같은 것을 상으로 주고 그렇지 않았습니까? 요즘에는 이렇게 문화상품권을 줍니다. 책 사보라고요. 제가 담당하는 경기도나 서울에 몇 군데는 제가 직접 나가서 시상을 하고 다른 곳은 우편과 설명서를 붙여줍니다. 제가 직접 가면 본인보다도 그 어머니들이 좋아하며 제 손을 잡고 우십니다.”

“고향이 황해도 해주신가요?”

“여담입니다만, 남북회담 때 평양을 갔는데, 저에 대해 조사를 많이 했나 봐요. 당시 김일성 주석을 만났더니 첫 질문이 ‘정 총리, 고향이 재령이요? 해주요?’ 그러더라고요.

제가 출생은 황해도 재령에서 했는데, 초등학교는 사리원에서 나왔고, 중학교는 해주에서 다녔어요. 그 이유는 맹모삼천지교라고 어머님의 영향이 컸어요. 어머님이 부인네들 모아서 교육에 힘을 써야 한다고 금비녀와 금가락지 등을 뽑고 모금을 해서 학교를 세우셨거든요. 보영학교라고 지금 생각해보니 4년제 초등학교였어요.

그 학교를 2년간 다니다가 그때는 위탁 교육을 많이 시켰어요. 친척이 아닌 먼 동네의 아는 집안에 아이를 맡기는 건데 저도 집에서 20리 떨어진 굉장한 부잣집에서 2년 동안 훈육을 받았어요.

그렇게 2년 동안 재령 읍내에서 미션 계통의 소학교에 다녔는데 학교를 옮기는 것이 목적이 아니라 훈육을 위해서였어요. 저는 굉장히 어려서부터 부모님과 떨어져서 생활을 했지요.

그 학교를 5학년 1학기까지 다녔는데 집에서 미션 계통이라 대학 가기 어려울 거라고 생각했는지 50리 떨어진 공립보통학교에 보내셨어요. 그리고 황해도에서 인문계 중학교로는 하나뿐이었던 해주동중학교에 입학을 했지요.

그 당시는 1도 1교라고 해서 가령 전라북도에는 전주북중이라든가 전남에는 광주일고라든가 각 도에 하나씩 있었어요. 평양에는 평고, 해주에는 해주고보였죠. 거기를 다녔기 때문에 제대로 교육을 받았고 그것이 바탕이 돼서 해방 후에도 서울대에 바로 들어가서 공부를 할 수가 있었지요."

"어머님이 정말 대단하셨네요. 아버님은 어떤 분이셨어요?"

"양반이셨어요. 제 기억에 집에 계실 때는 넥타이를 매고, 나가실 때는 꼭 모자를 쓰셨어요. 부모님이 진취적이어서 해방되고 전쟁 때 남쪽으로 와서 1957년인가 1958년에 미국으로 이민 가셨어요. 저희가 6남매인데 5남매는 그때 미국에 가서 지금도 거기 살아요. 제가 장남인데 저만 여기에 떨어져서 살고 있지요."

"왜 그러셨어요?"

"미국서 공부도 했지만 미국에서 살고 싶은 생각도 없고, 그래도 내 나라를 위해서 뭔가를 좀 해야 한다는 막연한 애국심 같은 것이 있었던 것 같아요.

6·25 전부터 고학을 했었고, 전쟁이 나고 바로 군에 가서 5년 군 복무 마치고, 나오자마자 미국으로 유학을 가서 부모님과 형제들도 만나고, 장학금으로 특수 교육 공부도 하고 그랬어요."

교회의 목회자가 아닌 사회의 목회자로 거듭나기

"부모님께서는 다 돌아가셨나요?"

"두 분 다 장수하셔서 아버님이 93세에 돌아가셨고 어머님은 재작년에 97세로 돌아가셨어요."

"그럼 아드님이 장관 되고, 총리 되고 하는 것을 다 보고 돌아가셨겠네요?"

"물론 다 보고 돌아가셨죠. 제가 방문도 하고 그랬지요."

"굉장히 특별하네요."

"아까 이야기로 돌아가면 제가 초등학교를 세 군데를 다녔어요. 그것이 중학교에 올 수 있는 계기가 됐고, 중학교 때 제대로 된 교육을 받았기 때문에 대학에 와서 별 문제없이 적응을 했어요. 제가 좀 학구파였어요. 하하하!

그때만 해도 책도 없고 아무것도 없을 땐데 지금도 잊지 못하는 것이 미군을 위한 《EM(Education Manual)》이라는 책이 있었어요. 군사에 관한 책이 아니고 심리학, 교육학, 사회학을 비롯해서 미국에서 유명한 책을 카피해서 보급판으로 미군에게 줬는데 그것이 시내에 범람을 했어요. 가격도 지금 돈으로 100원밖에 안 해서 그 책을 가지고 공부를 많이 했지요."

"어머님이 너무 강인하신 분인 것 같은데 어머님은 전 총리님이 무엇이 되기를 바라셨어요?"

"목사가 되기를 바라셨어요. 그래서 신학교를 가길 바라셨는데 제가 어머님에 대한 정이 많은 편은 아니에요.

왜냐하면 제가 키가 좀 큰 편이라 선배들이 농구를 하라고 해서 중학교 2학년 때 농구 선수를 했어요. 운동만 하다 보니 성적이 좀 떨어졌는데 여름 방학 때 해주에서 집까지 기차를 타고 4시간 걸려 집에 갔더니 어머님이 성적표부터 내놓으라고 하시는 거예요.

그래서 내놓았더니 집에 들어서지도 못하게 하시면서 돌아가래요. 돌아가서 방학 동안 떨어진 성적 회복하라고 하셔서 눈물을 흘리면서 기차를 타고 다시 돌아왔죠. 그래서 열심히 공부해서 그 다음 학기에는 성적을 다시 올렸어요. 하하하!"

"보통 북쪽 여성들이 강인하다고들 하잖아요."

"성취욕이 대단하세요. 부모님 두 분 다 독실한 신자라서 저를 교회의 목회자가 되기를 바라셨는데 저는 젊은 시절이지만 아무리 생각해도 목회자 자질이 없는 것 같았어요.

그래서 어머님과 밤새도록 토론을 했는데 최종적으로 결론이 난 것이 '저는 분명히 목회자가 되겠습니다. 그런데 교회의 목회자가 아니라 사회의 목회자가 되겠습니다.' 하고 결론이 났어요. 그럼 사회 목회자가 뭐냐? 교육자가 되는 거다. 그래서 교육자의 길을 가게 됐죠. 하하."

"어머님이 설득 당하신 거네요?"

"설득이라기보다는 동의를 하신 거죠. 그 바람에 제가 사범대학에 갈 수 있었어요. 하하!"

남북 기본합의서의 네버앤딩 스토리

"그렇게 하시다가 총리가 되셨는데 남북 기본 합의서를 그때 만드셨죠? 그것이 가장 보람 있는 일이었다고 어느 인터뷰에서 그러셨다고 들었어요."

"1년 반 동안 총리로 재임하면서 거의 1년 남짓을 남북 기본 합의서를 만드는데 정열을 다 바쳤어요. 그렇게 남북 교류가 시작됐는데 저희가 좀 유리한 위치에 있었죠.

왜냐하면 동구라파가 붕괴되면서 북에서는 남쪽에 흡수되지는 않을까하는 우려가 상당히 있었던 것 같아요. 그렇게 흡수 통일에 대한 우려가 많았는데 안도감을 주기 위해서 많이 노력을 했어요."

"그렇게 노력을 하셨는데 나중에 핵 문제 때문에 흐지부지되면서 아쉬운 점도 많았을 것 같아요."

"개인적으로 보면 무척 아쉬운 일이죠. 그만큼 정열을 쏟았고 그래서 겨우 사인도 받고 비준도 받았는데……. 아직까지 저는 기본 합의서가 살아있다고 생각하고, UN에 다 보고가 되어 있는 것이고, 백지화됐다고는 생각하지 않습니다.

효력을 발휘 못하고 있는 것에 대한 아쉬움과 서러움은 이루 말할 수 없지만, 그것보다는 그것이 무력화되면서 나라의 앞날이 어떻게 될까, 남북 관계가 어떻게 될까가 걱정입니다.

저는 6·25를 직접 체험한 세대 아닙니까? 5년 동안 군복무를 하면서 무사히 마치고 나왔는데 전쟁의 참화라는 것을 절실히 느끼고 겪었기 때문에 전쟁만은 다시 일어나면 안 된다는 생각을 가지고 있어요.

그때는 통일이라는 말도 없었고 화해라는 말을 사용했어요. 무력 사용하지 말고, 서로 교류 협력하고, 경제적으로 협력하고, 경제적으로 서로 무역도 할 수 있는데 타국과의 무역이 아니라 특수한 사이의 무역이니까 관세도 없이 하는 거란 말이죠.

그런 교류 협력에 역점을 두었는데, 그러려면 화해를 하고 적대 관계를 청산하자는 거죠. 같은 민족끼리 화해하고 불같이 무력 사용하지 말자고 핫라인까지 다 설치하게 되어 있었다고요.

그게 결국 백지화까지는 아니더라도 무력화되니까 나라의 장래가 어떻게 될 것인가……. 저는 그게 걱정스러웠어요."

"저는 그냥 밀고 당기면서 그렇게 가는 것이 아닌가 하는 생각이 들어요."

"우리가 기본합의서를 만들 때도 밀고 당기는 그런 과정은 있어요. 전체를 보면 그럴 수도 있겠어요."

내 회초리로 내 종아리를 때리고 싶다

"정원식 전 총리님이 해놓으신 것이 하나의 씨앗이 되어서 발전하고 뒤로 물러났다가 그러면서 앞으로 가는 것 아닌가 하는 생각을 합니다.

그런데 공직 생활 중에 참 가슴 아픈 일이 있었죠. 외대의 밀가루 사건으로 많은 사람들이 걱정을 하고 그랬는데……. 지금 와서 생각하면 어떤 생각이 드세요?"

"그때의 경위를 말씀드리자면 제가 문교부 장관을 그만두고 서너 달 동안 외대에서 강의를 하고 있었던 때예요. 그런데 갑자기 아프리카에 특사를 가달라고 해서 학생들에게 양해를 구하고 잠비아, 가나, 나이지리아, 케냐 등 여러 곳을 방문했죠. 왜냐하면 그때 UN에서 남북 간의 표 대결이 있었어요. 그래서 우리 표를 얻기 위해서 대통령 특사로 가게 됐는데 가있는 동안 갑자기 총리 임명을 받게 됐어요.

돌아올 때는 총리로 임명을 받았기 때문에 학교에 강의를 나갈 수가 없었어요. 그러나 보강을 해주겠다던 학생과의 약속을 지키기 위해 경호원도 없이, 비서도 안 데리고, 혼자 지하철을 타고 가서 강의를 했어요.

한참 강의를 하는데 몇몇 운동권 학생들이 선동을 해서 저를 납치하다시피 해서 끌고 내려갔는데 그러면서 밀가루와 계란 세례를 받았죠. 그래도 그때 제가 느끼기에는 담담했어요.

많은 사람들이 어떻게 그렇게 의연할 수가 있느냐고 하는데 생명의 위협을 느끼지도 않았고, 또 아이들이 하는 것이니까요. 평소에도 학생들과 씨름을 많이 해왔기 때문에 저는 그냥 담담하게 대하고 내려왔어요. 그중에도 몇몇 학생들이 나를 도와주더군요.

그런 사건이 있었는데 집에 돌아와서 가만히 생각하니까 이것이 결국 우리 잘못이 아닌가 하는 생각이 들어서 '내 회초리로 내 종아리를 때리고 싶다.' 는 표현을 했던 것이 많은 공감을 불러일으켰던 것 같아요.

논설이 나가고 칼럼이 나가면서 위험했던 정국을 가라앉히게 했는데 왜 위험했느냐면 (정말 쓰라린 과거인데) 그때 대학생 6명이 차례로 옥상에서 투신한 사건이 있었어요. 그것이 몇 십 명씩 순서가 정해져 있었다고 그래요.

다행히 제가 그렇게 된 연후에 중단이 됐죠. 그러면서 내가 그래도 그나마 보탬이 됐구나 하는 생각을 한 적이 있어요."

키 큰 놈 싱겁다는 말 지금도 듣기 싫어

"지금도 훤칠하시고 얼굴이 잘생기셨는데 젊은 시절에는 인기도 대단하셨을 것 같아요."

"그렇지 않습니다. 하하하! 비교적 기골이 장대하고 이목구비가 반듯하다는 얘기는 어렸을 때부터 많이 들었는데 사실 저는 키가 큰 것이 고민스럽기도 했어요.

우리말에 '키 큰 놈 싱겁다' 는 말이 있잖아요. 하하. 그 말 듣기가 그렇게 싫었어요. 지금은 180cm가 그렇게 큰 게 아니지만 제 시대만해도 굉장히 컸다고요.

그래서 많은 분들이 여자 문제가 있을 거라고 생각하시는데 저는 목사님 중매로 결혼을 했어요. 목사님이 지목하는 분과 순종하는 마음으로 결혼을 했죠. 하하"

"자제분은 어떻게 되세요?"

저는 딸만 넷이에요. 종종 아들이 없다는 것으로 동정을 발휘하는데 저는 전혀 그렇게 생각하지 않습니다."

"손자, 손녀도 많으시겠어요?"

"한집에 딱 한 명밖에 없는데 다 아들만 낳아서 손자만 넷이었어요. 그런데 막내가 아들만 가지고는 재미없다고 딸을 하나 낳아서 손녀가 하나 생겼지요."

"80년을 사시면서 제일 행복했던 순간이 있으시다면 언제였는지요?"

"제가 공직을 그만두고 복지 재단 업무를 완전히 보기 전에 약간의 시간 여유를 얻어서 한 3년 동안 책을 썼어요. 그것은 후학들에게 약속을 했던 책이었는데 출간했을 때의 기쁨은 하늘을 날아갈 것 같은 기분이었어요.

《인간과 교육》, 《인간의 성격》, 《인간의 동기》라는 전문 서적입니다. 일반 서적도 썼는데 제가 베스트셀러 저자라는 것은 모르시죠? 하하하.

1970년대 말에 샘터사에서 나온 어머니들을 위해서 쓴 책이 있어요. 《머리를 써서 살아라》인데 조선일보에 연재도 됐고, 오랫동안 베스트셀러로 있어서 그걸로 돈도 좀 벌었죠. 하하하!"

"평생 동안 사시면서 사모님께 사랑한다는 말 해보셨나요?"

"우리 세대는 사랑이라는 말보다는 정으로 묶여있는 것이 더 맞는 것 같아요. 정이라는 것은 쉽게 닳지도 않고, 쉽게 식지도 않는 은은한 면이 있잖아요.

우리 집사람에게 제가 정을 참 많이 느낍니다. 하하!"

"철학을 '사랑의 지혜학'으로 바꾸고 싶다"

걸어다니는 철학자 **황세연** _

고대의 그리스 철학자 중에 텔레스라는 사람이 있습니다. 텔레스는 만물의 근원이 물이라고 주장한 최초의 철학자입니다. 그런데 이 양반은 수학자겸 과학자여서 별도 많이 관측했다고 합니다. 항상 별을 보고 다녀서 땅보다는 하늘을 더 많이 보았다고 알려진 사람입니다.

어느 날 별을 보고 가다가 웅덩이에 빠졌어요. 그래서 탈레스를 보고 주의 사람들이 '발 앞에 웅덩이도 못 보면서 멀리 있는 별을 어떻게 보냐.' 고 했다는 일화가 있습니다.

그래서 철학자는 늘 이상을 보고 현실은 보지 못하는, 그런 관념

속에 산다고 놀림을 받기도 했지요.

걸어다니는 철학자라는 별명을 갖고 있는 분이 계십니다. 이분은 하늘보다는 땅만 봅니다. 철학은 현실에 충실해야 한다고 합니다. 생활 현장에도 길거리에도 우리가 생각하지 않았던 철학은 숨쉬고 있다고 생각하는 분입니다

최종 학력……, 글쎄요……. 공업고등학교가 전부입니다. 하지만 《걸어다니는 철학》, 《걸어다니는 논술》, 《변증법이란 무엇인가》, 《헤겔 정신형상학과 논리학 강의》 등 제목만 들어도 골치 아픈 책의 저자이기도 하지요. 그리고 1980년대의 많은 대학생들이 이 책을 읽었습니다. 오늘 『손숙의 아주 특별한 인터뷰』에서 황세연 씨를 만났습니다.

철학의 본질

"걸어다니는 철학자라고……. 호호, 별명이 붙으셨네요. 안녕하셨어요?"

"네 안녕하세요? 황세연입니다."

"걸어오셨어요? 호호. 저는 사실 황세연 선생님을 모신다고 해서 좀 겁을 먹었습니다. 왜냐하면 왠지 철학은 어렵잖아요. 사실 저는 대학 다닐 때 교양 과목에서 철학은 D학점을 받았어요."

"D학점 받으신 것도 철학입니다. 그런데 철학이 뭐예요?"

"어려운 말이에요. 호호."

"철학이란 낱말은 우리나라 말이 아닙니다. 손숙 선생님은 무얼 전공 하셨죠?"

"저는 사학을 전공했어요."

"그럼 역사학 개론(槪論)이라고 들어 보셨죠?"

"네, 역사학 개론이란 게 있었던 것 같아요."

"거기서 개론이란 뜻이 뭐라고 생각하세요?"

"기초……? 참, 개론이란 뜻이 뭐에요?"

"개론이란 낱말은 일본말이고요. 개론이라 하지말고 입문이라고 했으면 얼마나 좋았겠어요. 역시 같은 맥락에서 철학(哲學)이란 낱말도 일본말입니다."

"그런가요?"

"철학을 영어로 번역할 때 'Philosophy' 라고 하는데 'Philosophy' 란 'Philos' 와 'Sopia' 란 단어의 합성어거든요. 말하자면 필로스는 지식이나 지혜로 번역될 수 있고요. 'Sopia' 란 단어는 사랑이란 뜻으로 번역할 수 있습니다. 다시 말하여 지혜를 사랑하는 학문 또는 지혜학, 지식학이라고 할 수 있지요. 철학이란 낱말에서 철(哲)이란 뜻이 우리 말에서는 맑을 철 자라 해서 맑다는 뜻으로 이해합니다. 그러나 일본에서는 지식이나 지혜로 이해를 하기 때문에 철학이라고 하면 일본에서는 지혜학, 또는 지식을 공부하는 학문이라고 생각합니다. 그러나 우리나라는 이 뜻은 전해지지 않고 낱말만 빌려와서 그대로 사용했기 때문에 교과서 제목에 '철학 개론' 이라고 나오니 이해하기 어려운 것이지요. 철학이라고 하지 말고 '지혜학 입문' 이라고 했다면 좀 더 쉽게 이해할 수 있었겠지요.

그러나 일본에서는 철학이 지혜나 재치를 나타내는 낱말입니다. 그래서 일본인들은 지혜학, 즉 재치를 의미하는 Philosophy를 제대로 번역했다고 말할 수 있습니다.

그래서 저는 '사랑의 지혜학'이라고 바꾸고 싶습니다. 철학이라고 쓰지 않고 지혜학이라고 바꾸면 어떻겠어요?"

"아!……, 지혜학이라? 그러면 수강 학생들도 더 늘어 날 것 같은데요."

"예를 들어서 사회학이라든가 경제학이라던가 하는 낱말들은 대충 무엇을 의미하는지 알 수가 있잖습니까? 그런데 철학이란 단어부터 막연하지요. 철학이라는 것은 인생을 살아가는 지혜죠."

"황 선생님께서 그렇게 쉽게 설명하시니 쉽네요. 우리도 진작부터 영어를 우리말로 제대로 번역했으면 쉬운 학문이 되었을 것이고 인문학의 발전도 가져왔을 것 같네요."

바른 명칭

"손숙 선생님도 초등학교 다닐 때 수학책을 '셈본'이라고 했던 것 기억하세요?"

"네, 기억합니다. 나중에 '산수'라고 바뀌었구요."

"그러니까 셈본이란 우리말과 일본 말을 합친 것입니다. 본(本)이란 일본어로 책이란 뜻이고요. 셈이란 숫자를 계산한다는, 즉 셈한다는 우리말하고 합성어가 된 것이지요. 우리 말로는 '셈책'이라고 해야 맞습니다.

우리도 처음부터 철학이라하지 않고 '지혜학'이라고 했다면 아마 지금처럼 못 알아듣는 단어가 되진 않았을 것입니다. 하지만 일제 강점기에 일본 교수한테 배운 분이 많다 보니 국어학자들조차도

국어사전에 '철학' 이라고 올린 것입니다. 학과목의 제목도 이해하지 못하고 학문을 한다는 것 자체가 이상하지 않나요?"

"듣고보니 언젠가는 말이 바뀌어야 할 것 같아요. 한국의 기득권층이나 보수층이라는 분들이 몰라서 못 바꾸는 게 아니거든요. 전체적인 민중적 소원과 소망이 함께 했으면 좋겠습니다.

그리고 제가 경력 사항을 잠시 살펴보니까 출판사도 하시네요. '도서출판 중원문화' , 주로 어떤 책을 만들고 계세요?"

"철학책을 주로 만들고 있습니다."

"출판사도 안 되는데 철학책을 만드시면 돈은 못 버실 것 같아요? 호호호."

"옛날에는 돈을 많이 벌었습니다. 민주화운동을 열심히 하던 1970년대 후반이나 1980년대의 학생들이 저희 출판사에 많이 근무했어요. 당시에는 이념과 정신적 무기를 제공하는 곳이 출판사였고, 학교 다닐 때 집회를 하다가 퇴학을 당하면 갈 데가 없었어요. 그런 학생들이 출판사에 취직을 했어요. 같이 상호 작용을 하면서 그 시절엔 오히려 출판사나 헌책방이 잘된 것 같아요."

"전에 헌책방도 하시고 지금은 재활용 환경센터를 하시는 윤팔봉 선생님과 인터뷰를 했는데 오셔서 얘네들을 다 고발하면 돈이 되겠구나 생각 했다고 하셔서 웃었던 기억이 납니다.

그런데 《헤겔정신학과 논리학강의》, 《걸어다니는 논술》, 《시몬느 베이유 철학교실》 등 번역과 저술도 많이 하셨던데 여기서 변증법이란 무엇인가요?' "

"변증법이란 말도 우리나라 말이 아니에요. 변증법이란 말하는 상대가 있어야 하는 것으로 말로 증명한다는 뜻입니다.

"일본인들은 말씀 변(辯) 자와 증명할 증(證), 법 법(法) 자를 쓰고 있지요. 즉 말을 하려면 상대가 있어야 하죠. 말할 상대가 없으면 말로 증명할 방법이 없는 거죠.

그런데 우리나라에서는 나눌 변(辨) 자를 사용합니다. 그래서 변증법을 쓸 때 말씀 변 자를 쓰면 일본 말이고, 나눌 변 자를 쓰면 우리나라 한자어가 됩니다. 우리나라 한자어로 보면, 나눌 변 자 그대로, '존재하는 모든 것은 나뉘어져 있다.' 는 뜻을 가지고 있습니다. 즉 존재하는 모든 것은 양면성을 띤다는 말이 되는 거지요. 또는 모든 것은 나누어져 있다고 생각하면 됩니다. 형식논리학적으로 여자와 남자, 삶과 죽음 등등이 여기에 해당되는 것입니다."

"그렇게 설명하니 무지 쉬운데 그렇게 어렵게만 와 닿았군요. 쉽게 풀어주는 것도 철학의 임무라고 생각되네요."

"다시 설명하자면, 관념론이 있으면 유물론이 있고, 문제가 있으면 해답도 있는 거지요. 병이 있으면 약도 있을 거고요. 자동차 사고가 났을 때도 변증법적으로 생각할 수 있죠. 큰 사고와 작은 사고, 주인과 노예 등등 존재하는 모든 것은 변증법적이고 변증법적으로 존재합니다.

손숙 선생님도 《나의 라임오렌지나무》라는 책을 아실 거에요. 그 책의 저자가 바스콘셀로스인데 그의 저서 중 《머나먼 고향》이란 책이 있습니다. 그 책의 내용을 요약하면 주인집 딸이 노예를 사랑해요. 그런데 그 사실을 안 주인과 주인의 오빠가 노발대발하면서 노예를 죽이려 합니다. 노예가 자기 딸을 꼬드겼다는 것이지요.

노예는 아무 죄도 없이 죽음을 피하기 위해 깊은 밀림 속으로 도망을 가기 시작합니다. 주인의 아들이 총을 들고 노예를 쫓아가지요. 하지만 며칠이 지나도 노예를 찾을 수가 없는 거예요. 그런데 어느 날 그 노예를 발견하게 됩니다. 하지만 그 노예는 도망갈 생각도 숨을 생각도 없는 아주 건방진 자세로 나무에 기대어 발을 꼬고서 있었어요.

그리고 하는 말이 '나를 쏘아 죽이는 순간 너도 죽을 것이다. 왜냐하면 너는 나가는 길도 모를 뿐만 아니라 배가 고파도 어느 열매가 독이 있는지도 모르기에 결국 길도 잃고 배도 고파서 죽게 될 것이다.' 라고 말을 합니다.

노예가 주인을 이겨버린 역전의 변증법이 일어난 겁니다. 상호투쟁의 법칙과 질에서 양으로의 전화의 법칙, 바로 변증법적인 현상이 일어나게 되는 것입니다."

"아하! 노예이기 때문에 밀림 속에서는 주인을 이기는 진짜 철학 강의를 편하게 듣고 있네요. 맞아요. 세상에는 정(正)이 사(邪)가 되기도 하고 또 반대로 되기도 해요.

그리고 참, 레스토랑도 하고 있어요? 레스토랑에서 본격적인 철학 강의를 무료로 하신다고요. '휘가로 레스토랑 CEO Mr. Hwang' 이란 명찰을 달고 오셨네요. 호호."

"네, 여기서 손숙 선생님하고 인터뷰를 마치면 곧바로 레스토랑으로 가야 해서 아주 옷을 입고 준비하고 나왔습니다.

강의는 토요일과 일요일에만 합니다. 레스토랑 공간을 이용하여 일부분을 비워 가지고 칠판을 놓고 강의를 하죠."

"그렇게 철학 강의를 하시는 군요! 주로 어떤 강의를 하시는 거예요?"

"방금 말씀 드린 대로 철학이란 무엇인가, 변증법이란 무엇인가, 사람이 짐승과 다른 점이라든가, 사람은 왜 사는가 등등의 강의를 하지요.

그런데 손숙 선생님은 인간과 짐승이 다른 점이 무엇이라고 생각하세요? 인간은 노동(창조)할 수 있다는 점이 짐승과 완전히 다른 거거든요. 아니면 사람은 왜 산다고 생각하느냐? 그런데 손숙 선생님은 사람이 왜 산다고 생각 하세요?"

"그건 제가 정말 물어 보고 싶은 부분인데요. 호호호. 황세연 선생님은 왜 사세요? 저는 사실 살고 싶지 않을 때가 더 많아요."

실존적인 삶

"저는 죽음이 두려워서 삽니다. 인간이란 자는 거, 먹는 거, 부부관계가 삼위일체가 이루어져야 한다고 생각합니다. 그리고 모든 국민은 철학자이고 정치가여야 합니다."

"그런데 '사람들은 경영에 철학이 없다. 정치에 철학이 없다.' 라고 말하는 데 그건 무슨 뜻이에요?"

"경영 철학이 없다는 것은 경영에 대한 지혜나 재치가 없다는 뜻일 것이고, 정치 철학이 없다는 것은 지적 사상적 기반이 약해서 지식이나 지혜, 또는 재치가 없는 사람을 가리키는 말이겠지요."

"그런데 레스토랑에는 어떤 사람들이 주로 철학 강의를 들으러 오나요?"

"논술 때문에 오시기도 하고, 대학 교수들도 오시기도 하죠. 자기

자신을 속였다가 나중에는 다 자신의 직업을 얘기합니다."

"토론도 되시겠네요?"

"강의를 2시간 동안 하고 나면 너무 지쳐서 끝나고 숨어 버리기도 합니다."

"그럼 출판사랑 레스토랑은 수입이 어떤 게 더 낫습니까?"

"출판사는 30년, 레스토랑은 1년 됐으니 당연히 출판사가 수입이 낫죠."

"죄송합니다. 최종 학력이 고등학교입니다. 이렇게 학력을 다 떠벌려도……. 괜찮죠?"

"제가 고등학교밖에 안 나왔으니 손숙 선생님을 만날 수 있잖아요. 대학교를 졸업한 철학자라면 대학에도 수없이 많은데 절 초대할 일도 없는 것 아니겠어요? 이것 역시 역전의 변증법입니다. 괜찮습니다."

"학력이 참 희한하게 사람을 참 이상하게 만듭니다. 저도 사실은 대학교 중퇴입니다."

"알고 있습니다. 하하하! 그래도 정직하신 거지요. 속이는 사람도 많은데……."

"그런데 동생은 동국대학교 정치외교학과 교수시네요? 동생은 대학을 다니셨어요? 황세연 선생님은 왜 대학을 못 가셨어요. 공부를 못하셨어요?"

"네, 사실 그렇습니다. 동생은 공부를 좋아해서 독일에서 박사 학위를 받았지요. 전 제가 박정희 군사문화의 큰 피해자라고 말할 수 있죠. 당시 이리공고를 나와서 전북대학교 공대를 가면 최고라고 생각했어요.

그런데 제가 입학하던 해부터 박정희의 경제개발 정치에 의해서 실업계 교과서가 별도로 나오고 교과서 자체가 바뀐 거예요. 저는 그런 정보가 없어서 공고를 가게 된 것이지요. 책을 보니깐 도저히 대학교를 갈 수 없는 과목이었죠. 국어, 영어 수학은 일주일에 1시간뿐이고, 음악, 미술 등 예능 과목도 아예 없고 모두 공돌이를 만드는 과목뿐이었죠. 제가 자동차과를 다녔는데 한때 컴퓨터학과를 나오면 돈 버는 거로 알고 있었죠? 그 당시는 자동차과 나오면 돈을 엄청 번다고 생각했어요. 하지만 생각과는 달라서 모든 것을 포기한 것이지요. 가정 형편도 그랬고요.

하지만 아우는 공부를 아주 잘 했어요. 우리나라 최고의 대학을 나왔어요. 외교관이 된다고 시험을 봤는데 중앙정보부로 발령이 났어요. 화가 나서 아우가 합격증을 찢어 버리는 일이 발생했어요.

그런데 동생이 강제로 군대를 갔다가 박사 학위를 받고자 대학원에 입학 원서를 냈는데 불합격이 된 겁니다. 즉 아우를 꺼려해서 당시 노재봉 교수가 받아 주지를 않았어요. 그래서 할 수 없이 유학을 갔어요.

그런데 독일 괴테대학(프랑크푸르트대학)에서 한국에서 받은 석사 학위를 인정하지 않는 거예요. 그래서 다시 공부를 해서 8년 만에 학위를 받았어요."

진실에의 희망

"황 선생님은 그동안 뭘 하셨어요?"

"저는 자동차과를 나왔으니 자동차 정비공장에 다녔죠. 그러다

몸이 작고 허약하여 도저히 다닐 수가 없어서 공무원 시험을 봐서 시청에 다녔어요. 그러다가 광주 민주화운동에 연루되어 중앙정보부에 잡혀가서 많은 고문을 받았습니다. 김근태 씨의 《남영동》을 보면 고문에 못 이겨 북한에 다녀왔다고 자백을 했다는 부분이 있습니다. 저 역시 북한을 다녀왔다고 자술서를 쓰게 되었습니다."

"요즘, 이런 사람들 구제 안 해줘요? 그 당시는 북한을 몇 번 다녀오고 그런 게 다 허위라는 거죠? 고문에 의해서 거짓 자백을 하고 조작된 수사라는 거군요. 이근안 씨가 수사한 것도 그런 식이군요."

"고문도 기술적인 것 같더라고요. 서울에 간 적이 없는데 서울에 갔다고 사인만 해주면 하루 편하게 해주고, 한 이틀 지나면 전혀 다른 얼굴의 사람이 와서 다시 수사를 해요. 그리고 또 다른 것을 자백 받고 자술서 쓰게 하고 또 3, 4일 지나면 다른 수사관이 와서 북한에 몇 번 갔느냐고 고문해서 자술서를 받고 그런 수사를 계속하는 겁니다. 그리고는 기정 사실을 만들어 놓는 거지요. 그리고 나중에는 북한 지도를 보고 외우게 하고 잘 외운다고 칭찬도 해주고 아주 인간성을 말살시켜버리는 겁니다."

"다시 말하여 조작된 간첩을 만드는 거군요. 그럼 출소하셔서 출판사를 하시게 된 거예요?"

"처음에는 거리에서 어머니와 포장마차를 했습니다."

"그럼 그 돈으로 출판사를 하게 된 거예요?"

"아니요, 동생이 군대를 제대한 이후 동생이 번역을 해서 돈을 좀 벌었고요. 시골 작은 집을 팔아서 출판사를 했어요. 그런데 출판사를 하면서도 반정부적 도서가 판금돼서 도망다니느라 세월 다 보냈습니다."

"요즘 논술 시험이 너무 어려워서 채점하기도 어려운 것 같더라고요."

"논술이란 낱말도 그래요. 논술이 영어로 무엇입니까? 'Logical Writing', 즉 논리적으로 글쓰기란 것이지요."

"그럼 황선생님. 제가 아주 무식하게 물어 볼게요. 논술 시험을 잘 볼 수 있는 방법이 뭐에요? 호호호."

"방법은 간단하지요. 독서를 많이 하면 됩니다. 독서를 많이 해야 사고력이 높아지고 창의력이 생기게 됩니다. 문제는 독서를 하지 않고 학원에서 논술을 배우는 데, 그것은 기술을 배우는 것이지 논리적 사고와는 거리가 멉니다. 그리고 논술을 채점하는 교수 조차도 실력이 안 된다는 점이 더 문제지요.

이제 통합 논술로 가면서 문제의 수준이 한층 높아지고 있어요. 논술 시험이 중요한 이유는 논술 시험을 보지 않고 대학에 들어가면 학생들이 변별력이 떨어져서 제대로 강의를 들을 수가 없어요. 따라서 끊임없는 독서와 신문 읽기 등이 논술 시험에 도움이 됩니다."

"마지막으로 철학에 대해서 어떤 생각을 구체적으로 지니고 계시나요?"

"기업은 들어가서도 끊임없이 노력을 해야 승진할 수 있어요. 교수들도 끊임없이 노력해야 한다고 생각합니다. 교수님들께서 노력하지 않으니 저같이 별볼일 없는 사람이 대중 철학 강의를 하는 것입니다. 특히 한마디로 논술 시험도 인문학과 교수들이 출제하고 채점해야 합니다. 강단에 계시는 교수님들께서 어렵게 배웠던 학문을 가지고 이 땅에서 목소리를 내지 않고 있다는 거죠. 바로 교수님들께서 인문학에 책임을 지지 않으려고 하기 때문에, 즉 그분들이 자기 책임과 의무를 다하지 않게 때문에 레스토랑에서 철학 강의를 하면서 강단 학자들에게 경종을 일으켜 주자고 항의하는 겁니다."

"알겠습니다. 시간나면 레스토랑에 강의를 들으러 가겠습니다. 가슴에 달고 계신 'CEO Mr. Hwang' 이란 명찰이 굉장히 인상 깊습니다. 감사합니다."

"현실 참여의 길은 나의 숙명"

유네스코 **이삼열** 사무총장 _

1970년대는 참으로 암흑의 세월이었습니다. 군사 쿠데타 이후 권력을 잡은 군사독재 시절이었지요.

독일에서는 특히 반독재 민주화의 열기가 뜨거웠습니다. 그 한가운데에 이삼열이라고 하는 철학 박사가 있었습니다. 그리고 한국으로 돌아와 1982년부터 숭실대 철학과 교수로 후학들을 가르쳤습니다.

크리스천으로서 신앙인의 양심을 지키며, 당대 지식인으로서 발언해야 할 시기에 결코 피하지 않았습니다. 그래서 많은 사람들이 이삼열 교수를 실천적 지식인이라 부릅니다.

지금은 유네스코 한국위원회 사무총장 일을 하고 있습니다.

최근에는 한국철학회 회장으로 선출됐습니다. 이삼열 유네스코 한국위원회 사무총장을 『손숙의 아주 특별한 인터뷰』에서 만났습니다.

교육, 과학, 문화 협력은 유네스코의 사명

"유네스코 한국위원회 사무총장을 맡으시고, 2007년 3월에 '국가 이미지 개발위원회 위원장', '한반도 DMZ 평화포럼 공동위원장', '한국철학회 회장' 등 여러 가지 일을 맡으셨는데 힘들지 않으세요?"

"철학을 전공했지만 현실 참여적인 철학을 해야겠다고 생각했기 때문에 역사적인 상황마다 중요한 철학적인 고민이 되고 문제가 되는 현실에 참여를 해 왔습니다. 그러다 보니 민주화운동이라든지 한반도의 분단극복이나 평화 통일에 관련된 일을 하게 되었고, 또 기독교 가정에서 자라났기 때문에 한국기독교교회협의회(NCC)나 세계교회협의회(WCC)의 실행위원 자리들을 맡았죠.

최근에는 내년 한국철학회 세계 대회가 있는데 철학회 회장을 맡아달라고 해서 그 일도 많아질 것 같습니다. 내년 7월에 전 세계 철학자들 3,000명이 서울에 옵니다. 1900년에 파리에서 처음 시작이 돼서 매 5년마다 전 세계 철학자들이 모여서 대화하는 일들을 해 왔습니다.

역사가 100년이 넘었고 내년이 22차 대회인데 지금까지 유럽과 미국에서만 열렸어요. 아시아에서는 처음으로 한국이 개최하는 겁니다.

동서 철학의 만남이 될 것이고 일본과 중국, 인도에서도 많이 와서 그동안 서양 철학이 주도했던 것을 이제는 유교나 불교, 힌두교 등 종교 사상의 백그라운드를 가진 아시아 철학이 함께, 서양의 기술 문명의 철학과 대화를 해야 한다는 의미가 있어서 대단히 중대한 모임이 될 것 같습니다.”

“그런 일들을 하시려면 건강하셔야 하는데 건강은 어떠세요?”

“지금까지는 별 탈이 없어서 산보하고 등산하고 가벼운 운동하는 정도로 유지하고 있습니다.”

“유네스코가 정확하게 어떤 일들을 하는 단체인지 모르는 사람들이 많아요.”

“저희들도 실제로 조사를 해 보니까 유네스코를 유니세프 비슷하게 알고 있는 사람도 많고, 특히 요즘 세대들이 잘 모르는데 2차 세계대전 이후에 다시는 전쟁을 하지 말고 평화로운 세계를 만들자고 해서 만든 것이 국제 연합(UN)이잖아요.

그런데 UN이 조직을 해놓고 보니까 정치적인 조직인 안보이사회만으로는 평화가 되지 않는 거예요. 평화라는 것은 인간의 마음속에 심어져야 하고 교육, 문화, 정신, 예술 등으로 해야지 군사 협약으로 맺고 정치인들이 대담한다고 해서 되는 것이 아니기 때문입니다.

그래서 유럽의 지식인들이 주로 나서서 UN산하에 특별 기구를 만들어서 교육 기구, 과학 기구, 문화 기구 이 셋을 합쳐서 만든 것이 유네스코입니다.

각 나라마다 유네스코 국가위원회가 있는데 거기에는 정부뿐만 아니라 학계, 문화계, 예술계라든지 모든 대표 지식인들이 모입니다. 그것의 연합체가 유네스코가 되는 것이고 파리에 본부가 있고 1946년 11월에 창립이 되어서 60여 년 동안 존재하고 있습니다.

우리나라는 1950년에 가입해서 1954년부터 한국위원회가 조직되어 지금 명동에 유네스코 회관이 있습니다. 이곳이 1950, 60년대에는 꽤 유명했어요. 왜냐하면 우리나라가 분단국이 되어서 UN가입을 못했어요. 북한과 서로 경쟁을 하느라고 질시해서 통일되기 전에는 못한다고 해서 UN총회 가입을 못했지요. 그래서 국제 기구와의 연대가 늘 문제였는데 다행히 유네스코에는 가입할 수 있었어요. 교육, 문화의 기구이고 지성인들의 모임이니까. 그래서 유네스코가 유일한 UN과의 교섭 창구였습니다.

6 · 25전쟁 때 제가 초등학교 4학년이었는데 그때 피난 가서 천막을 치고 살았어요. 돌멩이 의자 위에 앉아서 공부를 하는데 책도 아무것도 없었을 때잖아요. 그런데 유네스코가 교과서 인쇄기를 보내고 종이를 줘서 교과서를 찍었어요. 저희가 초등학교 4, 5학년 교과서에 보면 '이 책은 유네스코가 기증한 것으로 찍은 것입니다. 문교부장관 백낙준.' 이라고 써 있어요. 이렇게 해서 그 책으로 공부했어요.

그래서 전쟁 후에 파괴된 우리나라를 재건하고 특히 교육, 문화를 재건하는데 유네스코가 큰 공헌을 했습니다. 과학 기자재를 들여온다든지 또 해외 유학이 불가능했을 때 유네스코에서 장학금을 줘서 교수들이 가서 연구하고 교육 발전에 지대한 영향을 끼친 곳이 유네스코예요."

"지금은 이라크나 아프가니스탄, 북한도 유네스코의 이러한 협조가 있겠죠?"

"그렇습니다. 그래서 지금은 우리가 과거에 많이 받아서 이만큼 발전했으니까 이제는 우리가 도움을 주는 나라가 되어야 한다, 그래서 제가 사무총장을 맡은 이래로 'Education For All' 이라고 해서 모든 사람들이 교육을 받게 하는 세계 프로그램이 있습니다.

거기에 큰 기여를 하려고 작년에 저희들이 북한에 가서 인쇄기도 갖다 주고 했어요. 북한의 교육성 산하의 교육도서인쇄주식회사가 평양에 있는데 아직 1950년대 옛날 소련제 매엽기(종이를 한 장씩 인쇄하는 인쇄기)를 가지고 인쇄를 하고 있고 교과서 질도 아주 나쁩니다.

그래서 저희가 4도 인쇄를 할 수 있고 1시간에 3만 장을 찍을 수 있는 고속 윤전기를 분해를 해서 갖다 주었어요. 그렇게 교과서로 공부하거나 종이를 지원하는 일을 하고 있어요.

아프가니스탄에 가 보니까 다 파괴되고 우리나라 6·25때처럼 천막 교실이에요. 거기에 교육기자재, 특히 과학 교육을 할 수 있는 궤도 등을 공급했지요. 또 분필이 없어서 시멘트 벽에다 돌멩이로 쓰는 걸 보고 분필 공장을 만들어 주자고 해서 모금 운동도 하고 있습니다.

문화재 환수, 있어야 할 자리에 있어야

"불법 문화재 반환이나 환수도 하고 계세요?"

"유네스코가 교육, 과학, 문화 이 분야에서 전 세계적인 연대와 협력을 통해서 평화와 발전을 이루어가자는 겁니다. 그런데 특히 문화 분야에서는 세계적이고 문화적인 가치가 있는 문화재를 세계 문화 유산으로 등록해서 특별히 보호하고 있습니다.

문화재는 자기 나라에 있어야 하는데 인류의 역사상 전쟁과 식민지 등을 통해서 많은 문화재들이 강대국으로 가서 지금도 루브르 박물관이나 대형 박물관에 가 있어요. 막상 있어야 할 자리에 있지 못하는데, 우리나라 문화재도 많은 부분 일본이나 미국에 가 있습니다.

개중에 선물한 것도 있고 사 간 것도 있지만, 가능한 한 유네스코에서는 문화재는 자기 원 위치에 가 있는 것이 세계인들을 위해서 바람직하다고 보고 있어요. 그래서 올바로 보존되고 전승하기 위한 운동을 하고 있어요."

"강대국들은 싫어하겠어요?"

"불법 문화제 반환 협약을 맺어서 시행하고 있는데 단지 유네스코가 강제로 할 수 없으니까 상대국이 서로 협의를 해서 대화를 통해서 하라는 결의문을 냈습니다."

세계 문화 유산은 전시에도 폭격 못 해

"각 국의 도시를 여행하다 보면 어떤 도시는 '유네스코가 지정한 문화 유산' 이라고 되어 있잖아요?"

"세계 유산으로 등재되면 유네스코 마크를 표시해서 전 세계에 알릴 뿐만 아니라, 전쟁 중에도 세계 문화 유산은 파괴해서는 안 된다는 협약을 맺어요. 물론 그렇다고 막을 수는 없겠지만 특별한 표시를 해서 최대한 파괴를 막으려는 운동을 하고 있습니다."

"우리나라에는 문화 유산으로 등록된 것이 얼마나 있나요?"

"우리나라는 문화 유산으로 7개가 등록이 되어 있습니다. 창덕궁, 경주 불국사, 석굴암, 해인사의 팔만대장경, 그리고 수원에 있는 화성, 강화도의 고인돌, 종묘가 문화 유산으로 등록되어 있어요. 자연 유산이라는 것도 있는데 우리나라는 아직까지 없다가 이번 6

월에 처음으로 제주도의 화산섬과 용천 동굴이 자연 유산으로 등재되었습니다."

"유네스코 자체 내에 심사위원들이 있습니까?"

"유네스코 본부에 담당하는 세계 유산 센터가 있고 심사는 이코모스(ICOMOS, 국제기념물유적협의회)라고 세계 박물관 유산을 검증하는 학회가 있습니다. 거기에서 심사를 하도록 되어 있고 자연 유산은 IUCN(국제자연보호연합)이라고 해서 자연보호협회가 세계적으로 있는데 거기서 심사해서 합격이 되어야만 등재가 될 수 있어요."

도움을 받은 만큼 이제는 베풀어야 할 때

"사무총장으로 취임하신 건 언제인가요?"

"사무총장 임명은 2004년 10월이니까 2년 반 정도 됐습니다. 그러나 제가 그 전에 2000년부터 2004년까지 4년 동안 유네스코가 설립한 아시아-태평양 국제회의교육원이라고 아태 지역 40여 개국과 함께 국제의 이해, 문화 교육을 하는 교육 센터를 만들었는데 초대원장으로 임명을 받아서 그곳에서 일을 하고 다음에 사무총장이 되었습니다."

"처음 사무총장으로 가실 때 노조에서 반대했었나요? 이삼열 사무총장님은 굉장히 진보적인 입장이시잖아요."

"그때 아태교육원 원장을 할 때 처음 설립한 기관인데 노조에서는 그때 일어난 일들, 교육부 감사를 받았는데 규정을 따르지 않은 것들이 한두 가지 있었는데 그것은 사소한 문제였고 다 해결이 되었습니다. 나중에 사실을 알고 나서 노조에서 다 총회를 결의해서 자기들이 잘못 인식했다는 것을 인정했습니다."

"임기가 2008년 10월까지인데 남은 기간 동안 꼭 이루고 싶은 게 있으신가요?"

"제가 금년 초부터 세 가지 중대한 사업 목표를 세우고 있는데 무엇보다도 우리 한국 유네스코의 국제적인 위상과 역할을 높여야겠다고 생각하고 있습니다.

이제는 우리도 받는 나라에서 주는 나라로 가고 있고 우리 정부도 ODA(공적개발원조) 사업을 늘리고 있잖아요. 개발도상국에 대한 원조라든지 특히 교육 분야의 원조가 중요합니다.

지금도 세계 13억의 인구가 하루에 1달러도 안 되는 돈으로 살고, 영양 실조로 죽어가는 아동 인구만 1년에 1,500만 명에 이릅니다. 세계 평화와 발전을 위해서는 이게 가장 큰 문제입니다.

그래서 전 세계가 MDG(밀레니엄 개발 목표)라고 해서 새천년 전 세계 목표를 2015년까지 빈곤 인구를 절반으로 줄이자는 것입니다. 이것이 UN 결의이기 때문에 유네스코는 결국 교육을 통해서 살 수 있는 능력을 길러줌으로써 빈곤을 극복해야 한다고 생각합니다.

아직 세계에는 초등학교의 학령기에 있으면서 학교를 못 가는 아이들이 1억 명이 넘습니다. 일단 학교를 세우고 교사를 양성해서 글자를 가르치고 문맹을 퇴치해야 합니다. 특히 아프리카나 후진국에 많기 때문에 거기에 집중해서 일을 해야 합니다.

지금까지 우리나라는 이웃 나라를 도왔지만, 아프리카에까지는 눈을 못 돌렸어요. 이제는 아프리카의 서부 사하라 지역에 극빈곤 16개 나라에 집중적으로 원조를 하자고 해서 금년 7월에 저희들이 우간다에 가서 교사 교육을 실시하고, 에디오피아에 있는 아프리카 지역 교사 훈련 센터를 통해서 IT라든지 행정교육, 교사 훈련에 참여하고 자금도 지원하고 있어요. 하지만 실질적으로 우리의 인력이 가서 우리의 발전 경험을 소개하고 돕는 직접적인 교육 협력 사업을 확대해 가려고 합니다."

신학의 예비학교로 선택한 철학

"1959년에 대학에 들어가셨는데, 전쟁 후라서 굉장히 어려울 땐데 왜 철학을 하게 됐는지 궁금합니다."

"1953년에 휴전이 되고 분단으로 어려울 때였습니다. 국민 소득이 100달러도 되지 않을 때니까 빈곤하고 보릿고개도 있었죠. 그런 상황에서 철학을 공부한다는 것은 상당히 어려운 일입니다. 철학은 빵 굽는 방법 하나 가르쳐주지 않는 학문이니까요. 그렇지만 고민이 많을 때일수록 어디로 가야 하나, 어떻게 해야 하나, 이러한 올바른 생각과 방향을 모색하는 데는 철학적인 사고와 훈련이 필요하지 않을까 생각을 했습니다.

저는 기독교 가정에서 태어났고, 저희 아버님이 장로교 목사님이셨어요. 그래서 이름도 사무엘이라는 성경 이름을 따서 지었어요. 성경 열심히 보고 주일학교도 열심히 다니고 중학교 때부터 시골 아버님 교회에서 저녁 예배 때 설교도 해보고 주일학교 선생님도 했어요.

사실 목사가 되려고 했는데 고2 때, 1957년에 미국에서 기독교 학생 대회가 있었는데 제가 학생 대표로 뽑혀서 3개월 동안 미국에

간 적이 있어요. 가서 보니까 미국 교회는 한국 교회와 달랐어요. 술, 담배 안 하고 교회 생활만 충실히 하면 훌륭한 교인이 되는 것이 아니라, 학생들이 사회 문제를 토론하고 심지어는 그때가 1950년대인데 어떻게 하면 소련 같은 공산권 국가와 대화를 하느냐, 이런 이야기들을 하는데 쇼크를 받았어요.

돌아와서 훌륭한 크리스천이 되고 바른 목사가 되려면 술, 담배 하지 말라, 절제해라, 영혼구원적인 설교를 하는 것보다 이 사회에 눈을 돌려야 한다고 생각했어요. 공산주의와 기독교가 원수지간처럼 싸우는데 저도 이북에서 태어나서 순교자들도 많이 봤습니다만, 우선 그런 생각을 하면서, 철학적인 공부를 하면서, 사회도 알고 논리적이고 윤리적인 문제에 대해서 공부를 하고 나서 신학을 해야겠다고 생각하고 신학의 예비 학교로서 철학과를 택한 겁니다."

"또래의 학생들에 비해서 생각이 조숙하셨던 것 같아요."

"서울대학교 문리대학 철학과에는 그런 생각을 가진 사람들이 많습니다. 그래서 철학과를 마치고 목사가 된 사람들이 있어요."

"철학과에 가겠다고 하니까 부모님이 뭐라고 하셨어요?"

"저희 아버님은 대찬성이시죠. 아버님도 신학을 하셨으니까 철학 공부를 하고 나서 신학을 하는 것이 좋다고 적극 찬성하셨어요. 고등학교 때 선생님들은 제가 웅변 대회에도 나가고 하니까 법대나 정치학과에 가야 한다고 하셨어요."

"북한에서 넘어오셔서 자란 곳은 어디세요?"

"경상도 지역에서 아버님이 목회를 하셨기 때문에 경상북도 풍기에서 초등학교와 중학교를 나왔습니다. 그런데 고등학교는 서울로 가야한다고 해서 을지로에 있는 서울대학교 부속고등학교에 저 혼자 올라왔습니다. 고1 때부터 외갓집에 있으면서 고등학교를 다녔어요. 제가 맏아들이었고 목사를 만들어야한다는 어머님의 기도가 대단했습니다."

"철학과에 들어가셔서 운동권에도 참여하셨죠?"

"철학을 마치고 신학을 하려고 했는데 사실은 신학 대학에 입학까지 했었어요. 그때 4 · 19혁명이 나고 6 · 3사태 벌어지고 5 · 16 군사정변을 겪고 어려워지면서 사회 문제에 대한 관심이 높아졌어요. 특히 분단이 되었기 때문에 공산권인 북한과 우리가 영원히 있을 수가 없는데 어떻게 하면 화해를 하고 통일을 할 수 있는가, 그러려면 막연한 반공 사상이나 의식 가지고는 안 되겠다, 사회주의를 공부해야겠다고 생각해서 사회철학을 택하게 되었습니다.

당시에는 마르크스 책도 못 읽게 했는데 헤겔이나 마르크스 책을 읽어야 사상적인 공부를 할 수 있었거든요. 대학원을 마치고는 신학을 해야 하나, 이 공부를 해야 하나 고민을 하다가, 마침 대학을 졸업하고 공군 장교를 다녀오니까 교회와 사회 문제를 연구하는 크리스천 아카데미가 생겼습니다.

고 강원룡 목사님이 1965년도에 만드셨는데 제가 그분을 찾아가서 이야기를 하니까 나하고 같이 일을 하자고 하셔서 크리스천 아카데미의 간사로 1967년부터 2년간 일을 했습니다.

그러다가 마침 독일에서 장학금도 받고 해서 독일 유학을 갔어요. 사회철학을 마치고 신학을 해야겠다고 생각해서 독일 쾨팅겐 대학에서 박사 학위를 따고 언어 해야지, 고전어 해야지, 그러다가

8년이나 걸렸어요.

그렇게 해서 철학 사회과학을 공부하고 나니까 다시 신학을 할 수 없어서 결국 사회철학계에서 일을 하게 됐습니다. 하하."

철학은 모든 학문의 시원, 필로소피아

"철학이라는 건 뭔가요?"

"철학은 모든 학문의 시작입니다. 필로소피(philosophy)란 말 뜻대로 지혜에 대한 사랑이죠. 필로소피아(지혜를 사랑하는 일)인데 과거의 신화나 종교시대에 있다가 결국에는 인간의 머리로 지적으로 논리적으로, 세상의 자연이나 인간 사회의 원리를 깨닫고 살아가는 삶의 태도를 바르게 갖자, 그런 것들을 모두 종합해서 지혜의 학문으로 철학이 탄생되었습니다.

2,500년 전에 희랍에서 철학이 나왔다가 그 이후로 중세를 거치면서 근세에 와서야 과학이 철학에서부터 독립이 되었습니다.

15, 16세기까지는 모든 학문이 다 철학이었어요. 가령 뉴턴만 해도 자연철학이라는 과목으로 영국에서 강의를 했거든요. 그런데 자연과학이 거기서 독립을 하고 법학과 역사학이 독립을 하고 정치학과 사회과학이 독립해서 이제는 모든 학문이 개별 학문이 된 거예요. 하지만 철학은 모든 학문의 시원이기 때문에 모든 개별과학이 관계가 있습니다.

그래서 오늘날 철학이 무엇인가에 대한 질문에 대답하기 어려운 것이 예술철학도 있고 교육철학도 있고 정치철학, 역사철학, 문화철학, 종교철학도 있기 때문입니다. 모든 것의 궁극적인 진리와 절대적인 진리를 추구하는 것은 다 철학과 연결이 됩니다.

그래서 외국에서는 철학을 개별학문으로 전공하기 보다는 문학, 언론, 법학, 정치 등을 공부하는 사람들이 기초학문으로 공부하고, 부전공으로 많이 택하고 있습니다."

"대학의 교양 과목으로 필수적으로 철학을 넣어야 할 것 같은데 요즘 철학이 점점 없어지고 있잖아요."

"철학을 하려면 아무래도 역사가 길기 때문에 고대 희랍 철학에서부터 소크라테스, 플라톤, 아리스토텔레스 등 철학에서 파생된 많은 부분을 두루 알아야 합니다. 논리학, 언어학, 윤리학, 자연철학 등은 너무나 범위가 넓고 대상이 많으니까 공부하기가 어렵습니다. 시간도 많이 걸리고요.

그러나 일반 사람들에게는 철학의 핵심적인 문제만 가지고서 우리의 생활과 현실 세계와 연결시켜서 생활철학이 필요한데 그런 점이 부족합니다.

너무 학문적인 철학만 하고 고전적이고 논리적인 것만 하니까 칸트의 순수이성 비판을 대학 3년 내내 독일어로 읽었는데 누가 그걸 읽고 독파를 합니까? 꼭 한문의 경전 읽는 것과 마찬가지예요.

그래서 우리와는 동떨어진 학문이 되고 먹고살기 바쁜데 왜 그런 어려운 철학을 하느냐 해서 경원시되는 경향이 있습니다."

"대학원까지 졸업하시고 독일로 유학을 가셨는데, 그 당시 독일로 유학을 가는 건 쉽지 않았을 것 같아요."

"쉽지 않았죠. 유학 시험도 쳐야 했지만 우선 입학 허가나 특히 장학금 같은 것이 어려워서 감히 갈 생각을 못했는데, 다행히 간사로 일했던 크리스천 아카데미가 독일에서 지원을 받아서 세운 기관입니다. 독일 교회가 2차 세계대전 이후에 나치즘을 극복하기 위해서 교회가 사회문제에 관심을 가져야 한다고 해서 일어난 운동이 아카데미 운동인데 그걸 한국에 들여다가 강 목사님이 하셨던 거예요.

저도 거기서 일을 하다가 독일 사람들을 알게 되었어요. 그리고 WCC라고 세계교회협의회에서 기독교의 인재를 양성하는 장학제도가 있었는데 독일 교회가 내는 장학금을 저에게 주었어요. 그래서 제가 한 달에 300불 겨우 받을 때인데 그걸 가지고 독일 괴팅겐 대학에 유학을 갔지요."

"운동권이었기 때문에 가야만 하는 상황은 아니셨어요?"

"제가 전공이 철학이잖아요. 철학은 독일 철학이 유명하고 철학을 하는 사람은 누구나 독일 책들을 봐야 했어요. 저명한 칸트, 헤겔, 물론 마르크스도 마찬가지지만 당시 1967,8년대 뉴레프트(신좌익) 운동이 일어나면서 프랑크푸르트학파의 비판이론이 상당히 많은 영향을 줄 때입니다.

마르쿠제, 하버마스 같은 분들을 꼭 만나서 공부를 하고 싶었어요.

그래서 하버마스가 있는 프랑크푸르트 대학에 가고 싶었는데, 장학금 때문에 할 수 없이 괴팅겐대학으로 갔지요. 나중에는 만나서 지도도 받고 그쪽 계통으로 논문도 썼습니다."

"장학금을 받더라도 생활하려면 돈이 필요하셨을 텐데 따로 아르바이트를 하셨어요?"

"아닙니다. 독일은 전부 국립 대학이고 등록금이 없습니다. 대학생은 한 학기에 100불 정도, 학생회비나 보험료만 내면 되는데 그것도 장학금에서 다 해주었고 300불은 생활비로 지원을 받았어요.

그런데 그 돈으로는 가족을 데려올 수 없어서 혼자 가서 처음 2년을 있었어요. 결혼을 했지만 가족을 두고 간 거죠. 저희 집사람과 아이들은 나중에 왔어요."

해외 지식인들의 순수 양심, 유신 끝날 때까지 귀국 못해

"독일에서 유학하실 때 '민주사회건설협의회'를 만드셨어요?"

"독일로 유학 간 것이 1968년이었는데, 국내 정세는 말이 아니었습니다. 삼선개헌을 하더니 1972년에는 완전히 헌정이 파괴되고 탱크를 몰고 학교에 들어가고 결국 민주주의가 파괴되고 유신체제가 되었잖아요.

그때부터 박사 학위 논문을 쓰다가 이대로 있을 것인가 고민을 했습니다. 국내는 침묵만 하고 있었고요. 그때 저희들끼리 모여서 유학생 세미나를 했습니다. 우리가 보니까 민족 사회에서 어려울 때는 항상 해외에서 지식인들이 일어났다, 3 · 1운동을 봐라, 일본에 유학하던 유학생들이 2 · 8동지회를 만들어서 먼저 독립선언서를 낭독하니까 그 다음에 국내에 파급이 되서 3 · 1운동이 되지 않았느냐는 얘기가 나왔어요. 그래서 먼저 해외에서 횃불을 들자고 했습니다.

1974년 1월에 긴급조치 1호가 나와서 유신헌법을 비판만 해도 15년 징역이었는데, 그것을 비판한 목사들이 기도회를 하다가 박형기 목사 외 10명이 구속이 되는 일이 벌어졌습니다.

그때 저는 국내에서 마지막이라면 해외에서 해야겠다고 생각하고 논문 쓰던 것을 서랍에 집어넣고 1월부터 전국을 다니면서 조직을 해서 '민주사회건설선언서'를 써서 서명을 받기 시작했어요.

우선 서울대 철학과 동창부터 유학생들을 찾아다녔는데, 그해 1974년 3월 1일이 3 · 1운동 55주년이었습니다. 그래서 55명의 서명을 받아서 우리가 이름을 내놓고 하자고 해서 두 달 동안 다니면서 선언문 초안으로 서명을 받았는데 거기에 윤이상, 송두열 등 세상을 떠난 분들도 계시고 지금 우리나라에 대학 교수로 일하시는 분들이 20여 명이 되는데 가족과 부인들까지 해서 55명의 서명을 받았습니다.

3 · 1절 55주년 기념일에 독일 본에 있는 베토벤 동상 앞에서 100명 모여서 집회를 하고 대사관 앞까지 행진을 해서 독일 신문에도 나고 했어요. 해외에서 조직적인 선언문과 이름을 내놓고 하는 민주화운동의 봉홧불을 든 거죠.

그것이 다 전해지고 선언서가 국내에 들어와서 학생 운동에 영향을 주었다는 이야기는 나중에 들었습니다. 그해 4월 3일에 민청학련사건이 터졌어요. 민청학련 선언문에 민주민족민중선언은 저희 선언문과 맥을 같이 합니다. 저희도 백성들의 동학혁명, 3 · 1운동의 민족혁명, 4 · 19혁명, 이 맥에서 우리가 이런 운동을 한다는 것을 밝혔기 때문에 그 후의 국내 민주화운동과도 연결이 되고 덕분에 유신 체제가 끝날 때까지 귀국할 수가 없었어요."

"그 이후에 동백림 사건 같은 간첩단 사건이 터진 건가요?"

"동백림 사건은 그 전입니다. 1967년에 터졌으니까요. 독일에 있었던 유학생들이 4 · 19혁명 이후 동서독의 관계가 편안해지니까 우리도 통일해야 한다고 해서 동독에 있는 북한 대사관을 몰래 방문하는 일들이 있었는데 그걸 알고 한국정보부가 가서 유학생들 70명을 납치해서 세계적인 사건이 된 일이 있었는데 그 이후로 독일 유학생들은 정치에 대해서 말도 안 하려고 했어요.

제가 1968년에 유학을 갔는데 서로 경시하고 저거 정보부원 아니냐, 북한에서 보낸 간첩 아니냐, 서로 의심하면서 대화를 하지 않아요. 우리가 조국에 돌아가서 일을 해야 할 사람들이 이렇게 유학 생활에서 어떻게 하느냐, 그래서 제가 1968년부터 1970년까지 유학생들의 토론회를 조직해서 현실 문제를 가지고 이야기하기 시작했습니다.

거기서 토론회를 했던 사람들이 결국 민주사회건설회 회원이 되고 서명을 하고 같이 조국에 들어오지 못하고 유신 끝날 때까지 해외에 있어야 하는 반 망명 생활을 해야만 했죠."

"5 · 18 때도 독일에 계셨나요?"

"예, 유신이 끝나고 5 · 18 직전에 들어오려고 했는데 그때도 대사관에서 일시 귀국을 허락해 주지 않아서 일본까지 왔다가 못 들어오고 돌아가야 했습니다.

사실은 5 · 18 직전에 김대중 선생님과 같이 모인 자리에 꼭 참석해 달라는 한승원 씨의 부탁도 받아서 동경까지 왔는데 대사관에서 허가를 내주지 않아서 못 들어오고 있을 때 5 · 18이 난 것을 동경에서 보고 눈물을 흘리면서 독일로 돌아갈 수밖에 없었습니다."

"그 소식을 접한 독일 유학생들의 반응은 어땠어요?"

"5 · 18 때 제가 일본에 있었고 광주의 피 흘리는 장면들이 외신으로는 보도가 되었습니다. 그리고 성명서가 나왔어요. 독일의 저희 집에 운동하는 유학생들이 다 모여서 제가 불러주는 것을 성명

서로 써서 그걸 가지고 그 다음날 본에서 집회를 했습니다.

한국은 당시 쥐죽은 듯 조용할 때인데 우린 그걸 알고 해외에서 전두환 쿠테타를 타도하는 성명서를 내고 집회를 했어요. 5 · 18과 5공화국에 대한 반대 저항운동이 크게 벌어졌었죠."

꿈에 그리던 조국의 품으로

"그리고 몇 년도에 귀국하신 거예요?"

"숭실대학교에서 초청을 받았는데 안기부에서 허락을 안 해서 오지 못하다가 5공화국이 설립되어서 전두환 씨가 대통령이 되고 안정된 다음에 들어왔어요. 그런데 대사관에서 들어와도 좋은데 정치만 하지 말라고 하더라고요. 많은 고민 끝에 1982년 4월에 숭실대학교에서 해직된 조요한 선생 대신에 그 자리를 메꾸어 주어야겠다고 결심하고 가족들을 데리고 귀국했습니다."

"귀국하시고 다른 일은 없으셨어요?"

"귀국하고 나서 안기부에서 10일 동안 조사를 받았는데 북한 관계만 없으면 괜찮다, 반 독재 운동한 것은 유신 때 한 것이니까 묻지 않겠다, 그러나 앞으로는 반 정부 활동을 하지 말아달라는 정도만 들었어요. 일단 학교로 들어왔으니까 철학과에서 강의를 했죠."

"그런 인연으로 지난 번 송두열 교수님이 오셨을 때 증인이 되신 거예요?"

"송두열 교수는 철학과 후배이고 민건회를 만들 때 박사 학위를 먼저 하고 독일에서 조교수가 되었기 때문에 민건회의 의장으로 뽑았습니다. 그래서 그런 일을 많이 했고 동지적인 관계인데 북한 관계는 잘 몰랐고 귀국해서 안기부 조사를 받는 과정에서 드러났기 때문에 독일에서 활동할 때 어땠느냐 하는 것을 증언해 달라고 해서 재판정에 나가서 증언했습니다.

그때 북한에 몰래 갔기 때문에 알 리가 없고 그걸 어떻게 생각하느냐고 해서 '송두열 교수는 사회학 박사이고 특히 사회주의 운동사를 강의하는 사람으로 중국의 사회주의나 북한의 사회주의를 연구한 사람이다. 그래서 강의를 위해 방북을 했을 것이다. 또 당시 독일 대학에서는 분위기가 사회주의 친좌파 운동에 대해서 많이 논의될 때였기 때문에 중국 사회주의 모델, 쿠바 사회주의 모델, 북한 모델을 논의할 때인데 그걸 강의하는 송 교수가 어떻게 모르고 할 수 있겠느냐, 학문적인 관심으로 간 걸로 안다. 정치적인 것은 없는 걸로 안다.' 고 증언을 했어요. 지금은 독일 뮌스터대학에서 강의하면서 잘 지내고 있습니다."

"결혼은 언제 하셨어요?"

"결혼은 조금 일찍 했습니다. 대학 졸업하고 공군 장교로 있을 때, 1966년에 했습니다. 대학교 2학년 때 스코필드 박사라는 분이 와 계셨는데 우리나라 3 · 1운동 때 34인이라고 할 정도로 우리 민족을 도운 분인데 제가 고등학교 때부터 그분과 친해서 강연 통역도 하고, 그분이 일주일에 한 번씩 영어성경 공부반을 하셨는데 그때 친구들과 함께 잉글리시 바이블 스터디를 했습니다.

어느 날 보니까 이화여대에서 한 그룹이 와서 같이 공부를 하더라고요. 스코필드 박사님이 시간이 많지 않으니까 그쪽과 함께 하자고 했어요. 그렇게 바이블 스터디를 하다가 만났어요."

"처가가 상당히 부자여서 독일 유학도 처가에서 보냈다는 이야기도 있어요."

"그건 아닙니다. 옛날에는 이조 시대에 관직도 하고 땅도 많고 부자였는데 그때는 장인이 사업에 실패해서 별로 경제력이 없으셨어요. 오히려 장모님이 사업을 하셔서 딸들 대학 교육을 시키는 정도였습니다."

"고향이 어디세요?"

"평안북도 철산에서 태어났습니다."

"몇 살 때 넘어오신 거예요?"

"1941년생인데 1944년에 저희 아버님이 지금은 심양인 만주 봉천으로, 신학 공부를 하러 가셨어요. 그때 저희들을 같이 데리고 그해 1945년에 중국으로 갔는데 해방이 되었어요. 그래서 중국에 있다가 1948년에 중국이 다시 공산화가 되고 모택동이 들어오니까 기독교인들을 탄압해서 있을 수가 없었어요.

목사들을 살해한다고 해서, 봉천에서 미국 선교사들이 보낸 비행기를 탔는데 그때가 8살 때였어요. 그걸 타고 북경으로 가서 천진으로 해서, 미국 해군 배를 타고 인천으로 왔어요. 저는 비교적 편하게 월남을 했어요."

"결혼하실 때 처가에서 반대는 안 하셨어요?"

"그때는 종교도 달랐고 가난한 목사의 아들이니까 별 게 없었죠. 하지만 서로 좋아하니까 별로 반대는 없었어요."

"자제분은 어떻게 되세요?"

"딸 하고 아들, 둘입니다. 아이들은 유치원 때 독일에 가서 13살

때 돌아왔기 때문에 말도 그렇고 적응이 어려웠는데 딸은 독일 문학을 전공해서 서울대에서 독문과 대학원을 마치고 예일대에서 박사 학위를 받고 지금은 미국 대학에서 독문학 교수가 되었습니다. 완전히 독일 유학의 열매를 맺게 되었죠. 하하. 아들은 중국에서 한의학을 전공해서 한의사가 되었어요."

현실 속에서 철학을 실현하다

"앞으로 남은 생 동안 이 일만은 끝내겠다 하는 일이 있으신가요?"

"항상 철학을 하면서도 철학과 현실 사이에서 고민을 합니다. 철학적인 반성은 항상 학문만 해야 하고 현실에 관여하려면 현실 참여를 해야 하는데 이게 서로 모순이 됩니다.

그래서 학자의 길을 걷느냐, 현실 참여를 하느냐 늘 고민이었는데, 23년 동안 철학 교수를 하고 기독교를 통해 평화 통일, 민주화 운동 등 현실 참여를 하다 보니까 이것이 항상 모순이면서 갈등이 되었습니다.

그런데 이제는 교직도 정년이 되어서 학교를 떠나고 유네스코 사무총장 일은 내년에 마치게 됩니다만, 역시 남은 과제는 한반도의 분단을 극복하고 민족평화 체제를 수립하고 통일을 이룩하는 일이에요. 그래서 계속 평화 운동이나 통일을 위해서 북한과 대화를 하고, 북한 사람들에게 바른 인식을 심어주는 일에 매진할 생각입니다. 우선은 그들이 가난하고 어려우니까 경제적으로 도울 수 있는 일을 해야 합니다.

평화에 관한 일, 그것이 마지막까지 사명이 되어야하지 않을까 해요. 다른 한편으로는 민주화가 되었지만 민주적인 정치가 되지 않아서 바른 민주적인 정당을 만들어야 하는 것이 아닌가, 시민 사회가 도와서 선거 때마다 이름 바꾸고 흩어지는 정당이 아니라 제대로 민주화를 이어갈 수 있는 바른 정치 조직이나 세력이나 운동 같은 것도 있어야 하지 않을까, 필요하면 그런 것도 지원하면서 현실 참여의 길을 걸어야겠지요.

"항상 꿈을 꾸고 도전하는 삶이 아름답다"

전 정통부장관 **진대제**_

경상도 산골(의령) 벽촌의 가난한 막내 아들로 태어났습니다. 초등학교 6학년 때부터 받기 시작한 장학금으로 간신히 경기고등학교를 마쳤습니다. 그리고 들어간 곳이 서울대 전자공학과, 그러나 지겨운 가난은 줄곧 지치지 않고 따라다닙니다. 이름만 들어도 알 수 있는 외국의 유수 대학 입학허가서를 받고도 장학금을 받아야 갈 수 있기 때문에 유학 재수까지 해야 했습니다.

뉴욕의 IBM연구소 책임연구원으로 일하던 중 지금까지 돈 없고 가난한 사람을 공부할 수 있게 해준 조국에 보답하는 마음으로 당시로서는 거의 무명에 가까운 삼성행을 택했습니다.

그리고 반도체 분야에서 세계 1등의 자리에 우뚝 섰습니다. 반도체맨, 디지털맨이라 불리는 진대제 전 정통부 장관의 얘깁니다.

이공계 대학 출신의 테크노크라트 출신으로서는 보기 드물게 경영 능력과 행정 능력도 갖추었다는 평가를 받고 있는 진대제 전 장관을 『손숙의 아주 특별한 인터뷰』에서 만나보았습니다.

중소기업 강국의 꿈

"정말 바쁜 시간에도 불구하고 나와 주셔서 감사합니다. 진대제 전 장관님의 자료를 살펴보다 보니까 직원들이 결코 편하지는 않았을 것 같아요. 호호."

"요즘 애들 말처럼 시쳇말로 닦달을 한다고 하죠. 하하하. 회사에 있을 때도 느긋한 편은 아니었고 공직에서도 제 나름의 스타일대로 가다 보니까 숙제도 많이 내주고 그랬어요. 고위직, 특히 중앙부처의 공무원들은 일이 아주 많습니다. 예를 들어 오후 4시에 기획예산처에서 보고서를 요청받으면 밤을 꼬박 새워서 숙제를 해야 합니다. 혹은 국회에서 자료를 요청받아도 마찬가지고요. 그리 효율적이고 생산적인 일은 아니죠.

처음에 어려웠던 부분이 기업은 목표가 정해지면 밤잠을 안자고 매달려서 결과를 챙기는데, 공직에서는 연초 대통령 업무보고 같은 경우, 언론에 내보낸 걸로 끝인 거예요. 처음에 비록 피곤하더라도 일의 성취와 보람이 있으면 지속적으로 챙기게 되고 이런 것들이 시스템화되니까 효율적이 되는 거죠. 나중에는 내부적으로 어느 정도 정착이 되니까 직원들도 좋다고 하더라고요. 그래서 제가 있을 때는 정통부가 1등도 하고 보너스도 받았습니다. 하하."

"지금 직함이 '스카이레이크 인큐베스트'의 대표이사로 계시는데 이곳은 어떤 일을 하는 곳인가요?

"작년 8월에 백두산 천지에 가서 11시간 동안 트레킹을 했어요. 한 10명 정도 같이 갔는데 그곳이 우리 민족의 발상지 아닙니까. 거기에서 영감을 얻고 돌아와서 회사 이름을 지었어요. 천지를 상징하는 '스카이레이크'(skylake)와 '인큐베스트'(Incuvest)라는 기업 육성(Incubation)과 투자(Invest)의 합성어인데 보육과 투자를 통해 기업을 키운다는 의미를 갖고 있습니다. 한마디로 벤처 캐피탈이라고 볼 수 있죠."

"그러면 현재 어느 정도 성과가 있으신가요?"

"작년 말에 금융감독원의 승인을 얻어서 지금까지 투자를 2개 부문에 집행했고, 규모가 매우 큰 두 번째 펀드를 조성하고 있습니다. 중소기업을 인수 합병해서 글로벌 경쟁을 할 수 있도록 규모의 경제를 키우는 일이 중요합니다. 우리나라가 선진국화되려면 중소기업을 대기업 규모로 키우는 것이 선결과제인 거죠."

"하이닉스반도체 대표이사를 하실 의향이 있으셨다는데 포기하신 이유가 궁금합니다."

"사실 주변의 의견이 삼성전자 혼자 반도체를 이끌어 나가기는 어렵고 하이닉스 반도체 같은 또 다른 축이 형성되는 것이 바람직하다는 거였고, 하이닉스 반도체에 남아 있는 채권단 쪽에서도 메모리 반도체가 워낙 기복이 심해서 위험 부담이 아주 높기 때문에 안정적인 경영 기반을 만들어주기를 바라는 마음에서 저보고 와달라는 이야기를 했었죠.

가겠다고 결정한 적이 없었기 때문에 포기라고 할 것은 없습니다. 몇 명 안 되지만 직원들과의 약속도 있었고 중소기업의 육성을 위한 제 나름의 생각이 있었기 때문에 월급 몇 푼 더 받는 것이 저에게는 의미가 없었습니다. 그보다는 좀 더 많은 중소기업을 도와야겠다는 생각이 더 강했죠."

몸에 맞는 옷을 입는 것이 순리

"지난 번 손학규 전 경기도지사 탈당 때에도 잠시 거론이 되었었는데 정치에는 참여하실 의향이 없으신가요? 이점에 대해서 궁금해 하시는 분들이 많으실 것 같아요.

"넓은 의미로 보면 정통부장관을 하는 것도 국정에 참여하는 것이기 때문에 정치의 일환이라고 볼 수 있는데 협의의 의미로는 정당정치를 하는 거죠. 어쩌다보니 지방 선거에 정당의 이름으로 선출은 되었지만 정치적인 당원으로서의 역할을 하려고 애를 쓰지는 않았던 것 같아요.

정치를 좀 해보니까 정치라는 것이 어렵더라고요. 국가에 훨씬 더 도움이 될 수 있는 핵심 역량은 다른 부분에 있는 것 같아서 몸에 맞지 않는 옷을 억지로 입지 않았습니다."

"경기지사에 출마하셨을 때 30%의 지지를 받으신 걸 보면 진대제 전 장관님에게 걸었던 기대가 굉장히 컸던 것 같은데 선거를 치러보시니까 정치에 대해 어떤 생각이 들던가요?"

"경기도가 거대 지역이고 우리나라의 핵심적인 기업이나 기술이 많잖아요. 경기도가 잘 돼야 우리나라가 잘 된다는 생각은 확실하게 들더라고요. 어쨌든 일군이 되려면 선거라는 관문을 거쳐야 하는데 시민들이 선거에 대해서 별 관심이 없고 냉랭해요. 본체만체하는데도 얼굴을 두껍게 하고 돌아다녀야 하는데 그게 잘 안되더라고요.

그리고 특정한 주제를 가지고 토론을 하는 건 좋은데 일반 대중 앞에서 연설하는 것은 정말 어려웠어요. TV토론도, 대중 연설 같은 데 나가서 똑같은 말을 하는 것도 성격에 맞지 않았습니다. 훈련이 안 된 것도 있고 적성에 맞지 않았던 것도 있었죠.

선거 끝나고 괜히 고생만 했다는 생각도 들었지만 평소에 기업 경영이라든지 행정부에 있을 때 만나지 못하는 사람들, 많은 다른 부류의 사람들을 만났어요. 절, 교회, 양로원, 재래시장 등 연말에나 찾는 곳을 표를 얻기 위해서 빈번하게 방문했는데 오히려 많은 것을 배울 수 있는 시간이기도 했어요."

"기업에 편하게 계시다가 장관을 거쳐서 선거까지 하셨는데 부인께서 고생이 많으셨겠어요."

"난리가 났었습니다. 보따리 챙겨서 딴 데 간다고 하기도 하고, 아이들 있는 곳으로 간다고 하기도 하고. 하하. 기업에 있을 때는 봉사도 하고 바깥에 다녀도 누가 뭐라고 할 사람이 없었는데 오히려 공직에 있을 때 청문회 비슷한 걸 받으면서 저나 집사람이나 심적으로 굉장히 위축이 되었었어요. 기업에 있을 때는 전혀 문제가 되지 않았던 것들이 공직이라는 잣대로 대면 이상하게 많은 거예요.

제가 미국에 있을 때 저를 스카우트한 IBM회사에서 미국 영주권을 만들어주었어요. 회사 업무에도 필요했고 갖고 있을 수도 있는 것을 영주권을 왜 그렇게 오래 갖고 있느냐고 물어보는데 답변도 모호해지더라고요. 그런 어려움을 겪는 과정에서 저는 그나마 사회 활동을 하니까 다니면서 잊어버리는데 아내는 심적으로 타격을 많이 받아서 봉사도 일절 끊고 아예 외출도 안 했어요. 선거 때는 명함 돌리러 다녀야 했는데 천식이 도져서 고생도 많이 했죠."

최선의 노력이 선물해 준 최고라는 이름의 선물

"고향이 경남 의령이신데 어릴 때는 어떻게 자라셨어요?"

"경남 의령이 고향인데 제가 5살이 채 되기 전에 가족들이 전부 대구로 이사를 갔어요. 지금은 텔레비전도 있고 컴퓨터도 있고 놀 거리가 상당히 많은데 그 당시에는 놀 거리가 없다 보니까 공부에 매진할 수밖에 없었어요. 집안 형편이 어려우니까 누가 공부하라고 잔소리도 하지 않았고 초등학교, 중학교 때 심심하니까 공부했어요. 공부를 제법 잘했죠."

"가족은 어떻게 되시나요?"

"형제는 2남 2녀, 4남매입니다. 할아버지가 계실 때만 해도 집안 형편이 넉넉했고 아버지가 시골 양반이시기도 해서 일을 안 하셨어요. 아버지가 13살 때 17살인 어머니와 결혼을 하셨어요. 큰집이 아이가 없어서 장손의 대가 끊어질까 봐 아버지를 빨리 결혼시켜서 아들을 낳으면 양자를 보내는 걸로 계획하신 거죠. 아버지가 결혼하실 때 입으셨던 색동옷을 저도 13살 때 한 번 입어봤어요. 하하. 아버지는 일하고는 거리가 멀었고 어머니가 우리를 먹여 살리셨어요. 산에 나무하러 다니시고 식모살이도 하시고 고생 많이 하셨죠."

"대구에서 경북중학교를 다니셨는데 어떻게 서울로 올라오셔서 경기고등학교를 다니신 건가요?"

"제가 대구의 아주 변두리 초등학교를 다녔는데 경북중학교 입학시험을 볼 때 국어, 산수, 주판 이렇게 봤어요. 그 당시 경북중학교가 꽤 명문학교여서 몇 년에 한 번 나올까 말까 한데 저를 포함해서 전교에서 2명이 붙은 거예요. 운이 좋았죠. 중학교 가서도 전교 10등 이내로 공부를 열심히 했어요.

그런데 이때 집안에 일이 생겨서 풍비박산이 나서 가족이 뿔뿔이 헤어지게 되니까 제 거처가 막막해진 거예요. 아버지는 공고를 가서 빨리 취업을 하라고 하셨고 저도 그에 대해서 별반 이견이 없었는데 이웃집 누나가 저보고 너무 아깝다는 거예요. 차라리 누나들이 서울에서 자취를 하고 있으니 누나들과 함께 생활하는 것이 좋겠다고 경기중학교 교과서를 이웃집 누나가 사다 주었어요. 왜냐하면 경북중학교와 경기중학교는 교과서가 많이 달랐거든요.

그래서 3개월 정도 남겨놓고 공부해서 입학시험을 치르려고 하는데 경북중학교 담임선생님이 반대를 하셨어요. 경북중학교에서 경기고등학교로 16명이나 갔거든요. 원서를 안 써주시려고 집에 숨기도 하셨는데 거기까지 찾아가서 도장을 받아냈죠. 시골 촌놈이 수험증을 받으러 경기고등학교를 찾아가는데 못 찾아서 굉장히 애를 먹었는데 어쨌거나 붙었어요.(웃음) 처음에는 누나 집에서 지내다가 나중에는 아버지와 함께 둘이 자취를 하게 됐죠."

"경기고등학교에서도 공부를 잘하셨어요?"

"반에서 5등 이하로 밀려나진 않았으니까요. 특별히 과외를 할 형편도 아니었고 그냥 수업 시간에 열심히 한 걸로 그렇게 됐죠. 그러다가 2학년 여름까지 교회에도 나가서 책도 쓰고 주보도 만들고 하다가 9월에 학력고사라는 것을 봤어요. 국어, 영어, 수학을 처음으로 본격적인 시험을 본 건데 전교에서 90등을 해서 깜짝 놀랐어요.

그 당시의 학력고사나 모의고사는 월말고사보다 정말로 어려웠어요. 나름대로 수학을 잘한다고 생각했는데 수학 문제가 어렵더라고요. 그때 〈학원〉이라는 잡지에서 나오는 부록이 있었는데 경기고등학교 3학년 수학 문제가 끼어있었어요. 그래서 그걸 얻어가지고 마음 독하게 먹고 노는 시간, 쉬는 시간 틈틈이 몇 달간 공부했죠.

2학년 겨울 방학에 또 시험을 봤는데 이번에는 영어 점수가 안 좋았어요. 이번에는 《정통영어》라는 책을 하나 사서 24과를 하루에 1과씩 공부했어요. 1과당 단어가 100개~200개쯤 나오는데 그걸 통째로 외워버리는 거죠. 그때 오뚝이처럼 공부했더니 습진이 다 생기더라고요.

그래서 고등학교 3학년 때 첫 번째 본 실력고사에서 전교 24등을 했어요. 그 다음이 11등이었고 이후에 10등 안에 들어가서 계속 성적이 올라갔죠."

"대학은 서울대학교 공과대학을 가셨나요?"

"네, 장학금을 받고 들어갔는데 등록금을 내고도 남더라고요. 게다가 입주 가정교사로 아르바이트를 했는데 돈도 많이 주고요. (웃음) 대학에 입학해서도 공부를 굉장히 열심히 했어요. 서울대학교 입학시험 치르자마자 청계천 헌책방에 가서 고등학교 참고서를 다 팔아서 수학, 물리 등 원서를 샀어요. 정말 공부에 미친 몇몇 친구들이 있었는데 함께 원서로 공부하고 수업 들어가기 전에 이미 한 권씩 다 떼고 들어갔어요."

국비 유학생 1호의 반도체 사랑

"유학 재수라는 것은 어떤 것인가요?"

"1974년도에 졸업을 하고 나서 서울대학교 전자공학과 유급 조교를 했었어요. 1976년 초였는데 군대도 다녀오고 유학 준비를 하는 과정에서 여러 곳에서 입학허가서는 나왔는데 장학금을 주겠다는 곳이 없는 거예요. 장학금이 없으면 못 가는 거니까 한 해 더 기다렸어요. 그래서 그 다음 해에 미국의 여러 대학교에서 장학금을 주겠다고 하던 차에 우리나라에서 국비 유학생이 그때 생겼는데 제가 1호입니다. 그래서 장학금을 받고 미국에 가서 공부를 하게 됐죠."

"미국에 가셔서 공부 잘하셨어요?"

"매사추세츠 주립대학은 초일류 대학은 아닙니다. 그곳에서 올 A를 받고 2년 뒤에 스탠포드대학으로 옮겼죠. 반도체를 할 생각이었기 때문에 반도체를 정말 잘하는 학교로 옮긴 겁니다. 스탠포드에 가서 박사 과정 인문시험을 보는 데도 성적이 10% 내에 들어갔어요."

"졸업 이후에 IBM연구원으로 들어가셨는데 삼성으로 돌아오신 이유가 있으신가요?"

"반도체와 인연이 오래됐어요. 대학교를 들어가자마자 반도체 하려고 마음먹었고, IBM에 가서도 반도체를 연구했어요. 우리나라가 반도체에 투자한 것이 1983년이었는데 그때가 박사 학위를 마쳤을 때였어요. 우선 IBM에 간 이유는 한국에서는 반도체에 대해 경험 있는 사람이 필요했기 때문에 IBM에서 좀 더 배우기 위해 2년 반 동안 있었습니다. 그때 삼성, 현대에서 반도체를 시작했는데 적자를 엄청나게 보았어요. 이래서는 안 되겠다 싶어서 한국의 반도체를 본격적으로 시도해보자 해서 들어왔죠."

"이병철 회장님에게 임원 아니면 안 하겠다고 하셨다고요?"

"1985년도에 IBM을 떠나서 삼성에 왔을 때는 국내에는 연구팀이 거의 없었고 모두 미국에 있었습니다. 삼성 현지 법인이 미국 실리콘밸리에 있었는데 그곳에서 부장급으로 2년 동안 근무했어요. 우리로 봐서는 본토가 아니기 때문에 정말로 한국에 나와서 하려고 하는데 텃새가 있기 때문에 일할 수 있는 위치를 만들어달라고 했죠. 그게 임원 아니겠습니까. 나이가 35살밖에 안 될 때였는데 임원을 만들어주면 오겠다고 했어요. 그래서 이병철 회장님과 주선이 돼서 이야기 끝에 그 나이에 임원이 된 거죠. 하하."

항상 꿈을 꾸고 도전하며 결과에 감사하는 삶

"진대제 전 장관님의 이야기를 듣고 있으니까 1등 인생을 사신 것 같아요. 1등이 아니면 성에 안 차셨을 것 같은데요, 혹시 그것 때문에 후회되는 일은 없으신가요?"

"바쁘게 살다 보니까 가족들에게 미안하죠. 아내는 매일 보니까 괜찮은데 아이들에게 미안해요."

"자녀는 어떻게 되세요?"

"1남 2녀인데 아이들이 자라는 것을 보지 못했어요. 외국에 나가 있는 날수만 110일 정도니까, 아이들 공부하는 것은 가끔씩 도와주기는 했지만 많이 관여는 못 했죠.

나중에 아들이 미국에 유학을 갔을 때 저도 마침 미국 출장 중이라 호텔에서 한번 같이 잔 적이 있어요. 저는 시차 때문에 졸려 죽겠는데 아들은 이야기를 하고 싶은 거예요. 정말 오랜만에 만났는데 너무 졸리더라고요. 그런데 '아빠가 필요로 할 때 아빠는 없었다, 무슨 얘기를 해줘본 적이 있느냐?' 라고 하는데 정신이 번쩍 들더라고요. 아들이 대학교 3학년 때 그 소리를 한 거니까 그전에는 정신 못 차린 거죠."

"자녀분들도 다 공부를 잘하시나요?"

"공부는 다 잘합니다. 아들이 미국에서 태어나서 초등학교 3학년을 마치고 4학년 때 한국에 왔는데 처음에는 한국말이 서투르니까 정말 고생했어요. 나중에는 점점 좋아져서 중학교 졸업하고 고등학교는 경기도로 입학 시험을 보게 해서 유학을 보냈죠. 그러다가 2학년을 마치고 외국인학교로 옮겼다가 대학은 미국으로 갔는데 아버지가 공직에 있으니까 다시 한국으로 들어왔죠. 아들 녀석이 제일 고생을 많이 했어요. 그래도 딸 둘은 어렸을 때 들어와서 영어도 능숙하고 제 앞가림 잘하고 있습니다."

"가난하게 태어나셨지만 이루고 싶은 것은 다 이루신 성공하신 인생이라고 생각되는데 인생에서 가장 중요한 것은 무엇이라고 생각하세요?"

"요즘 강연을 나갈 기회가 많아졌는데 젊은 사람들에게 목표를 높게 잡고 무슨 일을 하든지 세계 최고가 될 생각을 하라고 합니다. 삼성전자가 큰 회사이고 돈도 잘 벌지만 그것은 삼성전자가 잘하는 것이지, 그곳에 있는 개개인이 다 잘하는 것은 아니거든요. 삼성의 디지털 TV를 설계하는 과장의 경쟁자는 소니의 디지털 TV를 설계하는 과장인데 만약 경쟁자보다 더 낫지 않으면 문제가 있는 거죠. 개별적으로 최선을 다하고 최고가 되어야 전체가 최고가 되는 겁니다. 그런 점에서 어떤 분야에서라도 최고가 되기 위해 노력하고 항상 꿈을 꾸고 도전하고 결과에 감사하는 삶을 사는 것이 중요하다고 생각합니다. 바로 그런 게 가치가 있는 일이겠지요."

"정선아리랑은 그 자체가 삶이고 시"

정선아리랑연구소 **진용선** 소장 _

지게막대기 가락에 살아온 인생을 붙이면 세상에 시인이 따로 없고, 소리꾼이 따로 없습니다.'

'우리 집의 서방님은 잘났든지 못났든지
얽어매고 찍어매고 장치다리 곰배팔이
노가지 나무 지게 위에 엽전 석 냥 걸머지고
강릉 삼척에 소금 사러 가셨는데
백봉령 구비 구비 부디 잘 다녀오세요.'

강원도 첩첩 산중 동네인 정선에서 저 멀리 험한 산길인 백복령을 넘어 강릉과 삼척을 다녀와야 하는 서방님을 그리워하는 어느 아낙의 고된 삶을 잘 드러내는 강원도 '정선아리랑'의 한 대목입니다.

이 정선아리랑에 미친 사람이 있습니다.

잘나가던 20대의 토플 강사가 외국인 회사에서 통역을 담당하던 일을 때려치우고 고향인 정선으로 돌아와 정선아리랑을 채집하고 그것도 모자라 저 연해주와 간도땅까지 아리랑의 뿌리를 찾아 돌아다니는 사람입니다.

지금은 고향 땅의 폐교를 아리랑 학교로 세우고 아리랑을 전 세계에 보급하는 정선아리랑연구소 진용선 소장을 『손숙의 아주 특별한 인터뷰』에서 만나보았습니다.

3대 아리랑

"올해 마흔 다섯 이라고 했는데 너무 청년 같으셔서 한 삼십 대로 보입니다. 정선에서 서울까지 먼 길을 오셨는데, 아우라지를 넘어서 오시는 건가요?"

"저희가 사는 곳은 아우라지에서 멀리 떨어져 있어요. 같은 정선인데도 끝에서 끝을 가려면 한 시간 반 거리를 가야 되요. 정선에서 정선 끝까지 가는 것보다 정선에서 서울 쪽 오는 길이 더 좋다고들 하죠. 보통 정선에서 서울 올 때는 세 시간을 잡는데 오늘은 차도 막히고 서울 오는 길이 점점 녹록치 않다는 생각이 들었습니다."

"고향인 정선은 언제 떠나셨다가 돌아오신 거죠?"

"고향을 처음 떠나온 것은 중학교 2학년 때, 부모님이 춘천으로 유학을 보내시면서예요. 밖에서 대학교와 대학원을 마치고 직장 생활을 조금 하다가, 1989년도인가 1990년도쯤 돼서 정선에 다시 돌아온 겁니다. 저희가 사는 지역이 광산촌이다 보니까 전체적으로 교육열이 굉장히 높았어요. 저희 아버님도 광산촌에서 사무직 일을 하셨지만 채석을 하시는 분들을 포함해서 모든 분들이 자식을 통해 당신들의 삶을 대변하고 싶어 하시고 자식만큼은 제대로 된 교육을 받게 하기 위해 유학을 많이 보냈어요."

"저희 밀양에서도 아리랑 제를 하는데 제가 아는 아리랑은 정선아리랑, 밀양아리랑, 진도아리랑이 전부예요. 어떻게 구별이 되는지 소리로 들려주실 수 있나요?"

"우리나라 아리랑은 백여 가지가 있어요. 그중에서 가장 대표적인 3대 아리랑이라고 하는 것이 정선아리랑, 진도아리랑, 밀양아리랑이지요. 진도아리랑은 서편제로 유명해 졌는데 음폭이 굉장히 높아서 보통 사람들이 득음을 하지 않고서는 부르기가 힘들어요. 소리로 표현하자면 '아리 아리랑~ 스리 스리랑~.' 하는 것이 진도아리랑이고, 정선아리랑은 '아리~이~랑~.' 하고 천천히 정선의 산세 흘러가듯이 부르고, 밀양아리랑은 '와 이리 좋노~ 와 이리 좋노~.' 하지요."

"아리랑이 백여 가지나 되는지는 몰랐어요. 그러면 정선아리랑의 유래는 어떻게 되는 거예요?"

"정확하게 어디서부터 시작되었다고 이야기하는 것은 최근에 문자화되면서 나온 얘기고요. 구전되었기 때문에 여러 가지 설이 있습니다.

예전에 아우라지에 처녀 총각이 서로 사랑을 했는데 어느 날 갑자기 비가 와서 만나지 못하니까 서로 그리움을 담아가지고 노래로 불렀다는 '아우라지 처녀설' 이라든지 또 고려가 멸망하고 72명이 두문동에서 사시다가 그중에 7명이 정선으로 내려와서 거기서 자기들의 나라를 잃은 슬픔을 한시로 만들어서 율창으로 부른 것이 정선아리랑이 아닌가 하는 설도 있어요. 그 밖에 많은 설이 있지만 구전문학이라 기록된 것이 없어서 우리나라의 많은 아리랑이 사라졌듯이 정선아리랑 역시도 그렇지요. 또, 기록된 역사가 짧아서 정확하다기보다는 다만 전설로 순화되어 있지요."

"우리나라의 설화나 민요는 대부분 구전이기 때문에 보존이 안 된 것들이 많이 있는 것 같은데, 저는 잘은 모르지만 정선아리랑은 정말 내용이 다양하던데요?"

"우리나라 아리랑뿐만 아니라 모든 민요 가운데 가장 많은 가사를 가지고 있어요. 예를 들어서 다른 지역 아리랑이 100수, 200수에 불과하다지만 정선아리랑은 채록된 가사만 3,000수가 넘고. 그 가사를 하나하나를 뜯어보면 굉장히 재미가 있습니다. 남녀 간의 사랑과 애정, 그리움, 이런 것들이 올올히 배어있어 웬만한 소설 쓰는 분들은 정선아리랑에 대해서 굉장히 즐거워하지요."

"한 2개만 소개를 해 주실 수 있으세요?"

"가장 흔하게 부르는 것이 눈이 올라나 비가 올라나가 되겠고요, '눈이 올라나아~ 비가 올라나아~…….' 이렇게 긴 아리랑과 엮음아리랑이라고 해서 요즘 외국 사람들이 배우면 아주 좋아하는 아리랑이 있습니다. '우리 집의 서방 집은 잘났든지 못났든지 얽어매고 찍어매고 장치다리 곰배팔이…….' 완전히 랩이에요. 그래서 외국 사람들도 이걸 배우면 덩실덩실 춤추고 좋아합니다."

"'우리 집의 서방 집은 잘났든지 못났든지…….' 호호호. 정말 정선이라는 땅이 굽이굽이 척박하니까 그 삶이 노래에 그대로 드러나 있는 것 같네요. 그런데 한 3,000절 정도를 기록하셨다고 들었어요. 어렸을 때부터 듣고 자라셨나요?"

가슴으로 부르는 노래

"제가 살았던 곳이 광산 지역이지만 조금 더 산골 쪽으로 가면 소리하는 모습들을 많이 볼 수가 있었습니다.

그 당시 산에 놀러 가면 할아버지 할머니들이 지게작대기 두드리면서 노래하는 모습을 굉장히 많이 봤어요. 그때는 그 소리가 뭔지도 모르고 귀에 익은 소리였는데 대학교 때 화두가 됐던 '민중'과 관련된 활동을 하면서 아리랑이라는 것에 눈을 뜨게 되니 그때 듣던 고향의 아리랑 가락이 색다르게 해석되고 뭔가 관심을 끄는 소리로 다가왔죠."

"임권택 감독님이 옛날에 그런 얘기를 하시더라고요. '전라도를 가면 애부터 어른, 노인까지 잡가 하나는 다 부른다, 장에 갔다 올 때도 부르고 산에 나무할 때도 부르고 그렇기 때문에 그런 정서에 젖어 살아왔다.' 정선 분들도 대강 가슴으로 부르는 분위기가 되어 있나요?"

"정선아리랑의 가사가 3,000수가 넘는다는 것은 그만큼 정선이라는 바탕 자체가 소리 보존이 잘된 곳이라 볼 수 있죠. 예를 들어 시장에 가서 할머니들에게 소리 한마디 해달라고 부탁하면 할머니들이 처음에는 못한다고 손사래를 치세요. 하지만 그 눈빛 속에는 좀 시켜줬으면 하는 것이 배어납니다. 그래서 포기하지 말고 계속 할머니들을 조르면 한마디로 시작해서 걷잡을 수 없이 계속 나오는 거죠. 거기서는 소리가 아리랑이니까요."

"그냥 사설이 나오는 거네요."

"그렇죠, 어떤 정형화된 것이 아니라 정선 사람들은 찍어 붙이는 소리라고 해서 자기가 작사도 하는 거예요. 자기 살아온 인생을 이렇게 가락에다가 뜯어 붙여서 만들어내니까 세상에 시인이 따로 없고 또, 세상에 소리꾼이 따로 없는 모습들인 거죠."

"아리랑 채집을 위해서 중국도 가신다는데 거기도 우리 아리랑이 남아있나요?"

"우리나라에서 사라진 아리랑들이 많이 발굴되었어요. 그래서 돌아다니면서 채집한 아리랑을 1995년에 음반으로도 내고 또, 지금도 계속 작업을 하고 있습니다. 제가 1993년에 처음으로 중국에 정선아리랑을 채록하러 갈 때 주변 분들이 거기에 무슨 정선아리랑이 있냐면서 허탕칠거라는 말씀들을 하셨는데 그 당시에 우리나라 각 지역에서 수십만 명의 사람들이 먹고 살기 위해서, 개간하기 위해서, 배고파서 중국으로 넘어갔어요. 그때 사람만 간 것이 아니고 소리도 다 따라갔던 거죠."

"전혀 못 들었던 아리랑을 그쪽에서 들어보셨어요?"

"영천아리랑 같은 경우는 우리나라에서 사라진 것으로 기록되었는데 중국에 가서 채록해 왔어요. '아라린가~ 지랄인가~ 영천인가~.' 하는 이런 노래거든요. 그런데 우리나라에서는 아라린가 지랄인가 하니까 욕이라고 못 부르게 하고 또, 그 지역 일대가 개발되면서 자연적으로 사라져 버렸죠. 경상도 분들이 많이 가 계시는 흑룡강성 마을 같은 데는 그것을 잔치 때도 부르고, 놀 때도 부르는데 그것을 우리나라에 와서 CD로 내니까 그게 영천에서 다시 복원이 되고, 역으로 사라진 아리랑을 그쪽에서 찾아오는 경우가 됐죠."

"중국 말고 또 어디어디를 다녀오셨어요?"

"중국하고 사할린, 우리 민족이 옛날 지난했던 시절에 나갔던 중국 헤이룽장성, 요령성, 길림성, 사할린 지역, 또 연해주 지역을 다녔지요. 특히, 블라디보스토크 위에 하바롭스크 쪽 일대는 지금도 굉장히 관심을 갖고 녹음과 채록을 하고 있는 지역입니다.

사실 한글 교육이라든지 이런 분야는 노력들을 기울이는데 전통문화 특히, 민요 쪽에는 무방비 상태나 마찬가지예요. 1세대는 다 돌아가시고 5세대, 심지어는 6세대까지 자리 잡고 있는데 그분들은 벌써 민요에 대해서 관심도 많이 떨어져 있고 예전에 듣던 1세대의 아리랑 정신 같은 것은 모르더라고요."

"모를 수밖에요. 문화가 다르고 정서가 다르니까요. 정말 귀한 채록을 해 오신 것 같은데 1993년에 '정선아리랑 학교'를 세우셨어요. 어떤 학교입니까?"

"강원도에서 처음으로 무상 임대 받은 폐교를 학교로 만들었어요. 아무것도 없는 교실 두 칸짜리의 폐교를 몸으로 때워가면서 일하고 가꿔서 1993년부터 자리를 잡아갔죠. 정선아리랑을 배우려고 하는 사람을 대한민국 4천만 명 중에서 1년에 80~90명 못 모으겠나 싶어서 아리랑학교라는 이름으로 신문과 방송을 통해 알렸죠.

그랬더니 첫 해에 100명이 넘는 사람들이 몰려들었습니다. 제가 24살에 문단에 등단을 하고 1993년에 해변시인학교에서 리어카 끄는 일을 시작으로 그곳에서 캠프에 불붙여가면서 몸으로 배운 시스템이 학교를 꾸려 가는데 굉장히 보탬이 되었다고 생각합니다."

"숙식을 비롯해서 경비가 꽤 들 텐데요?"

"숙식은 교실에서 다 해결했고 3박 4일 동안 2만 원을 받은 것 같습니다. 소리하시는 기능 보유자분들과 지금은 연로하셔서 활동은 잘 못하시지만 정선아리랑의 최고 연령이신 최봉철 선생님을 교장 선생님으로 모시고 진행을 했었지요. 지금으로 생각하면 속된말로 완전히 밑지는 장사가 됐는데도 전혀 밑지지 않았던 것은 그 많은 분들이 정선아리랑을 배워간다고 생각하니까 오히려 크게 남은 프로그램이었다고 생각합니다. 전국의 대학생 이상의 남녀노소에게 아리랑을, 정선아리랑을 전승하고 알릴 수 있다는 기쁨이 저한테는 너무 소중한 경험이었습니다."

"1993년에 개교를 하셔서 지금은 10년이 넘었는데 너무 귀한 기회이고 정선의 관광 상품으로도 굉장히 가치가 있을 것 같아요."

"벌써 10년이 되었는데 여름에 성공한 좋은 아리랑 프로그램으로 선정도 됐어요. 아리랑 학교를 다녀간 총 인원은 한 십만 명이 넘는 것 같습니다. 시골에서의 십만 명이면 굉장히 많은 인원이거든요. 처음에는 여름에만 했는데 학교를 체계적으로 꾸미고 나서는 봄, 여름, 가을, 겨울도 하게 되고, 수시로 와서 배울 수가 있습니다."

"해외에서도 많이 온다고 들었어요."

자기 것을 사랑하라

"우리끼리 정선아리랑을 아는 것도 물론 중요하지만 외국 사람들이 아리랑 자체는 많이 알고 있으니까 정선아리랑을 아리랑의 시발점으로 만들어서 홍보를 해보자 해서 개인적으로 번역과 인쇄를 해서 계속 보냈었죠. 그랬더니 하나 둘 아름아름 퍼지더니, 1990년대 하반기부터는 유네스코 한국위원회에서 국제청년캠프(IYC: International Youth Camp)라고 외국인들이 한국에 와서 전국에 각 지역으로 흩어져서 그 지역의 문화예술, 환경도 보는데 저희 아리랑학교가 그 외국인들이 전통 문화를 배우는 장소로 지정됐어요.

저희 입장에서는 너무 열악한 시설인데 잠자기도 힘든 이 깡촌까지 내려와서 아리랑을 배우는 것이 이상하지 않을까 걱정했는데 그냥 솔직하게 여기는 이렇다, 화장실도 옛날에 학생들이 쓰던 화장실이고 또 잠자는 데도 옛날 학생들의 삐거덕대고 마루걸레질 하던 마룻바닥이고 먹는 것도 돼지감자 캐서 삶아먹고……, 이런 솔직한 모습을 보여준 것이 굉장히 성공적이었습니다.

외국 가서도 못 잊어서 한국으로 글도 써서 보내고 또, 그들의 친구들도 일부러 정선을 택해서 오고 그래요."

"경치만 봐도 그 사람들은 잊지 못할 것 같아요. 그런데 일본의 사이타마 현의 호소다고등학교 거기는 어떻게 인연이 되신 거예요?"

"예전에 제가 모 방송프로그램에 나온 것을 마침 한국에 나와 있던 일본의 교장선생님이 보시고 젊은 사람이 시골에 내려가서 전통문화 하는 모습이 보기 좋다고 양정고등학교의 엄규백 교장선생님을 통해 만나고 싶다고 전화가 왔더라고요. 정선에 가보고 아리랑에 대해서 알고 싶어 오시겠다고 하는데 거리상으로도 너무 벌고 헛 약속이 되는 경우가 많았기 때문에 그러려니 했어요.

그런데 그 날짜 되니까 정말로 저희 집 앞에 오신 거예요. 일본의 고등학생들을 수학여행으로 정선에 보내면 정선아리랑을 가르치겠느냐고 해서 저는 무조건 된다고 했죠. 왜냐하면 우리가 나가서 선전해서 끌고도 오는데 굴러들어오는 사람을 안 된다고 할 수는 없잖아요. 그래서 그분들이 오시면 적극적으로 프로그램도 만들고 도와드리고 또 여러 가지 인쇄물도 만들고 해서 지금 그분들이 9년째 왔다가셨죠. 매해 300~400명 정도의 남녀 학생들이 봄마다 옵니다. 정선아리랑도 배우고 이론에 대한 얘기도 듣고 또 정선 5일 장터도 가보고. 또 5일 장터에 가면 일부러 찐빵도 사먹어 보면서 우리나라 장터의 풍경도 맛보고 아우라지에 가서 정선아리랑의 남녀가 서로 강가에 서서 가졌던 느낌도 체험해보고 그러죠."

"우리 정서와는 다를 것 같은데. 재미있어들 하던가요?"

"단순히 학교에 왔다가는 차원에서 머물면 안 된다고 생각해서 정선에 있는 고등학교 학생들하고 교류도 만들어서 지난 10월달에는 그곳에 가서 우리가 공연도 하고 왔어요. 정선아리랑의 정서가 한국의 시골을 이해하는 정서라고 학교에서 가르치고 배우고 또, 여기 와서 다시 복습하는 식으로 수학여행을 진행하다 보면 학생들이 굉장히 열심히 해요. 또 리플릿 하나도 꼼꼼히 챙기고 소리꾼 서명까지 받아서 일본에 가져가는 모습들을 볼 수 있습니다."

"그런데 교장선생님이 굉장히 특별한 분이신거 같아요. 한국에 관심도 많으시고……."

"지금 여든 여섯이나 되셨는데 돌아가시면 계속 이어나가는 문제도 있고 해서 지난번에 갔을 때는 교장선생님께 확약을 받았습니다. 교장선생님 이후에도 계속될 수 있었으면 좋겠고 인연을 안 놓치게 하려고 교장선생님을 정선면의 명예군민을 만들어놨어요. 명예군민으로 정선군에서 위촉을 했기 때문에 인연의 끈을 놓을 수가 없으시겠지요."

"정말 특별한 인연이고 많은 외국 분들이 오시는데, 특히 기억에 남는 분들은 안계세요?"

"나이지리아의 디자이너 한 분이 정선아리랑을 배우고 너무 정선아리랑에 빠져서 듣고 배운 것으로 티셔츠 앞에다 디자인을 해서 그 느낌을 문양으로 만들어보고 싶다고 하더라고요. 오히려 우리가 생각하는 외국인들은 정선아리랑을 본심으로 얼마나 배울까 하지만 그만큼 열정을 가지고 가사 하나하나를 메모하고 적고 또 그 나라에 가서도 하고 또 저한테 메일도 보내고 선물 보낼 때 정선아리랑을 한글로 배워가지고 써서 보내기도 해요."

"정말 그 많은 외국인들이 대한민국은 알 수가 있겠지만 어떻게 정선까지 찾아올 생각을 했을까요? 그게 너무 신기하네요."

"2002년 월드컵의 영향이 굉장히 컸다고 봅니다. 많은 분들이 2002년 월드컵 때 한국 응원하는 모습 속에서 봤다고 하더라고요. 윤도현 밴드도 아리랑을 했었고 응원가로도 부르고……. 또, 한국에는 너무나 많은 아리랑이 있고 그 고향이 정선이라는 얘기를 듣고 찾아온 사람들도 있어요."

"외국 사람들이 호기심이 많은 사람들인 것 같은데요. 가사가 품고 있는 내용들은 잘 모를 것 같아요. 가슴에 우리하고는 다른 정서가 있을 것 같은데. 번역 작업도 많이 하셨더라고요. 번역본도 출간이 되어 있는데. 지금 책을 한 권 주셨는데. 이 번역본은 직접 하신 거예요?"

"1990년대 초반에는 독일의 젊은 시인들의 시들을 비롯해 번역하는 것을 조금했었는데 시골 내려가서는 외국어를 쓸 일이 거의 없고 또 정보도 어둡다 보니 많이 둔해지는 느낌도 받고 합니다. 여러 해 전에 정선아리랑을 외국에 알려보자는 취지에서 번역하는 사람들과 같이 했는데 정선의 사투리라든지 가사의 정서는 번역이 안 되고 저희 같은 경우는 영어로 번역하면 아무래도 아주 미세한 부분의 번역의 맛이 안 살아날 것 같고 해서 상당히 어려웠는데 지난해부터 매달려서 올해 초에 완성을 할 수가 있었습니다."

통일에의 꿈

"대학 때는 독일어를 전공했고 대학원 때는 비교언어학을 전공해서 좋은 직장에 잘 다니다가 이 일을 하셨는데 아버님의 반대는 없으셨나요?"

"1990년대에 제가 하는 일을 이해 못 해서 등돌리고 앉으시던 모습이 눈에 선해요. 통역관과 토플 강사의 벌이가 괜찮았는데 어느 날 제가 하고 싶은 일이 생겨서 자신감보다는 젊음 하나로 내려왔는데 주변의 시선이 도시에서는 못 느꼈지만 시골에서는 너무 냉담한 거예요. 왜 부모가 공부를 시키려고 대처에 보내놨더니만 다 팽개치고 내려왔느냐는 말들도 많았고 부모님의 걱정이 크셨지요. 당시에 저희 아버님이 장로님이셨는데, 목사님을 통해서도 설득이 안 돼서 정선군의 부군수님을 찾아갔었어요. 그때 부군수님이 정선아리랑을 처음으로 채록하시고 연구하시고 정립하신 분인데 그분한테 이 일을 하는데 아버님을 설득해 주십사 해서 겨우 시작을 할 수 있었습니다."

"독일어 통역 담당관으로 직장 생활을 하셨고 토플 강사도 하시면서 안정적인 생활을 하시다가 갑자기 이 일을 생각하신 구체적인 계기가 있으셨어요?"

"특별한 이유보다는 그냥 좋더라고요. 직장 생활 초창기에 독일문화원에 에칭 판화가 한 분이 한국에 오셔서 그분을 모시고 독일문화원으로 가는데 그분이 저한테 아리랑에 대해서 물어보셨어요. 저한테 아리랑이라는 화두를 처음 던진 분 같아요. 그분이 한국의 문화를 얘기하면서 아리랑에 대해서 얘기하는데 저는 아리랑을 듣고 자랐고 대학 때 민중문화 노래패 같은 서클 활동하면서 아리랑에 대한 이해가 있었고 또 그걸 지금은 다 잊어버렸지만 그때는 독일어가 유창했을 때니까 설명을 하는데 이분이 너무 감동을 받으셨어요. 한국에 와서 아리랑을 물어보면 잘 모를 거라고 교포가 얘기해 주셨다는데 그때 한국에 와서 처음 통역을 담당한 제가 아리랑을 독일어로 풀어주고 노래까지 해주었더니 그분이 독일에 가셔서 에칭 판화집과 테이프를 보내셨더라고요.

또, 워낙 좋아했었으니까 이런 걸 가지고 소개하고 홍보하는 것, 그때만 해도 아리랑이라고 하는 것이 시골에서는 공부 못하는 사람이 지게작대기 두드리면서 하는 노래라고 폄하하고 그랬는데 저는 절대 그런 게 아닌 것 같더라고요. 그래서 제가 한번 이걸 매달려보고 싶다는 생각이 들었는데 다 반대하는 거예요. 아무도 거기에 대해서 편들어주는 사람이 없고 전부 다 하지 말라고 얘기를 하는 거예요."

"부모님이 기가 막히셨겠네요. 내려가셔서 뭘 하신 거예요?"

"지금도 가장 아쉬운 것이 자리 잡아가는 모습을 못 보시고 두 분 다 돌아가신 거예요. 그때는 막 들어가서 부지런히 했지만, 학교도 폐교도 얻기 전이니까.

막상 일을 한다고 내려갔는데 할 일이 없는 거예요. 대학 교수님이 현판을 하시는 분이라 붓글씨로 '정선아리랑'이라고 쓰셔서 선물을 하나 해주셨는데 목각 현판도 못 걸게 하시더라고요. 아버님이 걸지 말라고 하셔서 안 썩게 하려고 방부제가 없으니까 신문지, 기름종이에 잘 싸가지고 현판을 걸긴 해야겠는데 설득이 안 되잖아요. 그래서 아는 분들을 동원하고 설득해서 돌아가시기 한 달 전에 걸었어요. 아버님은 탄광에서 공무를 보셨는데도 진폐증으로 돌아가시고 저희 어머님은 보름 만에 암으로 돌아가셨어요. 뜻도 중요하지만 개인적으로는 굉장히 힘이 들더라고요."

"생계는 어떻게 하셨어요?"

"그때는 벌어놓은 것을 가지고 내려갔었죠. 일부러 이 일을 하려고 하숙집 생활도 안 하고 독서실에서 한 3년 동안을 침낭에서 자면서 3년 동안 돈을 모으고 준비를 했어요. 독서실에서 침낭 생활을 오래 하다 보니까 기관지가 많이 나빠졌었어요. 그래서 병원에 가니까 기관지가 확장돼서 수술을 해야 한다고 했는데 수술은 힘들고 시골 내려가서 기관지에 산초 열매가 좋다고 해서 이 열매를 계속 복용하면서 그걸로 싹 낳았죠."

"결혼은 언제 하셨어요?

"정선에 내려가서 한 2년 정도 있다가 서울에서 직장 생활을 하다가 내려와 있던 집사람을 글 쓰고 취재하면서 만나 결혼했죠. 그리고 아들만 둘입니다."

"정선에서 학교 다니고 있을 텐데 만약 아드님이 아버지의 뜻을 이어서 여기서 이 일을 하겠다고 하면 어떻게 하시겠어요?"

"저는 지금도 그렇게 생각합니다. 아이들에게 공부 강조는 안 하는데 영어는 굉장히 중요하니까 앞으로 정선아리랑뿐만 아니라 세계가 점점 하나가 되니까 중요한 건 하라고요. 그리고 하고 싶은 걸 하라고 합니다. 제가 지금 추구하고 있는 이 일도 지금은 이렇게 쉽게 이야기하지만 그때는 잠자려고 누우면 잠을 못 잘 정도로 힘이 들었어요. 다 반대를 하니까 먼 길을 돌아왔죠.

지금이야 그런 일 한다고 하면 다들 전통문화니 문화가 좋다고 그러지만 1990년 이전에 이런 시골에서 문화사업이라는 용어도 안 썼을 뿐더러 문화사업 자체가 너무 힘들고 외로운 싸움이었지요. 지금은 아이가 이런 거 좋아하고 관심 있어 한다면 아주 떳떳하게 한번 나서보라고 얘기할 생각입니다. 아마도 좋아하는 걸 하라고 이야기할 것 같습니다."

"박물관도 만드셨어요?"

"폐광이 다 되고 먹고 사는 것이 힘들어지니까 동네를 활성화하는 징검다리를 놓아보고자 아리랑학교 교실 두 칸을 박물관으로 만들었어요. 들어가는 입장권을 동그란 딱지로 만들어서 동네 가게나 식당에서 물건을 사거나 혹은 밥을 2000원어치 먹으면 받을 수 있게 하고 그것으로 박물관에 오면 무료 입장이 되게 했지요.

작년에 굉장히 인기가 좋아서 딱지 전시회도 만들었어요. 지금은 전시회를 좀 치워놨지만 우리나라에서 처음 나온 딱지부터 근래에 나온 딱지까지 있습니다. 일본 사람들이 우리나라에 와서 조선인을 인쇄해서 만든 최초의 딱지부터 최근의 플라스틱 딱지까지 전시를 했었죠."

"진영선 소장님을 보면서 사람이 하고 싶은 일을 하면서 사는 게 참 행복이구나 하는 생각을 했는데요, 정선아리랑이 많이 있지만 그중에서도 이건 내가 특별히 좋아하는 아리랑이다 하는 것이 있으시면 하나만 소개해 주실래요?"

"박제화 된 옛날 소리가 아니라 최근에 생겨난 소리가 있습니다. '사발 그릇이 깨어지면 은 두세 쪽이 나는 데에에~ 삼팔선이 깨어지면은 한 덩어리로 뭉친다~.' 는 노래인데 우리는 깨어지면 분리, 이탈로 보는데 삼팔선은 왜 깨어지면 분리 이탈이 아니라 하나로 뭉치냐는 뜻이 담겨 있어요. 개인적으로 통일을 열망하는 시골 사람들의 염원, 정선이라는 사람들의 열망이 배어 있는 노래라서 애착이 갑니다."

|김근태 전 복지부장관 인터뷰|

"부부라기보다는 동지입니다"

손숙 씨가 만난 사람 중에 잊지 못할 분이 계십니다. 바로 보건복지부 장관을 역임하였던 김근태 · 인재근 부부입니다. 지난 2005년 12월 13일 〈레이디경향〉과의 인터뷰 전문을 부록으로 싣기로 하였습니다.

고단한 삶이지만 품을 수 있는 세상이 있어 살만합니다. 아름다운 세상에 '그 사람'과 함께 가고 싶습니다. 그 사람이 누구일까요. 궁금합니다. 그 사람의 생각이 알고 싶고, 그 사람이 사랑하는 사람들도 궁금합니다. 이달부터 연극 배우이자 전 환경부장관인 손숙 씨가 매달 독자들을 대신해 '그 사람'을 만나러 갑니다.

누군가 말했다. 사람(人) 사이를 '터'서 내면을 '바라보는(view)' 것이 '인터뷰'라고. 일견 말장난 같지만 일리가 있다. 그래서 아름다운 사람끼리 만나는 자리엔 진솔한 웃음과 따뜻한 눈물꽃이 피어난다. 인터뷰하는 이와 인터뷰당하는 이의 진심이 만난 자리에는 '믿음' 이라는 열매가 맺힌다. 연극 배우 손숙 씨가 아름다운 열매 맺기에 나섰다.

"내조, 외조가 따로 있나요? 부부라기보다는 동지입니다."

손숙 씨가 첫 번째 만난 사람은 최근 화제가 된 '숟가락 연하장'의 주인공 김근태 보건복지부장관 부부다.

김근태 장관은 '정치계의 신사' 라는 별명답게 '클린 지수'(청렴도) 수위를 달리는 공직자다. 그러나 고문의 어두운 그림자, '김 진지' 로 대변되는 딱딱한 이미지가 자신에게나 대중에게나 적잖은 부담이 되어 왔다. 편견은 실효성 없는 의견이라고 했던가. 고생한 사람 같지 않게 말갛고 하얀 얼굴, 점잖은 말씨에 배인 따뜻함, 아내의 이름을 친구처럼 불러대는 개구쟁이 같은 모습도 분명 그의 모습이다. 모 방송 출연 이후 미니홈피 방문객이 부쩍 늘었다며 흐뭇해 하는 부부이다.

방송을 통해 김 장관 부부가 좋은 뜻을 위해 기증한 숟가락 연하장은 천만 원에 낙찰됐다고 한다.

첫아들 낳고 결혼식 다시 올린 사연

"와, 이게 얼마 만이에요. 바쁘실 텐데 이렇게 시간 내주셔서 감사해요."

"오랜만에 손숙 선배를 만났는데 포옹이라도 한 번 해야지요."

"하긴 요즘 연상의 여자가 인기라면서요. 사모님도 계신데 괜찮으신가 모르겠네. 호호호."

"저 신경 쓰지 마시고 하세요."

"두 분은 어떻게 만나서 결혼하셨나요? 부인께서 말씀해주세요."

"지금 청소년보호위원회 위원장이신 최영희 선배가 저희 과 선배거든요. 그 선배 부부가 중매쟁이였죠. 학교 다닐 때부터 그 선배가 '너 연애하지 마라, 연애하지 마라.' 그랬어요. 신랑감 있다고요."

"김 장관님 처음 만났을 때 인상이 어떻던가요?"

"도피 중이던 시절이었어요. 첫인상이 좀 우울해 보여서 퇴짜를 놓을까 말까 하다가 같이 운동(민주화)하는 입장에서 측은지심으로 살려준 거죠. 호호.

술도 잘 못하는 이가 매운탕 한 그릇을 시키더니 소주를 벌컥 벌컥 몇 잔 마시고는 '나랑 결혼하자. 그렇게 하지 않으면 어디든 도끼 들고 쫓아가겠다.' 고 하더라고요."

"김 장관님은 결혼을 두 번이나 하셨다면서요?"

"1978년 당시 도피 중이었기 때문에 처가 식구들만 모여서 식사하는 정도로 결혼을 했지요. 10 · 26이 일어난 다음 1980년에 세상으로 나와서 정식으로 결혼식을 했습니다. 저 같은 사람들은 그래서 다들 결혼을 두 번씩 했어요. 하하하!"

"옆에 누군가 있다는 것이 큰 힘이 됐겠어요. 결혼을 하니 뭐가 좋던가요?"

"대화 상대가 있다는 게 용기를 갖게 만들더군요. 다른 한편으로는 '야, 이제는 먹고 살아야 하는 구나.' 하는 게 굉장한 부담으로 다가왔어요.

그런데 10 · 26 이후 취직 좀 해보려고 의료보험연합회에 면접하러 갔다가 싸움만 하고 돌아왔어요. 면접관이 유신을 찬양하는 발언을 하기에 꾹 참았는데, 또 긁더군요. 그래서 폭발했죠. 집에 돌아와 보니 몇 달 전 태어난 아들 아이가 자고 있어요. 그 앨 보면서 자신이 참 한심하더군요."

"'좀 참을 걸.' 했겠어요?"

"참을 것이 아니고……, 참을 수는 없었고요. '이제 어떡하나.' 하는 거였지요."

"그래서 뭐 먹고 사셨어요? 인 여사님이 돈을 버셨나요?"

"제가 피신할 때는 인재근 씨가 도시산업선교회에 나갔습니다. 옥살이를 마치고 1980년대 후반기부터 그곳에 제가 나가면서 역할을 바꿨죠."

"지금도 아내를 인재근 씨라고 호칭하세요?"

"기분이 나면 '재근아' 그러고, 보통은 '인재근' 그러죠."

"저는 김근태 씨라고도 하고 누구 아빠 하기도 하고. 화나면 '김꼰대' 그래요. 호호호! 애들도 어려서부터 그렇게 들어서인지 그냥 엄마라고 안 하고 '인재근 엄마' 그래요.

맏이인 아들은 지금 대학원에서 심리학을 전공하고 있고 딸애는 대학 졸업하고 얼마 전에 미국으로 어학 연수를 떠났어요. (남편이) 딸을 어찌나 예뻐하는지 꼭 자기만 딸 있는 거 같아요. 시집도 안 보낼 거래요. 딸애도 아빠 앞에서는 듣기 좋으라고 시집 안 간다고 하는데 제가 슬쩍 '너 어느 날 갑자기 뒤통수 치고 갈 거지?' 했더니 '물론이죠!' 하더라구요."

한 박자 느린 남편이 불러준 '사랑의 미로'

감옥에 계실 때 '사랑의 미로'를 생일 선물로 불러주셨다면서요?"

"1985년 남영동(전 안기부 대공분실)에서 혹독하게 고문당하고 서울구치소로 옮겨졌는데, 그해 겨울 제 생일을 맞았어요. 면회실에서 저한테 생일 선물로 노래를 불러줬죠."

"당시 이근안 씨한테 고문을 받고 굉장히 충격을 받았어요. 윤동주가 이렇게 해서 옥사를 했구나 하는 생각이 들더군요. 나는 시인도 아니고 여기서 옥사하면 안 되겠다 하는 마음을 가지며 중심을 잡았지요.

아내에게 '나 지금 괜찮다, 흔들리지 않는다.' 하는 메시지를 전달하고 싶어 노래를 연습했습니다. 그 노래가 약간 트로트 비슷해서 나한테는 통 안 맞는데 그땐 그게 기분이 또 맞더라고요. 인재근은 깔깔대고 웃고……."

"그때는 울면 안 되겠다는 생각에 억지로 참았어요. 노래도 못하면서 노래 선물을 한다고 그러냐면서……."

"아빠 없이 혼자서 아이들 키우면서 많이 힘드셨지요?"

"아이들에게 늘 미안했죠. 그래도 아이들이 그래요. 아빠 없었어도 그 역할을 엄마가 확실히 해줬기 때문에 행복했다고…….

한 달에 한 번씩 기차 타고 아빠 만나러 갈 때면 꼭 소풍 가는 것 같았대요. 아이들 만날 때는 특별 면회가 됐거든요. 아빠도 아이들 만나는 날이면 그 안에서 할 수 있는 모든 멋을 다 내고 나오는 거예요. 목욕도 하고 머리도 곱게 빗고…….

그 안에서 아이들이 좋아하는 과자랑 딸기우유, 초콜릿 같은 걸

사서 보따리에 담아서 나오죠. 아들은 노래를 워낙 잘해서 아빠한테 노래 불러드리고 우리 딸은 고무줄의 여왕이라 아빠 앞에서 고무줄 묶어놓고 고무줄놀이도 하고 그랬어요."

"완전히 영화네. 그림이 그려지네요."

"애들이 착하게 잘 커주었어요. 사춘기도 잘 넘어가고. 엄마 아빠가 얼마나 열심히 사느냐, 얼마나 사이좋게 지내느냐 하는 것이 가장 큰 교육인 것 같아요."

"정치인으로서 김 장관님의 장점과 단점은 무엇일까요?"

"동전의 양면 같은 구석이 있어요. 김 장관은 항상 한 박자 느려요. 그런데 그걸 뒤집어 보면 굉장히 신중하고 진지하고 겸손한 면을 볼 수 있거든요."

"부부싸움 할 때도 한 박자 늦으세요?"

"부부싸움 할 때는 저한테 공격을 받으니까 일단 방어부터 하지요. 우리도 남들처럼 사소한 일로 잘 싸우곤 해요. 저번에 MBC '일요일 일요일 밤에' 찍고 나서도 한판 싸웠어요. 그날 '어머나' 하고 '찬찬찬' 을 같이 불렀는데 잘 모르는 노래를 정했다고 나무라더군요. 저도 몇 번 들어보기만 했지 잘 모르는 노래였는데 비서관들이 정해주기에 '그러마' 한 거였어요.

'인재근이는 매사에 그렇게 얼렁뚱땅 넘어가다가 대형사고 칠 거' 라고 공격하대요. 거기서 제가 화가 났어요. 내가 대형사고 친 게 뭐 있냐고, 그까짓 노래 좀 못 부르면 어떠냐고, 이날 이때까지 대형사고 친 사람이 누구냐 그랬죠. 마누라 눈에 눈물 빼고 그런 사람이 누구냐 그랬더니 그냥 거기서 깨갱 하더라고요. 후훗!"

"화해는 어떻게 하세요?"

"보통 화해는 남편이 먼저 해요. 만약 제가 골난 상태로 남편을 출근시키면 다시 뛰어들어와요. '인재근, 나를 이렇게 내보내도 되는 거냐.' 하고 막 항의해요. 그러면 저는 너무 우스워서 막 웃어버려요."

"정치인들 부인 중에 큰손도 적잖은데, 인 여사님 혹시 재테크 해본 적 있으세요?"

"제가 돈하고 별로 인연이 없는 것 같아요. 그래서 이렇게 생각하기로 했어요. 나는 돈하고 인연이 없는데 괜히 돈 따라 다니다가 추한 꼴 보이지 말고 그냥 오는 돈이나 잘 붙잡고 잘 먹고 잘 살자. 호호호!"

"오는 돈은 좀 있으시고요?"

"(남편을 가리키며 웃으며) 나이 들어서도 이렇게 월급 타오잖아요."

고문기술자 이근안을 용서하기까지

"이근안 씨 잡힌 직후에 장관님을 제 방송에 모셔다가 인터뷰를 했었는데 기억나세요? 그때 용서가 되냐고 했더니 용서가 안 된다고 하셨어요. 그 처절했던 표정을 잊을 수가 없는데 그후에 직접 면회를 가셨잖아요? 어떤 심경의 변화가 있으셨는지 궁금합니다."

"(잠시 한숨) 뭐……, 복잡합니다. 여주교도소에 있던 동지 두 명을 작년 추석에 면회하러 가기로 돼 있었어요. 근데 그 전날 거기 이근안 씨가 있다는 걸 알았어요. 거길 갔다가 그냥 돌아오면 가십거리 되기 딱 좋은데 그렇다고 면회하고픈 마음은 안 들고, 괴롭더군요. 감옥에서 맞는 명절이 얼마나 힘든지 잘 알기에 약속을 취소할 수도 없었어요. 그래서 가기 전에 이근안 씨한테 면회할 용의가 있는지 물어봐달라고 했더니 면회하고 싶다고 하더군요.

그런데 다음날 장영달 의원이 저처럼 그곳에 면회를 갔다가 전날 제가 이근안 씨 만나고 간 이야기를 들은 거예요. 그래서 언론에 알려진 거고…….

무릎을 꿇고 용서를 구하는데 착잡하더군요. 그때는 내게 그렇게 군림했는데 신세가 역전되니 무척 작아 보여요. 그 전에는 항공모함처럼 커 보였는데…… 용서를 구한다고 말은 하는데, 제 상처가 커서 그랬는지 마음에 와닿질 않더군요. 진실한 마음이라면 눈물이라도 한 방울 흘려야 하는 게 아닌가, 단순히 가석방 때문에 그런 건 아닌가 하는 의구심도 들고…….”

“저라도 용서하기 참 어려울 것 같아요.”

“마음을 달랬지요. 사람의 마음이 진실하냐 아니냐 하는 걸 판단하는 건 내 권리는 아닌 것 같다, 그걸 따질 권리는 신한테만 있는 것 같다, 신의 권리에 개입하기보다는 용서를 구하는 그 말이라도 받아들이자 하고. 심정이 하도 복잡해서 그날 밤 잠을 잘 못 잤습니다.”

“현실 정치에서 ‘아, 정말 이건 아니다, 정치하기 싫다.’ 싶은 적이 있나요?”

“그럼요. 정치하는 데 떳떳하지 않은 돈을 쓰고 받고 거래하고 하는 게 전 좀 감당하기 어려웠어요. 지난 민주당 경선에서 돈이 표에 직접적인 영향을 미치는 걸 보면서 돈과 조직, 지역 연고 같은 것이 여전히 힘을 발휘하는 걸 실감했죠. 그걸 막을 수는 없었고, 그래서 양심선언이라는 방법으로 자해를 했던 겁니다."

"그랬죠. 참 용감한 행동이었다고 생각해요. 그런데 대권 주자로 회자되는 입장에서 그런 마음가짐으로 현실 정치에서 선거가 가능할까요?"

"쉽진 않지만요. 한국에서 정권 교체는 불가능하다, 정권 재창출도 불가능하다 하는 걸 뒤집었잖아요. 그런 기적 같은 일이 두 번이나 이뤄졌으니 세 번째 기적도 가능하지 않나 하는 기대를 갖습니다."

"언제쯤 당으로 돌아가실 계획이신가요?"

"장관으로서 국민연금법 개정 문제라든지 식품 안전 문제라든지 현안이 많습니다. 김치 때문에 전 국민이 불안해 하기 때문에 똑같은 일이 반복되지 않도록 식품 안전 체계를 확실히 좀 정리하고 싶습니다. 그것까지는 마무리하고 싶습니다."

"1년 4개월의 장관 재임 기간 동안 스스로 잘했다 생각하시는 건 어떤 게 있으신지요?"

"건강보험료를 얼마나 올리고 의료 수가를 얼마나 올릴 건지를 둘러싸고 협상이 늘 결렬돼 왔어요. 왜 결렬됐냐 하면 (협상 당사자가) 협상을 결렬시키고 선명하게 주장해야 자기 조직으로 돌아가서 뽐낼 수가 있거든요. 타협하자고 그랬어요.

결국 세 번의 타협에 성공했어요. 최저 생계비도 두 번 합의했고요. 이걸 국민들이 기억해주시면 공무원들이 더 잘할 수 있는데……. 격려해주셨으면 좋겠습니다."

"국민들도 비판만 할 것이 아니라 잘하는 일에는 박수도 쳐주셔야죠."

"손숙 씨가 박수치라고 하시면 박수 좀 많이 쳐주실 것 같은데요. 하하하!"

"저도 시민의 한 사람으로 응원하겠습니다. 언제 만나도 항상 '내 자리' 를 지켜가시는 두 분의 모습이 부럽습니다. 감사합니다."

김대중 대통령의 미공개 연설문

다음은 김대중 전 대통령께서 서거 직전 준비된 미발표 연설문 전문입니다.

이 연설문은 김 전 대통령이 2009년 7월 14일 주한 유럽연합(EU) 상공회의소 초청연설을 위해 준비했다가 연설을 하루 앞두고 폐렴 증세로 입원하시면서 발표되지 못한 것입니다. 그 전문을 소개합니다.

9.19로 돌아가자

존경하는 장 마리 위르띠제 주한유럽연합상공회의소 회장, 장 자끄 그로하 소장, 유럽연합의 각국대사, 그리고 이 자리에 오신 신사 숙녀 여러분!

오늘 제가 이 자리에서 여러분께 몇 말씀 드리게 된 것을 매우 영광으로 생각합니다.

21세기는 세계적으로 특별한 의미가 있는 세기입니다. 미국의 오바마 대통령 시대가 출현한 것도 그 이유 중의 하나입니다. 그 동안 세계는 미국의 일방주의 시대였습니다. 세계는 미국과의 친소관계, 이해관계, 종교적 차이 등으로 양분되었습니다. 그러나 오바마 대통령이 취임한 후 세계는 달라졌습니다.

오바마 대통령은 과거의 친소와 원근에 상관없이 대화를 하겠다고 선언했습니다. 세계는 그동안 미국의 이분주의에 고통을 겪다가 이제 정치, 경제, 종교, 사회, 문화 등 모든 분야에서 대화와 협력의 시대가 될 것이라고 기뻐하고 있습니다. 하나의 세계에 대한 희망이 부풀어 오른 것입니다. 실제로 미국은 그동안 소원하고 적대관계에 있던 이란, 시리아, 러시아, 쿠바 등과 대화를 시작하고 있으며 이슬람 세계와의 접근이라는 획기적인 자세도 보이고 있습니다. 참으로 바람직한 현상이라고 아니할 수 없습니다.

그런데 한반도 문제만은 예외가 되고 있습니다. 오바마 대통령은 대통령 후보 시절 자신이 대통령에 당선되면 이란, 북한의 지도자들과 직접 만나겠다고 말했습니다. 또 당선 이후에는 클린턴 대통령이 취했던 정책처럼 유연한 태도로 북한문제를 해결하겠다고 말했습니다. 이러한 오바마 대통령의 발언은 우리를 크게 고무시켰습니다. 아마 북한도 그러했을 것입니다. 그러나 사태는 우리의 기대처럼 진전되지 않았습니다.

오바마 정권은 유독 북한에 대해서만 언급하지 않고 차별을 보이고 있습니다. 이러한 오바마 정부의 태도에 실망하고 위협을 느낀 북한은 극단적인 반발자세로 나오고 있습니다. 물론 김정일 위원장의 건강문제를 둘러싼 북한 내부의 상황이 사태를 더욱 촉진시키고 있는지도 모릅니다만, 여하튼 북한으로서는 지금 절박한 입장에 처한 것은 사실입니다. 북한은 미국과의 관계를 개선해서 안심하고 국제사회의 일원이 되든지, 그것이 불가능하면 사생결단의 자세로 생존의 길을 가지 않을 수 없는 것으로 보입니다.

존경하는 여러분!

많은 사람들은 북한이 결코 핵을 포기하지 않을 것이라고 말하고 있습니다. 그러나 그것은 사실이라고 할 수 없습니다. 증거가 있습니다. 1994년 북미 제네바 기본합의를 통해 북한은 핵을 포기했습니다. 그러나 클린턴 정부를 이은 부시 정부는 당시 합의된 경수로 건설, 국교정상화, 경제협력 등의 약속을 파기했습니다. 그리고 북미간 실질적인 합의에 접근한 장거리 미사일 문제 협상도 부시 정권에 의해서 파기되었습니다.

이에 반발하여 북한은 NPT(핵확산금지조약)를 탈퇴하고, IAEA(국제원자력기구) 감시요원을 추방시켰으며, 핵실험까지 강행했습니다. 북핵 문제는 다시 꽁꽁 얼어붙은 상태가 되었습니다. 부시 정부는 6년 동안 북한에 온갖 압박을 가했으나 성공하지 못했습니다. 북한은 굴복하지 않았고 북한정권이 무너지지도 않았습니다.

결국 미국은 태도를 바꾸어 2005년 9월 19일 6자회담의 합의를 통해 핵문제 해결의 길을 열었습니다. '북한은 핵을 완전히 포기한다. 미국은 북한과 국교를 정상화하고 경제지원을 한다. 미국과 북한은 협력해서 한반도 평화체제를 실현한다' 등이 합의되었습니다. 참으로 훌륭한 합의가 이루어진 것입니다. 북한 핵문제 해결에 다시 희망의 무지개가 떠올랐습니다. 그러나 다시 핵 사찰 문제, 에너지 지원 부진 등으로 혼미한 사태가 거듭되다가 부시 정권은 물러났습니다. 그리고 북한의 지도자와 직접 대화를 통해서 핵문제를 풀겠다는 오바마 정권이 등장했습니다.

많은 사람들은 오바마 정권 하에서는 세계적인 문제들이 대화를 통해 유연하게 해결될 것으로 생각했습니다. 물론 북한과의 관계도 상당한 진전이 있을 것으로 기대했습니다. 무엇보다도 북한이 핵을 포기하고 한반도 비핵화에 협조하는 동시에 2005년 9.19 합의에서 이루어진 북미 국교 정상화를 위한 관계개선 등의 약속이 지켜질 것으로 큰 기대를 가지고 있었습니다.

그러나 지금의 사태는 우울한 상황에 놓여있습니다. 모두가 알다시피 북한 핵문제는 전쟁으로 해결될 가능성은 전혀 없습니다. 북한에 대한 경제봉쇄도 중국이 협력하지 않는 한 성공의 가능성은 없습니다. 저는 지난 5월 중국을 방문해서 시진핑 국가부주석 등 여러 정치지도자들과 대화했습니다. 중국의 태도는 분명했습니다. '우리는 북한 핵을 절대 반대한다. 그러나 이웃국가인 북한에 대한 경제적 원조는 끊을 수 없다' 는 것이었습니다. 중국은 역사적, 지리적 관계로 봐서 이웃국가인 북한이 파멸되는 것을 결코 원치 않을 것입니다.

전쟁이 있을 수 없고, 경제제재가 큰 효과를 얻지 못한다면 방법은 무엇입니까? 대화와 협상 외에는 다른 길이 없습니다. 북한에 대한 국제적 제재는 어느 정도 고통을 주었지만 그것이 문제를 해결하는 근본적인 길이라고 보기는 어렵습니다.

존경하는 국민 여러분!

협상은 우방국가와만 하는 것이 아닙니다. 서로 이해를 주고받고 윈윈(win-win)의 성과를 얻을 수 있다면 적대관계에 있는 국가와도 얼마든지 협상을 해야 합니다. 북한의 근본적 목표는 국가안보와 체제보장, 북미 국교 정상화와 경제협력을 통한 국제사회의 진출입니다. 또한 한국과 미국의 궁극적인 목표 역시 북한으로 하여금 핵과 장거리 미사일을 포기하게 해서 태평양 국가들의 위협을 제거하는 것입니다. 안전보장, 핵과 미사일 문제의 해결, 이것이 문제를 해결하는 핵심조건입니다. 이 조건에 대한 합의는 이미 2005년 9.19 선언으로 합의되었습니다.

존경하는 여러분!

저는 이 자리에서 확신을 가지고 말씀드립니다. 북한은 완전무결하게 핵을 포기해서 한반도 비핵화를 실현시켜야 합니다. 미국은 북한과 국교 정상화하고 북한을 국제사회에 편입시켜서 중국이나 베트남처럼 평화롭고 자유롭게 활동할 수 있도록 보장해야 합니다. 이것만이 원만한 해결의 길입니다.

변화를 내건 오바마 대통령은 오래된 북한과의 적대관계를 종식시키는 용기 있는 결단을 내려야 합니다. '비핵화를 통한 점진적 관계개선' 이라는, 장기간이 소요되는 단계별 접근방식을 지속하기에는 상황이 달라졌고, 사태가 급박합니다. 북한의 핵무장을 조속히 막아야 합니다.

미국은 '관계정상화를 통한 비핵화' 라는 근본적이고도 포괄적인 접근방법으로 전환할 때가 되었습니다. 평화협정, 외교관계 수립,

경제협력 등 근본적인 문제 해결과 함께 핵 폐기를 실현하는 일괄타결방식으로 한반도에서도 변화의 바람을 불러일으켜야 합니다.

다시 압축해서 말씀드리면 오늘의 북핵문제 해결방안은 북한은 핵을 완전히 포기하고, 미국은 관계정상화를 통해 북한을 국제사회의 일원으로 받아들이는 길뿐입니다. 이 외에 대안은 없다고 생각합니다. 우리는 이미 이러한 원칙에 합의한 바 있습니다. 2005년 9월 19일 6자회담의 공동성명, 그것을 준수하면 되는 것입니다. 이것은 미국도 좋고, 일본도 좋고, 중국도 좋고, 러시아도 좋고, 한국도 좋고 북한도 좋은 것입니다. 다시 9.19 선언으로 돌아갑시다. 그리하여 동북아시아에 평화와 안전, 협력의 시대를 열어갑시다.

감사합니다.